電子図書館・電子書籍貸出サービス調査報告2021

Afterコロナをみすえて

編著
植村八潮、野口武悟、長谷川智信、電子出版制作・流通協議会

まえがき

　本書は、一般社団法人電子出版制作・流通協議会（以下、電流協）が 2013 年から行っている「電子図書館・電子書籍貸出サービス調査」をもとに、公共図書館・大学図書館における電子書籍サービスを中心とした電子図書館について、現状と課題、将来展望を取り上げたものである。公共図書館調査は、今回で 9 回目となった。

　今回の 2021 年調査では、教育のデジタル化・GIGA スクール構想が急速に進展する学校環境における電子書籍利用の現状をとらえるべく「学校における電子書籍サービスの調査」を初めて行った（第 3 章）。

　さて、昨年 2020 年は電子図書館に大きな変化がもたらされた年であった。その最大の要因は、言うまでもなく新型コロナウイルス感染症による社会問題（以下、新型コロナ問題）であり、出版業界や図書館界にもさまざまな影響を与えることとなった。直接的には、図書館が閉館を余儀なくされた期間に非来館サービスとしての「電子図書館」が注目され、「電子書籍貸出サービス」を導入する自治体が大幅に増加したことがあげられる。加えて公共図書館における電子図書館サービスの大幅な導入に大きく貢献したのは、国の補正予算措置の「新型コロナウイルス感染症対応地方創生臨時交付金」である。この交付金を受けて電子図書館を導入したと推定できる自治体数は 105 である（資料 E）。

　2021 年 1 月から 10 月 1 日までの導入自治体数は 115 で、112 館である。この結果、10 月 1 日現在で、258 の自治体、251 館が電子図書館を導入したことになる。昨年同日で 114 の自治体、111 館だったことからすると、この 1 年間の急増ぶりがわかる。

　導入率は、自治体数で換算すると都道府県を含む日本の自治体数 1,788 に対して 258 の自治体が導入したことから 14.4% である。館数で換算すると図書館総数 3,316 に対して、分館を含め 860 館が導入していると推定されるので、25.9% となった（第 1 章 1 節）。

　また、新型コロナ問題は、2019 年から本格的な取り組みが始まっていた教育の情報化を一層促進することとなった。教育用端末の普及とともに、デジタル教科書・教材の活用が注目され、自宅でのオンライン教育サービスも急速に広まっている。大学でのオンライン授業も 2 年目を迎えたことで、学生の間で大学図書館の電子資料活用が認知され、電子書籍を活用した講義も始まっている。

　このような中で、今年の公共図書館のアンケートは、全国の公共図書館（中央館）1,398 館のうち、メール及び郵送で 998 館を対象にアンケートを依頼し、6 月から 8 月にかけて 554 館からの回答を得たものである（第 2 章及び資料 A）。

　今年はじめて取り組んだ「学校における電子書籍サービスに関する調査」については、すでに「電子書籍サービス」を導入している学校のうち 108 校に依頼して、6 月から 8 月に 32 校から回答を得たものである（第 3 章及び資料 B）。さらに、電子図書館サービス事

業者については、国内の主要な事業者10社からの回答を得た（第4章）。

　一方でアンケート結果からは、afterコロナにおける同サービスの課題も浮かび上がってきた。1つは、出版社が電子書籍貸出サービスに提供する電子書籍と、図書館側が求める電子書籍との間に「認識差」があること、電子図書館サービス事業者の契約条件やサービスシステムが、図書館の選定基準や予算計画、予算費目と沿わない点である。これには図書館の体制が旧来のアナログサービスの域を出ておらず、デジタルサービスの制約や可能性を理解できていない面もある。一方で、図書館現場の努力だけでは解決できない点もある。例えば、会計基準の継続性に起因する問題や、図書館利用者の期待する作品（コンテンツ）が紙の図書への期待と変わっていない点、特にベストセラー偏重の傾向がある。

　また、電子書籍の品揃えが少ない背景には、貸出数が紙の本に比して少ないこともある。電子図書館の役割や、どんな電子書籍をそろえて、だれに提供するか、紙の図書と電子書籍の予算配分など、検討すべき課題が多く残されている。さらに教育の情報化での電子書籍の役割についても同様で、本格的な議論はまだ始まっていない。

　afterコロナに求められる電子書籍サービスとはなにか。著作権者・出版社・電子図書館事業者・行政・図書館関係者、そして利用者の間で議論を活発化していく必要がある。

　今回の報告では、第1章において「afterコロナにおける電子図書館」として、電子図書館・電子書籍貸出サービスに関する現状や課題及び説明、国立国会図書館の取組み、米国の電子図書館事情をまとめ、「第2章　公共図書館における電子図書館・電子書籍貸出サービス調査の結果と考察」、「第3章　学校における電子書籍サービスに関する調査の結果と考察」、「第4章　電子図書館・電子書籍貸出サービス事業者への調査の結果と考察」という構成とした。資料編においては、「公共図書館・学校電子書籍サービスのアンケートの集計結果」を掲載するとともに、「図書館の電子書籍に関する用語の解説」、「公共図書館の電子書籍貸出サービスの動向」として、全国自治体の都道府県別「電子書籍貸出サービス」導入一覧の掲載、「新型コロナウイルス感染症対応地方創生臨時交付金」の電子図書館等の助成について掲載した。

　電子図書館においても、導入後の利用定着や役割、電子図書館サービスの提供事業者におけるサービスの向上など、関係者間で本格的に取り組むことが求められている。

　新型コロナ問題等の影響で、発行が例年よりも遅くなったことをお詫びするとともに、本書が図書館はじめ、各関係者の一助になれば幸いである。

　2021年12月

編者一同

目　　次

第**1**章

after コロナにおける電子図書館

第**2**章

公共図書館における
電子図書館・電子書籍貸出サービス調査の
結果と考察

第4章

電子図書館・電子書籍貸出サービス事業者への 調査の結果と考察

第1章

after コロナにおける電子図書館

1.1　after コロナにおける電子図書館

今年度の図書館調査結果から、新型コロナ問題における電子図書館の導入数・現状、電子図書館に対する現場の意識や導入における懸念点、図書館利用者への働きかけの必要性、さらに after コロナに向けた課題を取り上げて整理しておく。

はじめに電子図書館普及における大前提となる、出版と電子書籍市場や販売点数の現状、電子書籍の利用率などを関連調査から取り上げる。

■1.1.1　with コロナにおける出版・電子出版販売市場

出版科学研究所の発表によると、紙と電子を合算した 2020 年の出版市場は 1 兆 6168 億円（前年比 4.8％増）である。新型コロナ問題による特需と『鬼滅の刃』の大ヒットにより紙の出版市場が 1.0％減と小幅に留まったことと、電子出版市場が 28.0％増と大きく伸びたことで、販売額は 2 年連続で前年を上回った。

電子出版市場は 3931 億円となり、出版市場全体における電子のシェアは 24.3％まで拡大し、四分の一に迫ってきた。内訳は電子コミックが 3420 億円（同 31.9％増）、文字系電子書籍が 401 億円（同 14.9％増）である。ここまで大きく伸びた要因として、新型コロナ問題による春の巣ごもり期間に、電子コミックストアが積極的にテレビＣＭ等を展開し、読者層が拡大したことがあげられる。文字系電子書籍の伸びは、これまで電子化に二の足を踏んでいた人気作家が、次々と電子書籍の発売を解禁したことも大きい。

続いて 2021 年上半期（1〜6 月期）の出版市場（紙と電子）は、8632 億円（前年同期比 8.6％増）と大幅な増加となっている。内訳は紙の出版物が 6445 億円（同 4.2％増）、電子出版が 2187 億円（同 24.1％）である。上半期における出版市場における電子のシェアは 25.3％となって四分の一を超えた。内訳は電子コミックが 1903 億円（同 25.9％増）、文字系電子書籍が 231 億円（同 20.9％増）と成長傾向に陰りはない。なお、紙の書籍・雑誌も続伸傾向にある。ただし、前年同期は新型コロナ問題の影響により通常とは異なる売れ行きとなっている。1 年間を通しての比較をもとに今後の推移を予測した方がよいだろう。その意味からは、紙の書籍・雑誌合計は 6 月から 4 ヶ月にわたって前年比マイナスが続いていることに注意が必要である。この状況が続けば、2021 年の販売額は前年を下回る可能性がある。after コロナは出版市場の縮小傾向が再来するかもしれない。

■1.1.2　一般に販売されている電子書籍の刊行点数と電子図書館での提供点数

出版業界紙『文化通信』8 月 2 日号「電子書籍特集」によると、電子取次「モバイルブック・ジェーピー（MBJ）」の取扱タイトル数は、約 76 万 6300 点とある。その内訳は、書籍（文芸）が約 41 万 1000 点、コミックが約 20 万 8000 点、雑誌・学術書／専門書が約 10 万

7500 点である。電子書籍（文芸）の大半が EPUB リフロー型と考えられる。同様に、学術書／専門書はデジタル雑誌とあわせてカウントしていることからも PDF をベースとしたフィックス型が大半を占めると考えられる。

　また電子書店「BookLive」がウェブサイトで配信している電子書籍の点数を開示している。調査時点（11 月 5 日現在）で「累計 626,839 タイトル、1,256,522 冊配信」とあった。なお、ここでの「タイトル」とはコミックなどで同じシリーズの作品を 1 点と数えることで、例えば『鬼滅の刃』も『ONE PIECE』も、それぞれ 1 タイトルと数える。これに対して「冊」とは、配信単位の巻売りや話売りで数えることである。『ONE PIECE』は単行本 100 巻、1000 話を超えており、それぞれ電子の配信がある。

　以上から、電子図書館が扱い対象とする文字系電子書籍（リフロー型、フィックス型）は 50 万点を超えていると推測できる。なお、すでに学校図書館では学習コミックを蔵書しており、公立図書館でも選書基準に沿ってコミックを蔵書しているところがある。今後、公共図書館が電子図書館サービスで電子コミックの蔵書を本格的に始めれば、対象となる電子書籍の点数は一気に拡大することになる。

　一方、現実に電子図書館サービス事業者が提供している電子書籍の点数をみてみよう。「事業別提供電子書籍コンテンツ数（和書）」（4 章:資料 4.1）によると、コンテンツ数が多いのは、主に公共図書館向けにリフロー型電子書籍を中心に扱っている図書館流通センター（TRC-DL）の 96,500 タイトル、大学図書館向けにフィックス型電子書籍を中心に扱っている丸善雄松堂（Maruzen eBook Library）の 120,000 タイトルである。前者は、一般書・実用書が中心で、後者は学術書・専門書が多いとされている。関係者によると両者の重複は多くはないとのことで、20 万タイトル程度が図書館向けに提供されていると考えてよい。前述したように、一般に市販されている文字系電子書籍は 50 万点を超えている訳だが、そのうち電子図書館への提供は 4 割に過ぎない 20 万点程度ということになる。

　大手出版社を中心に、人気作家の文芸作品やロングセラーも積極的に電子書籍化され、紙と電子の新刊同時出版（サイマル出版）の比率も高まって、文字系電子書籍の刊行点数は増えている。新刊電子書籍の中で、実用書・専門書分野は、電子図書館への提供が増えているが、人気作家の文芸作品やロングセラーの提供については必ずしも多くはない。

　なお、日本出版インフラセンター（JPO）の「出版書誌データベース」収録データは約 230 万点とある。日本書籍出版協会が「Books」を運営していたときには、市場で入手可能な書籍を対象として表示していたが、2019 年 1 月に「出版書誌データベース」に移管した際に、データベース構築以来の総データ点数の表示となった。このため、現在、紙の書籍として購入可能な点数は不明であるが、一般にその三分の一程度と思われる。

　市場で入手が困難な本（いわゆる、絶版等書籍）は、これまで国立国会図書館デジタル化資料送信サービスにより図書館向けに提供されてきたが、著作権法の改正と国立国会図書館の資料デジタル化が加速化することにより、一般に提供が拡大されることになった（1

章:1.3.6）。今後、閲覧可能な点数が増えることが期待される。

■1.1.3 電子図書館の普及率（自治体導入率 14.4%、図書館導入率 25.9%）

2020 年に始まった新型コロナ問題により、図書館閉館期間中に非来館サービスとしての「電子図書館」の貸出が増加することとなった。コロナ禍の話題として新聞やテレビが取り上げたこともあって電子図書館が注目された。このことが契機となり、さらに国の補正予算措置である「新型コロナウイルス感染症対応地方創生臨時交付金」（以下、新型コロナ助成金）が後押しして、「電子書籍貸出サービス」を導入する自治体が大幅に増加した。

新型コロナ助成金の利用については、本調査によると 105 館が申請している（資料 E）。ただし、交付金の利用は自治体に任されているので、そのすべてが電子図書館の導入に使われたかは不明である。電子書籍貸出サービスを 2019 年度以前に導入している図書館（57 館）に、新型コロナ助成金を活用についてたずねたところ、電子書籍コンテンツ数を増やしたのが 23 館（40.4%）であった（2 章:資料 2.12）。

2019 年までの電子図書館導入自治体数は 90 であるが、2020 年に 53、2021 年 10 月 1 日までで 115 の自治体が導入した（資料 1.1）。この結果、10 月 1 日現在で、258 自治体、251 電子図書館の導入となった（資料 D）。昨年同日で比較すると、114 自治体、111 電子図書館であり、この 1 年間の急増ぶりがよくわかる。なお、電子図書館数と実施自治体数の差は、広域電子図書館が 3 館あることによる。具体的には、播磨科学公園都市圏域（2 市 2 町）、きくち圏域（1 市 1 町）、たまな圏域（1 市、3 町）である。

■資料 1.1　年別新規電子図書館導入数

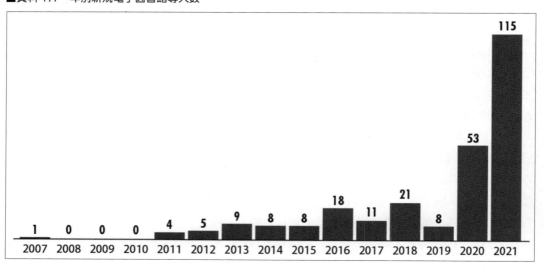

　次に普及率を自治体数と館数でそれぞれ検討してみよう。導入する自治体数 258 に対して、都道府県を含む日本の自治体数は 1788 なので、自治体導入率は 14.4%となる。電子図書館を有する自治体の分館等を含めた図書館数は 860 館である。これを日本図書館協会が公表する図書館総数 3316 で除すると導入率 25.9%となり、四分の一を超えたことになる（資料D）。なお、日本図書館協会が公表する図書館総数は、図書館分館もカウントした館の数である。例えば、組織上、千代田区立図書館は 1 館であるが、分館もあわせると 5 館となる。同様に、大阪市立図書館は 24 館である。そこで、電子図書館を有する自治体内の図書館数は、自治体毎の分館もあわせてカウントすることで 860 館と推計した。

　なお、図書館施設を持たず、電子図書館を持っている自治体が 10 自治体あることを指摘しておこう（資料 1.2）。未だ図書館を持たない自治体が、新たに図書館を開館し、維持することは財政負担からも困難が予想される。また、島しょ地域のある自治体では、蔵書数を考えても、地域毎に分館を設けることは困難だろう。その点、電子図書館であれば導入は容易で、建築物の維持費からは免れ、蔵書数においても、誰でも同じサービスを提供することができる。図書館施設を持たない自治体は、電子図書館の導入を積極的に検討してよいのではないだろうか。

■資料 1.2　図書館施設を持たず電子図書館を有する自治体

都道府県	自治体	電子図書館サービス	サービス開始年月
北海道	天塩町	OverDrive	2017 年 4 月
岩手県	矢巾町	OverDrive	2017 年 8 月
沖縄県	久米島町	LibrariE&TRC-DL	2018 年 11 月
埼玉県	神川町	OverDrive	2020 年 8 月
神奈川県	山北町	LibrariE&TRC-DL	2020 年 11 月
神奈川県	松田町	LibrariE&TRC-DL	2020 年 11 月
千葉県	長柄町	LibrariE&TRC-DL	2021 年 1 月
熊本県	南阿蘇村	LibrariE&TRC-DL	2021 年 5 月
熊本県	玉東町（たまな圏域電子図書館広域電子図書館）	LibrariE&TRC-DL	2021 年 7 月
熊本県	和泉町（たまな圏域電子図書館広域電子図書館）	LibrariE&TRC-DL	2021 年 7 月

■1.1.4　電子図書館で貸出可能なタイトル数と人気作品

　電子書籍貸出サービスを導入している図書館に電子書籍コンテンツについて懸念事項をたずねたところ、一番多いのが「提供されているコンテンツのタイトル数が少ない」110 館（75.3%）である（2 章:資料 2.17）。

　しかし、電子書籍貸出サービスの導入館で貸出可能な電子書籍タイトル数の平均は、5,271 タイトルである（2 章、2.3.13）。2019 年調査の 4,205 タイトルと比較して 1,000 余り増加したとはいえ、各館の蔵書数と比較してかなり少ないのが現状である。なお、一番多い

図書館で、32,909 タイトルで、3 万点を超えているのはこの 1 館だけである。2 万点以上が 2 館、1 万点以上が 8 館にすぎない（資料 A:質問 3-14）

　すでに述べたように図書館向けに提供されているタイトル数は、事業者間の重複を除いても 20 万タイトル程度と推定される。5,000 タイトル余りしか契約していなくて、「提供されているコンテンツのタイトル数が少ない」と捉える理由は何だろうか。

　調査結果（2 章:資料 2.18）によると、提供が期待される分野としては、「文芸・小説」（回答数 100 件、68.5%）、「児童書・絵本」（同 93 件、63.2%）の人気が高く、次に実用書（同 62 件、42.5%）となっている。一方、図書館流通センターとメディアドゥから提供された人気の電子書籍貸出ベスト 100 のデータ（4 章:資料 4.4、4.5）によると、小説などの文芸書はベスト 100 にあまり入っておらず、家事や食事、ノウハウ本といった実用書、子供向けの学習ガイドシリーズが多いことがわかる。このような傾向を知った出版社が、電子図書館向けに実用書の新刊を提供するようになってきたという。

　また、資格試験の参考書や問題集は、本に書き込まれることもあって、従来の公共図書館では、蔵書されない傾向があると聞く。幸い、電子書籍であれば、書き込むことはできず、利用によって本が痛むこともない。電子図書館向けの分野ではないだろうか。公共図書館において電子独自の選書基準をもうけているところは少なく、多くが紙の本と共通となっている（2 章:資料 2.20）。今後、電子書籍のメリットを活かした蔵書が求められるだろう。

■1.1.5　電子書籍コンテンツの懸念事項

　電子書籍コンテンツの懸念事項について、「タイトル数が少ない」ことに次いで多いのが、「ベストセラーが電子書籍向けに提供されない」109 館（74.7%）である（2 章:資料 2.17）。

　確かに、文芸ベストセラーや新刊の人気作品が提供される例は、現状において、ほとんどない。では、図書館側が電子書籍によるベストセラーの貸出を求める理由は何だろうか。仮に利用者からのリクエストがあったとして、それに疑問を持つこともなく、応えるのが公共図書館の役割と捉えているのであろうか。もちろん、利用者の一部には民間の電子書籍サービスと同様のサービスを無料で借り出せる公共の電子図書館に期待する向きもあるかもしれない。

　しかし、公共サービスとしての電子書籍貸出サービスと、市場原理で動く民間の電子書籍ビジネスとは目的・趣旨が異なっている。言うまでもなく新たな出版物は、読者の購入による市場原理で生み出されている。公共原理が市場原理を侵せば、新たな本を生み出すエコシステムを壊しかねない。ベストセラーの貸出が紙の書籍の貸出より利便性の高い電子書籍で行われれば、市場への影響がないとは言えない。

　売上げへの悪影響を懸念して、出版社がベストセラーの電子図書館提供を躊躇するのも理

解できる。もし図書館側として、人気作品が紙の書籍で提供できていることから、電子書籍貸出サービスでも同様に提供したいと強く考えているのであれば、現行の買切モデルではなく閲覧数や貸出回数に応じた支払いモデルの導入を検討すべきである。もちろんそうなったとして、図書費の多くを人気作品の貸出に費やしてよいのか、図書館現場は問われることになる。

■1.1.6　電子書籍貸出サービスの利用実績と活用メリット

　電子書籍貸出サービス導入図書館に対して、「電子書籍貸出サービスの導入後の感想」をたずねたところ、「計画（予想）よりも、利用（利用者）が少ない」59 件（40.4%）が一番多い結果となった（2 章:資料 2.23）。本文でも解説したが、コロナ禍で期待が高かった反映ともいえる。しかし、図書館には受け身の利用ではなく活用を促す施策を求めたいところである。

　電子書籍の品揃えが増えない理由として、貸出数が紙の本に比して少ないこともある。図書館はもっと積極的に電子図書館の有効性を利用者に広報すべきである。

　電子図書館・電子書籍貸出サービスをいち早く導入した図書館が利用者の認知度や貸出率を高めるためにどのような取り組みをしてきたのか、先行する図書館の活動に学ぶことが多い。好事例としては、2014 年 10 月に導入した「札幌中央図書館」の例がある。現札幌市図書・情報館の淺野隆夫館長には、過去に刊行した調査報告書に 2 度、寄稿いただいているので参考にしていただきたい。

　電子書籍の利点の一つは、非来館での館外貸し出しである。電子書籍貸出サービスの導入館に、利用実績の多い世代を 3 つたずねた結果、「40 代」89 館（61.0%）、「50 代」79 館（54.1%）、「30 代」51 館（34.9%）、「60 代」38 館（26.0%）の順であった（2 章：資料 2.19）。必ずしも、利用実態を反映しているわけではないが、デジタルコンテンツの利用に長けた 30 代が多いのは理解できる結果である。一方で、働き盛りの 30 代、40 代の人が平日の開館時間に、図書館で本を借りる時間的余裕は少ないだろう。来館による図書館の利用が困難な人に対してはもちろんのこと、日頃利用していない世代の利用率をあげるためにも、電子図書館のメリットを積極的に活用していただきたい。

■1.1.7　今後の課題

　アンケート結果からは、after コロナにおける電子書籍貸出サービスの課題が浮かび上がってきた。一つには出版社が電子書籍貸出サービスに提供する電子書籍と、図書館側が求める電子書籍の間には、まだ詰め切れていない「差」があること。さらに図書館側と図書館利用者の間でも、電子書籍に対する期待に「差」がある点である。

また、電子図書館サービス事業者の契約条件やサービスシステムが、これまでの図書館側の選定基準や予算計画、予算費目と沿わない点がある。これには図書館側の理解が旧来のアナログサービスの域を出ておらず、デジタルサービスの制約や可能性を理解できていない面もある。もちろん図書館現場の努力だけでは解決できない問題である。会計基準の継続性に起因する問題や、図書館利用者の期待する作品（コンテンツ）が紙の図書への期待と変わっていない点、特にベストセラー偏重の傾向もあるだろう。

　電子図書館の特性を活かした役割や、どんな電子書籍をそろえて、だれに提供するか、紙の図書と電子書籍の予算配分など、検討すべき多くの課題が残っている。after コロナにおける電子図書館・電子書籍貸出サービスについて、利用者や図書館当事者の積極的な関与にくわえ、必要に応じて電子図書館サービス事業者、出版社や著作権者など関係者間での協議を求めていく必要がある。

■資料 1.3　電子図書館が扱う電子書籍サービス

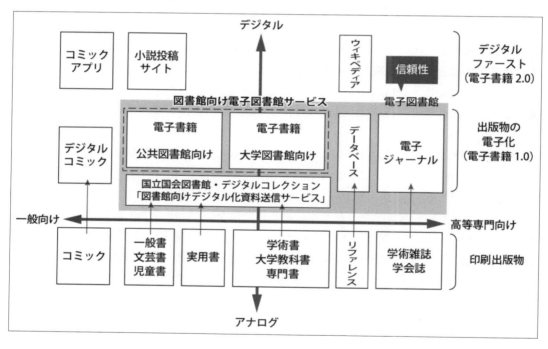

1.2　電子図書館・電子書籍貸出サービスについて

■1.2.1　電子図書館サービスの普及

　1990 年代後半から 2000 年代にかけて、インターネットの普及とともに、電子図書館への期待は大きくなり、特に大学や研究機関での電子ジャーナルなどの「電子図書館サービス」や「電子書籍サービス」などの電子図書館サービス利用は、一般的になった。実際 2020 年の電子出版制作・流通協議会（以下、電流協）の大学電子図書館アンケートでは 95%の大学で電子書籍貸出サービスが導入されていると回答があり、大学では、学術・研究に必要な情報をインターネット経由で入手する「電子図書館」は必須のインフラとなっている。

　しかし、同じ図書館でも、日本の公共図書館をみると、「電子書籍貸出サービス」を導入しているのは、258 自治体で全国の自治体の 14.4%である（資料 D）。

　一方で、米国は、今から約 10 年前の 2012 年において 89%の public library で E-book（電子書籍）の提供がされている（資料 1.19）。

　そこで、この項では公共図書館向けの電子図書館サービス特に「電子書籍貸出サービス」についての概要及び仕組みについて説明する。

■1.2.2　公共図書館の電子図書館の歴史

　2010 年に電子出版制作・流通協議会が発足した。電子書籍の普及における電子書籍の制作や、流通について発足した電流協ではそれぞれの課題検討のために委員会や部会を設けるなかで、公的な問題として「電子図書館」を検討する「電子図書館部会（現在名、電子図書館・コンテンツ教育利用部会）を設置し、日本の電子図書館について検討することとなった。

　2010 年は春にアップル社から iPad（初期版）が発売された。この「タブレットパソコン」が、すでに米国で普及がはじまっていたアマゾン「Kindle」とともに電子図書館利用の「電子書籍端末」として普及の起爆剤となった。

　2010 年以前に何度かあった "電子書籍サービス" では、電子書籍コンテンツや、電子書籍コンテンツ提供環境（電子書店等）、電子書籍端末、通信環境、利用者環境（インターフェイス、ソフトウェア、利用価格）のいずれも整わず、電子書籍市場の本格的な離陸には至らなかった。しかし、2010 年には、すでに多機能携帯電話（いわゆるガラケー）向けの電子コミック市場が成立し、インターネット回線利用の定額料金や高速化など「電子書籍サービス」普及の条件が整いつつあった。さらに「電子書籍端末」としてのタブレットやスマートフォンの普及で電子書籍サービスの離陸が見えた年であった。また、米国においてはアマゾンが電子書籍「Kindle」のビジネスが成功していたことも、日本での電子書籍サービスに

期待が高まっていた。

　電子書籍サービスが進めば、自ずと図書館サービスも変わることが予想され、電流協では、電子図書館部会発足当時、すでに日本の図書館における電子図書館サービスの具体的な事例を調べた。そこで、当時唯一電子図書館サービスを実施していた「千代田区図書館」の事例や、慶應義塾大学の電子図書館事例を担当者から聞いた。

　千代田区図書館では、電子書籍貸出サービスの実施を始めた 2007 年、アイネオ社（韓国）の電子図書館システムをベースに電子書籍貸出サービスを構築した。この電子書籍貸出サービスは、まだタブレットが出現する前であり、パソコン向けに電子書籍を提供した。

　千代田区図書館は、2018 年に電子書籍貸出サービスを「LibpariE＆TRC-DL」に変更したが、現在も電子図書館サービスを継続して実施している。

　その後、2011 年に大阪府堺市は、図書館流通センターの電子書籍貸出サービスであるTRC-DL を初導入、その後の電子書籍貸出サービス普及のきっかけを作った。

　ちなみに、図書館における「電子図書館」サービス実験は、千代田区図書館以前において、北海道岩見沢市、奈良県生駒市でおこなわれていたが、実験で終了している（資料1.4）。

■資料 1.4　日本の電子図書館・電子書籍貸出サービスの主な歴史

2002 年	北海道岩見沢市立図書館（パソコン 7 台で電子書籍が閲覧できるサービス（実証実験））
2005 年	奈良県生駒市図書館（ソニー「リブリエ」を貸出すサービス（実証実験））
2007 年	東京都千代田図書館（アイネオ社 LIB.PRO を用いた電子書籍サービス開始）
2011 年	大阪府堺市（TRC-DL 電子書籍サービス開始）
2013 年	日本電子図書館サービス（JDLS）KADOKAWA、紀伊國屋書店、講談社の 3 社で設立
2014 年	メディアドゥ、米 OverDrive 社との提携（日本での営業展開開始）
	※その後、図書館流通センター（TRC）と大日本印刷（DNP）が資本参加（2016 年 10 月）
2018 年	紀伊國屋書店、学術和書電子図書館 KinoDen をリリース
2020 年 7 月	国内電子書籍貸出サービス導入 100 突破（自治体 100、電子図書館 97）
2021 年 4 月	国内電子書籍貸出サービス導入 200 突破（自治体 202、電子図書館 205）
2021 年 10 月	国内電子書籍貸出サービス導入自治体 258、電子図書館 251
	※電子図書館と自治体の差分は「3 つの広域電子図書館で、複数の自治体が一つの電子図書館を運営してるため（播磨科学公園都市圏域電子図書館（兵庫県　2 市 2 町）、きくち圏域電子図書館（熊本県　1 市 1 町）、たまな圏域電子図書館（熊本県　1 市 3 町））

■1.2.3　電子図書館・電子書籍貸出サービスの分類について

　電流協の電子図書館部会で、図書館における電子図書館を検討する上でまず問題になったのが「電子図書館」の分類であった。

　2000 年代初頭において、電子図書館や電子書籍の形態や可能性を概念としてとらえて、電子書籍と紙の本の機能差から、電子書籍・電子図書館の可能性を論じた本や論文が多く発表されていた。しかし、この当時語られていた「電子図書館」については、電子書籍の提供、電子雑誌（journal 等）の提供、データベースサービスの提供、デジタルアーカイブの提供、障害者向けの電子書籍の提供、パブリックドメイン（著作権切れ電子書籍コンテンツ）の提供など、多様な概念を含み、それぞれの機能とサービスについて厳密に分けることは困難であった。そこで、電流協の電子図書館部会では、電子図書館サービスの分類として主に民間企業などの機関がビジネスとして提供されている図書館向けサービスに目を向けて分類した。

　まず、軸として注目すべき電子図書館サービスは、電子書籍が閲覧可能なものであると考え、さらに、電子書籍でも著作権者の許可がないと利用できない電子書籍を貸出すシステムとして、著作権管理システム（デジタルライツマネジメントシステム＝DRM）を持った「電子書籍貸出サービス」を基本とすることとした。

　また、「電子書籍貸出サービス」の対象となる「電子書籍」は、著作権者保護のため、限定して貸出す必要があるものとし、電子ジャーナル提供サービスや、図書館向けデータベースサービスは「電子書籍貸出サービス」とは別のサービスとした。よって、著作権の保護期間の終了した、パブリックドメインの電子書籍コンテンツだけを提供している「青空文庫」などは「電子書籍貸出サービス」には加えないこととした[1]。さらに、著作権制限により、特定の人が利用できる「障害者向けの電子書籍サービス」についても対象としていない。

　これらを考慮して分類したのが、狭義の電子図書館＝電子書籍貸出サービスである（資料1.5、資料 C）。

　電子図書館サービスを含む、インターネットサービスの多くは、サービスの変化が激しい。インターネット以前の著作物の提供は、中身と形態によって媒体が紐づいていた。例えば本・雑誌は紙媒体、音楽はレコードや CD 媒体、映像パッケージはビデオ・DVD、映像は放送（無線）・有線放送であった。しかし、インターネットの高速・大容量化、マルチメディア化が進み、文字・画像・音声・音楽・映像が区別されずに発信・利用できる環境が整ってきた。インターネット利用者が増えるとともに、これまで著作物の内容によって分かれていたコンテンツサービスが、一気に拡大しサービスや市場の変化とととともに、著作物の提供者と提供する形が変わったのである。

---

[1] 電子図書館サービス事業者が提供する「電子書籍貸出サービス」において、「青空文庫」などのパブリックドメインコンテンツの提供をしているケースは多い。

例えば「音楽コンテンツ」の提供サービスでいえば、レコードや CD にコンテンツを搭載して販売していたものが、スマートフォンの普及で曲やアルバムごとのダウンロードサービスが行われ、現在では聞き放題サービスのサブスクリプションサービスに変化している。

　電子書籍の民間サービスでみると、携帯電話向けの作品単位販売がスマートフォン向けのサービスへと進化し、レンタル型や、一定のコンテンツを期間中一定料金で読み放題のサブスクリプション型サービスが主流を占めるようなった。

　インターネット通信環境が変わったことで、電子書籍も文字や画像を中心としていたものから、音声データのオーディオブックも「電子書籍」としてとらえられるようになった。

　従来、音声朗読タイプのコンテンツは、レコードやテープ・CD といった音楽コンテンツと同様に提供されたものであったため、音楽提供サービスに分類していた。しかし、海外では、電子書店でオーディオブックの広がりがみられたことや、これまで「電子書籍貸出サービス」を実施していた企業が、オーディオブックサービスを開始したこともあって、本調査でも 2019 年 4 月の集計より「電子書籍貸出サービス」に加えることにした。

　今後も電子書籍のコンテンツは、時代と端末等の機能変化、ビジネス性によって変化することが考えられる。

■資料 1.5　電子図書館サービスの分類

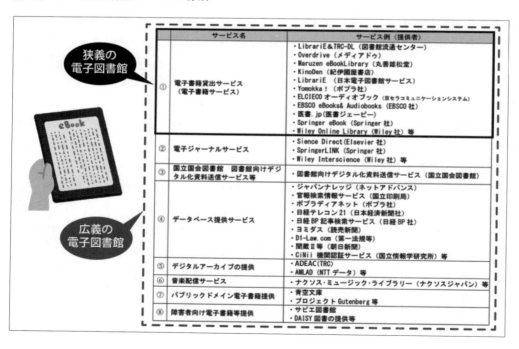

	サービス名	サービス例（提供者）
①	電子書籍貸出サービス（電子書籍サービス）	・LibrariE&TRC-DL（図書館流通センター） ・Overdrive（メディアドゥ） ・Maruzen eBookLibrary（丸善雄松堂） ・KinoDen（紀伊國屋書店） ・LibrariE（日本電子図書館サービス） ・Yomokka！（ポプラ社） ・ELCIECO オーディオブック（京セラコミュニケーションシステム） ・EBSCO eBooks& Audiobooks（EBSCO 社） ・医書.jp(医書ジェービー) ・Springer eBook（Springer 社） ・Wiley Online Library（Wiley 社）等
②	電子ジャーナルサービス	・Sience Direct(Elsevier 社) ・SpringerLINK（Springer 社） ・Wiley Interscience（Wiley 社）等
③	国立国会図書館　図書館向けデジタル化資料送信サービス等	・図書館向けデジタル化資料送信サービス（国立国会図書館）
④	データベース提供サービス	・ジャパンナレッジ（ネットアドバンス） ・官報検索情報サービス（国立印刷局） ・ポプラディアネット（ポプラ社） ・日経テレコン21（日本経済新聞社） ・日経BP記事検索サービス（日経BP社） ・ヨミダス（読売新聞） ・D1-Law.com（第一法規等） ・聞蔵Ⅱ等（朝日新聞） ・CiNii 機関認証サービス（国立情報学研究所）等
⑤	デジタルアーカイブの提供	・ADEAC(TRC) ・AMLAD（NTT データ）等
⑥	音楽配信サービス	・ナクソス・ミュージック・ライブラリー（ナクソスジャパン）等
⑦	パブリックドメイン電子書籍提供	・青空文庫 ・プロジェクト Gutenberg 等
⑧	障害者向け電子書籍等提供	・サピエ図書館 ・DAISY 図書の提供等

狭義の電子図書館

広義の電子図書館

■1.2.4　電子書籍貸出サービスについて

　ここでは、「電子書籍貸出サービス」の仕組みについて説明する（資料1.6）。

　「電子書籍貸出サービス」の構成要素は、大きくわけると「電子書籍（コンテンツ）」を提供する「電子書籍貸出サービスシステム」と、利用者が電子書籍を閲覧利用する「電子書籍端末」に分けられる。電子書籍貸出サービスは、サーバシステムというコンピュータで行われており、現在では大半がクラウドシステムで提供されている。

　紙の「本」の場合は、コンテンツ（書籍の中身・内容）は、印刷物と一体化して閲覧可能な「本」として成立している。しかし、電子書籍は、コンテンツを提供するシステム側が、閲覧する側の電子書籍端末の機能（アプリやブラウザ）を想定してコンテンツを送信可能にして（閲覧できるようにして）成立する。電子書籍端末に、電子書籍コンテンツをダウンロードすることによって、インターネット環境がなくても電子書籍端末単独で閲覧が可能なものもあるが、多くのシステムは、電子書籍貸出サービスシステム（サーバ）と連動してストリーミングでサービスを行っている。したがって、大半の電子書籍コンテンツは電子書籍端末にデータを保有してはいない。

■**資料1.6**　電子書籍貸出サービスシステムと電子書籍端末

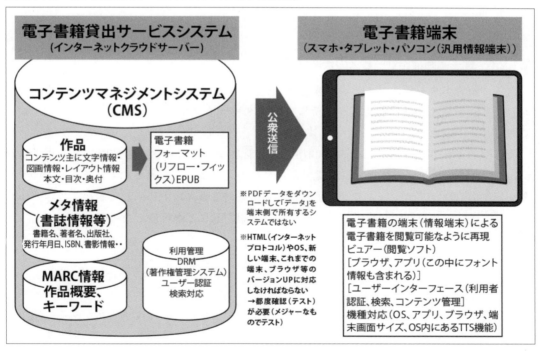

■1.2.5　電子書籍貸出サービスで提供される電子書籍コンテンツ

　ここで、電子書籍貸出サービスシステムで提供される「電子書籍コンテンツ」について説明する。電子書籍貸出サービスの「電子書籍コンテンツ」は「作品の内容、本体」の他に、電子書籍貸出サービスシステムで管理するために必要な書誌情報などの付則情報（以下、「電子書籍メタ情報」）を含んで成立している。

　電子書籍コンテンツメタ情報の代表的なものは、書名、著者名、書影、ISBN、本の概要、分類、などである。この情報が正確に登録されていないと、電子書籍貸出サービスを利用して機能的な検索や管理ができない。このため、電子書籍メタ情報の登録基準（ルール）は電子書籍コンテンツや電子書籍貸出サービスシステム側にとっても必要不可欠な要素となっている。

　また、異なる OS やブラウザ・ソフトウェアを使う多くの利用者端末側で読めるようにするために、共通の電子書籍フォーマットがに基づいてコンテンツが作られる必要がある。この電子書籍フォーマットの主なものが EPUB（現在は EPUB3 が主流）と PDF であり EPUB フォーマットにおいては、文字の大きさや文字の種類（フォント）が利用者側で選択できるようなリフロー型（再流動型）と、一般の紙の本のように、紙面（ページ）レイアウトが維持されるフィックス型（固定レイアウト型）がある。

■1.2.6　電子書籍貸出サービスの管理機能

　電子書籍貸出サービスシステムで重要なのが、「著作物管理システム」「利用管理システム」など、デジタル著作権管理システム（デジタルライツマネジメントシステム：DRM）である。

　著作物の不正利用を防止したり、利用（者）管理がされないと、著作物である電子書籍が、権限がない人によって勝手に閲覧できたり、不正コピーが流通されてしまう。このデジタル著作権管理システムにより、電子書籍を利用者のリクエストに応じて貸出しできるようになり、また、利用期間が終了したものを自動返却することが可能となっている。

■1.2.7　電子書籍貸出サービスシステム

　電子書籍貸出サービスシステムで提供されるコンテンツは、まず電子書籍がある。電子書籍は、一般に「紙の本」の電子版であるケースが多いが、電子書籍版として特別編集するケースもある。

　電子書籍は、電子書店で一般に販売されている電子書籍がそのまま提供している訳ではな

い。あくまで、著作権者である著者との契約で出版（紙・電子書籍）の販売を担当する出版社の許諾（著作物の利用許諾契約）がなければ提供できない。よって、紙の本のベストセラーであっても電子書籍版がないケースや、個人向けに電子書籍が販売されていても、図書館向け電子書籍貸出サービスで提供されていないケースもある。

　電子書籍以外のコンテンツとして、2020 年 4 月からオーディオブックを電子書籍に加えている。さらに、今後は電子雑誌コンテンツ[2]や、本の要約サービス[3]提供するサービスなど様々な電子書籍サービスが提供されることが考えられる。

■1.2.8　電子書籍端末

　次に、利用者側の「電子書籍端末」について説明する。電子書籍端末は大きく分けて、「汎用型の電子書籍端末」と「電子書籍専用端末」がある。

　2010 年の iPad 以前、電子書籍閲覧では、Amazon Kindle が主流であり、日本でも普及が期待されていた。その後、Kobo 社や、ソニー、ブックライブからも電子書籍閲覧用の「電子書籍専用端末」が発売されたが、現在での利用は少なく、電子書籍貸出サービスにおける、利用者端末では使われているケースはほとんどない。

　現在の電子書籍端末の主流は、「汎用型の電子書籍端末」である。「汎用型」とは、いわゆるスマートフォンやタブレット、パソコンで、電子書籍閲覧用のソフト（リーディングシステム、電子書籍ビューア）は、専用アプリ、ブラウザ利用があり、日本の電子書籍貸出サービスは、ブラウザを利用して借りた電子書籍を閲覧できるものが多い。

■1.2.9　クラウドシステムによる電子書籍貸出サービス

　電子書籍管理システムを導入しようとする場合、検索機能や、画面、アクセシビリティ機能、電子書籍の品ぞろえなど、各図書館において、必要とする機能やサービスを検討することになる。

　しかし、個々の図書館向け独自機能など電子書籍貸出サービスのシステムを特別に構築するには、開発費が多額となる。さらに、問題となるのは、電子書籍貸出サービスシステム（サーバ）管理運営である。今日、電子書籍端末はタブレットやスマートフォンがほとんどで、主要な OS が 3 つ（Windows（Microsoft）・iOS（Apple）、Android（Google））あり、それら端末で電子書籍を検索・選択・閲覧するブラウザ（Googl クローム、マイクロソ

---

[2] 電子雑誌の図書館での提供予定「富士山マガジンサービスと TRC、電子図書館「LibrariE & TRC-DL」における電子雑誌配信サービスを 2022 年 4 月に開始予定」（https://prtimes.jp/main/html/rd/p/000000059.000003823.html
[3] 本の要約を図書館向けに提供するサービス https://japan.cnet.com/article/35163385/

フト Egge、safari 等）の OS やブラウザといったソフトウェアのアップデートの対応が難しいといった問題がある。タブレットやスマートフォン、パソコンでは、最近は年に 1 回以上のメジャーアップデート（更新）があり、機能が拡張されるにつれて、これまで構築したシステムとの整合性の検証・確認しなければならず、もし不都合な場合は、電子書籍貸出サービス側のシステムの改修が必要となる。

　仮に個別のシステムを構築した場合、それぞれこの検証・確認作業について、対応する必要があり、場合によっては大きなコストが必要になることがあり得る。

　そこで、現在提供される「電子書籍貸出サービス」は、電子図書館サービス提供事業者が提供する、クラウドシステムとの契約となる。

　日本の図書館（公共図書館）向けの主なサービスは、図書館流通センターが提供する LibrariE＆TRC-DL、メディアドゥが提供する OverDrive、紀伊國屋書店が提供する KinoDen がある。また、2020 年からオーディオブックを提供する京セラコミュニケーションシステムとオトバンクのエルシエロ・オーディオサービスがある。

■1.2.10　図書館の電子書籍と蔵書について

　図書館においては、資料としての蔵書は貸出すことができる。ここで、蔵書という場合、「図書館」で、収集・保管・管理が行われ所有している、モノとしての本や資料が該当する

　一方、電子書籍が蔵書となるかというと、電子書籍はデータであってモノではなく電子図書館サービス事業者のクラウドシステムで運営される閲覧サービスなので、蔵書の概念を当てはめるのは困難である。

　さらに、前述のように、図書館が独自で、電子書籍を蔵書し、利用者に貸出すシステムを構築運営するには、初期の開発コストだけでなく、運営するコスト、特に、多くの利用者の電子書籍端末に電子書籍を閲覧しつづけることは簡単なことでない。

　なお、図書館が独自に持つ、地元資料や自治体発行の書物や資料をデジタル化して図書館独自のアーカイブを外部に提供することは考えられる。

■1.2.11　電子書籍貸出サービスの仕組み

　電子書籍貸出サービス全体の仕組みを説明する（資料 1.7）。

　電子書籍が主に出版社で編集・発行され、図書館利用者が電子書籍を閲覧する主な流れは資料 1.7 のようになる。

　まず、出版社で出版物が編集発行される。この場合、編集的な作業は、紙の出版と同様ではある。しかし、紙の出版と電子出版では、著者に支払う印税の契約が異なるケースが多

い。紙の出版の場合、本を印刷して発行した際、発行部数に対して印税率をかけたものが著者へ支払われる。

　電子出版の場合は、電子書店で実際に売上の後に印税が支払われるのが多く、この点が大きな違いである。また、電子図書館での電子書籍提供の場合は、電子書籍を委託する、電子書籍取次業者や電子図書館サービス事業者との契約となる。ここで、個々の電子書籍を図書館利用者に対して一時期に提供する場合の値段をどうするか、出版社へ支払う料金をどうするか、委託する電子書籍のデータ（コンテンツやメタデータ）をいつどのような形で提供事業者に納品するか等の取り決めがなされている。それぞれ契約の後、電子図書館サービス事業者は図書館から利用者への提供希望のリクエストを受けて、それぞれの図書館ごとに利用者が閲覧できるようにする。

■**資料1.7**　電子書籍貸出サービスの概要

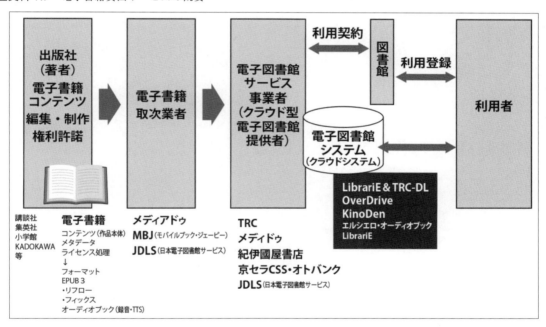

電子書籍一般の電子書店とは違い、貸出可能となった時点で、提供されたこととなり、期間・部数・値段・支払い金額等が確定する形が多い。

　一般にライセンス形態は、1コンテンツ1ライセンス（ワンコピーワンライセンス）が基準となっている。場合によって複数契約するものや、期間中何回貸し出すことができる、というライセンス形態もある。

　なお利用者への貸出のされ方としては紙の本と同様、2週間といった一定期間を貸出条件にするケースがある。また期間中の貸出（利用）型ではなく、電子書籍閲覧サーバにアクセ

スした際に、アクセスしている時間中に電子書籍を閲覧できる利用形態もある。こうした貸出条件はライセンス形態の影響を少なからず受けることがあり、留意が必要である。

　ライセンス形態については、オーディオブックを提供しているエルシエロ・オーディオブックのように、利用可能なオーディオブックを、サービスを導入した自治体の利用者数の制限なく利用可能な、いわゆるサブスクリプションタイプのサービスを提供しているケースもある。

■1.2.12 公共図書館向け主な電子書籍サービス

資料 1.8 は、公共図書館向けの主な電子書籍サービスの比較表である。

詳しい内容は第4章の電子図書館事業者アンケートの回答内容を参考にしてほしい。

■資料 1.8 公共図書館向け主な電子書籍サービス比較表

事業者	図書館流通センター	メディアドゥ	紀伊國屋書店	京セラコミュニケーションシステム
サービス名	LibrariE＆TRC-DL	OverDrive	KinoDen	エルシエロ・オーディオブック
ユーザー数	公共電子図書館 216自治体	公共電子図書館 23自治体	公共電子図書館 9自治体 県立図書館8、市立図書館1	公共電子図書館 7自治体
タイトル数・品揃え	和書 98,000タイトル 洋書 1,700,000タイトル	電子書籍合計:350万タイトル (和書47,000タイトル、洋書 345万タイトル) オーディオブック合計: 21万タイトル (内、日本語306タイトル) 音声電子書籍: Read-Along 10,000タイトル	約43,000点(2021年10月)時点	オーディオブックタイトル 約6,000タイトル (2021年6月)
コンテンツ提供形態(DRM(利用制限)ポリシー)	・ライセンス数: 1〜3, マルチライセンス、読み放題等 ・ライセンス形態:期限設定なし(無期限)型、有期限型、有期限/回数制限有り型等 ・DRM(利用制限)ポリシー:ダウンロード、コピー、印刷不可	・1コピー1ユーザーライセンス ・買い切り型ライセンス ・期間・貸出回数制限型ライセンス ※1ライセンスから購入可能 ※OverDrive提供コンテンツは、授業利用可能形態で提供 ・一部コンテンツで、同時アクセス無制限ライセンス契約もあり	・単品買切型(セット販売、シリーズ継続販売含む) ・サブスクリプション型(年間契約セット)一部あり ・図書館内ネットワーク利用＋図書館システムマイライブラリからの館外リモートアクセス ・出版社が許諾した範囲内でのページ印刷、PDFダウンロードが可能	契約した図書館登録者が図書館システムにログインすることで利用可能 ・台数制限なし
ユーザー利用形態	ユーザーのパソコン・タブレット・スマートフォンのブラウザ利用 (BinBブラウザ、TTS対応)	ユーザーのパソコン・タブレット・スマートフォンのブラウザ利用 Apple、Android対応の専用アプリ利用	ユーザーのパソコン・タブレット・スマートフォンのブラウザ(TTS対応)、アプリ	ユーザーのパソコン・タブレット・スマートフォンのブラウザ利用
料金モデル	(例)公共図書館向け図書館システム 非連携版の場合 初期導入費:70万円〜 月間利用料:50000円〜 (自治体規模により異なる)	(例)公共図書館向け 初期導入費:75万〜150万円 月間利用料:3万〜8万円 ※「電子図書館緊急導入支援キャンペーン」により、2022年3月31日までのお申し込みで、初期導入費が無料	・購入冊数分のコンテンツ費用(出版社・コンテンツ毎に異なる)。初期導入費及び年間維持費なし。	初期導入費:10万〜 月間利用料:7.5万〜 (利用者区分、自治体の人口に応じて見積、利用料の中に、オーディオブック(コンテンツ)と配信システム利用料含む
その他	Webアクセシビリティに対応しており、JISX8341:2016のAA認証取得済み	独自資料のアップロード点数は無制限。機能提供費は無料		

1．3 国立国会図書館のデジタルシフト

■1.3.1　はじめに

　国立国会図書館（以下「NDL」という。）は、2021 年 4 月 1 日に「国立国会図書館ビジョン 2021-2025 -国立国会図書館のデジタルシフト-」（以下「新ビジョン」という。）を公表した。本節では「新ビジョン」とその策定の背景を紹介するとともに、ビジョンの下で取り組む事業について、本報告書の内容に関係が深いと思われるものを中心に紹介する。

■1.3.2　国立国会図書館ビジョンについて

　NDL は、「真理がわれらを自由にするという確信に立つて、憲法の誓約する日本の民主化と世界平和とに寄与すること」（国立国会図書館法）を、その使命としている。その使命の下で、国民の代表である国会の補佐や、国民の資料・情報へのアクセスの提供といった役割を果たすために、様々な業務・サービスを行っている。

　NDL のビジョンは、業務・サービスの運営上の指針として、概ね 5 年間程度の中期的目標として策定される。策定の目的は、館の方針について国民（利用者）からの理解を得ること、また職員が館の方針を理解・共有することである。ビジョンで掲げられた内容は、個別の事業計画に紐づく形で具体化され（例えば、資料デジタル化事業についてはビジョンを踏まえた事業計画として、1.3.5 でも紹介する「資料デジタル化基本計画 2021-2025」が策定されている。）、各年度の事業が実施されることになる。当館の評価制度である「活動実績評価」では、当館の活動（サービス・業務）の実績を把握・分析し、評価を行うことにより、ビジョンに掲げる目標等の達成を目指している。

　NDL ではこれまで、「国立国会図書館ビジョン 2004」、「国立国会図書館 60 周年を迎えるに当たってのビジョン」、「私たちの使命・目標 2012-2016」、「ユニバーサル・アクセス 2020」といったビジョンを策定してきた。「新ビジョン」は、5 つ目のビジョンに当たる[4]。

■1.3.3 「国立国会図書館のデジタルシフト」の背景

　「新ビジョン」は、2020 年 2 月に検討を開始し、2021 年 1 月に策定された。「新ビジョン」策定の背景に、検討と並行するように拡大していった新型コロナウイルス感染症（COVID-19）があることは、言を俟たない[5]。

---

[4] https://www.ndl.go.jp/jp/aboutus/vision_ndl.html
[5] 吉永元信・田中久徳・大場利康・木目沢司「座談会「デジタルシフトを進めよう」」『国立国会図書館月報』2021 年 4 月

　NDL では、東京本館及び国際子ども図書館が 3 月 5 日から 6 月 10 日まで休館、関西館が 4 月 11 日から 6 月 23 日まで休館、遠隔複写サービスが 4 月 15 日から 5 月 20 日まで休止するなどした。再開後も現在に至るまで、抽選予約制による入館制限が行われている[6]。また、全国の図書館の休館率も、博物館・美術館、図書館、文書館、公民館の被災・救援に関する情報サイト saveMLAK によると、5 月 6 日時点で 92％ に上っていた[7]。これは、本報告書のアンケートでも取り上げている図書館向けデジタル化資料送信サービス（絶版等により入手困難なデジタル化資料を地域や大学の図書館、すなわち著作権法 31 条に規定する「図書館等」に送信するもの。以下「図書館送信サービス」という。）がほとんど利用できなくなることを意味する。

　こうした状況において、NDL や各地の図書館に来館せずに利用できるデジタル資料へのアクセスが高まるのは当然とも言えよう。社会科学系の若手研究者を中心に設立された任意団体「図書館休館対策プロジェクト」が 2020 年 4 月 17 日から 4 月 30 日の期間、インターネットで研究者を対象に行った調査によると、図書館休館の中で研究を続けるに当たり、最も望まれる支援は「デジタル化資料の公開範囲拡大」であったという[8]。

　実際、NDL にも多くの方々から要望が寄せられた。例えば、図書館送信サービス参加館の図書館員からは、自身の図書館から利用者への図書館送信資料の複写郵送等を認めてほしいとの要望があった。主として人文科学系の大学教員や在野の研究者等からは、研究・教育活動が困難になっているため、臨時的・時限的なネット公開資料の対象拡大ないし送信先の範囲拡大（図書館送信参加館以外の場所からの図書館送信資料の閲覧等）の要望を受けた。「図書館休館対策プロジェクト」[9]や、日本歴史学協会[10]、そして日本出版者協議会[11]といった団体からも、可能な限りデジタル化資料の公開範囲を拡大するよう相次いで要望が出された。また、5 月 20 日の衆議院文部科学委員会において中川正春委員から、緊急的なデジタル化資料の公開範囲拡大を求める質疑がなされた[12]。

号（https://doi.org/10.11501/11652206）
[6] コロナ禍における一連の対応については、次にまとめている。藏所 和輝・竹内秀樹「コロナ禍における国立国会図書館」『歴史学研究』2021 年 2 月号，p.18-27.
[7] 全国の公共図書館・公民館図書室等 1,626 館のうち 1,692 館のうち 1,553 館が休館していた。
（https://savemlak.jp/wiki/saveMLAK:%E3%83%97%E3%83%AC%E3%82%B9/20200507）
[8] 前田麦穂「コロナ禍は資料アクセスをどう変えたか─研究者・学生の緊急アンケートから著作権法改正まで─」『図書館界』419 号，2021 年 7 月，p.61-67.
[9] 「大学図書館等の閉館を維持したままで可能な緊急支援施策に関する要望書（第 1 次）」（2020 年 5 月 7 日）
（https://7a64ccfc-4343-4e56-831b-78b6fa3c99c3.filesusr.com/ugd/f24217_210271888941407ca5276122e932f238.pdf）
[10] 「国立国会図書館デジタルコレクションの公開範囲拡大による知識情報基盤の充実を求めます」（2020 年 5 月 23 日）
（http://www.nichirekikyo.com/statement/statement20200523.html）。
[11] 「【声明】ICT を活用した資料へのアクセス環境整備に関する声明」（4 月 28 日）
（https://www.shuppankyo.or.jp/post/seimei200427）。同協議会はこれとは別に「ICT を活用した資料へのアクセス環境整備に関する要望書」（5 月 29 日）を、NDL 宛に提出している
（https://www.shuppankyo.or.jp/post/oshirase20200601）。
[12] 「第 201 回国会衆議院文部科学委員会議録第 8 号（2020 年 5 月 20 日）」
（https://kokkai.ndl.go.jp/txt/120105124X00820200520/144）

こういったニーズの高まりに対して、まず、文化庁が中川委員からの質疑に対して「制度的な対応についても検討していく必要がある」と答弁した[13]。次いで、内閣府知的財産推進戦略本部「知的財産推進計画 2020」（2020 年 5 月 27 日）[14]において、「絶版等により入手困難な資料をはじめ、図書館等が保有する資料へのアクセスを容易化するため、図書館等に関する権利制限規定をデジタル化・ネットワーク化に対応したものとすることについて、研究目的の権利制限規定の創設と併せて、権利者の利益保護に十分に配慮しつつ、検討を進め、結論を得て、必要な措置を講ずる。」とされた。そして、文化審議会著作権分科会法制度小委員会図書館関係の権利制限規定の在り方に関するワーキングチームにおいて、「図書館関係の権利制限規定の見直し（デジタル・ネットワーク対応）に関する報告書」（2020 年 11 月 13 日）[15]が取りまとめられた（その内容が盛り込まれた改正著作権法については、1.3.6 で紹介する。）。

　著作権法改正に向けた動きと並行して、NDL のデジタル化を加速への要望も高まっていった。まず、8 月 27 日の参議院内閣委員会において山田太郎委員から、NDL の資料デジタル化の加速を求める質疑がなされた[16]。次いで、自民党政務調査会知的財産戦略調査会からは、「国立国会図書館の図書等のデジタル化についての提言」（2020 年 9 月 1 日）[17]が出され、「デジタル化されていない 2000 年以前に刊行された図書等 165 万点について 5 ヵ年以内に電子化する。データには OCR 処理を行いコンピュータ文字として認識できる状態で保存」することとされた。

　加えて、国立国会図書館の科学技術情報の整備計画について調査審議する館長の諮問機関である科学技術情報整備審議会（会長は西尾章治郎・大阪大学総長）から、「第五期国立国会図書館科学技術情報整備基本計画策定に向けての提言―「人と機械が読む時代」の知識基盤の確立に向けて」（2021 年 1 月 13 日）[18]が出された。ここでは、「人」と「機械」という二種類の「読者」を想定し、オープンで広く信頼され、レジリエンスを備えた国の知識基盤の整備が提言されており、具体的な施策として、全文テキスト化等を視野に入れたデジタル化の戦略的推進、著作権処理の加速化、デジタル化資料へのアクセスの容易化等が盛り込まれた。

---

[13] 「第 201 回国会衆議院文部科学委員会議録第 8 号（2020 年 5 月 20 日）」
（https://kokkai.ndl.go.jp/txt/120105124X00820200520/149）
[14] https://www.kantei.go.jp/jp/singi/titeki2/kettei/chizaikeikaku20200527.pdf
[15] https://www.bunka.go.jp/seisaku/bunkashingikai/chosakuken/toshokan_working_team/pdf/92654101_02.pdf
[16] 「第 201 回国会参議院内閣委員会閉会後第 2 号（2020 年 8 月 27 日）」
（https://kokkai.ndl.go.jp/txt/120114889X00220200827/19）
[17] https://jimin.jp-east-2.storage.api.nifcloud.com/pdf/news/policy/200591_1.pdf
[18] https://doi.org/10.11501/11631622

■1.3.4　国立国会図書館ビジョン 2021-2025

　1.3.3 で述べた背景の下で策定された「新ビジョン」では、「基本的役割」に加えて、特に注力する 7 つの重点事業を括りだし、2 本立ての構成としている。デジタルへの対応という重点的施策（重点事業）への取組を通じて、基本的な役割を強化・拡充していくという狙いがある。

■資料 1.9　国立国会図書館ビジョン 2021-2025

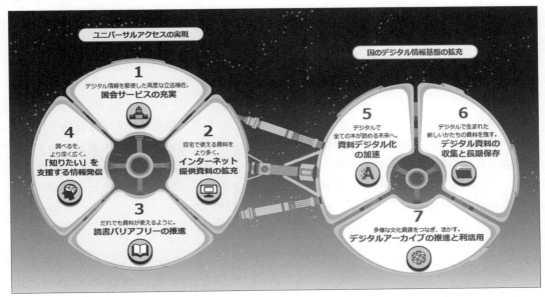

　まず、NDL が遂行する基本的役割は、次の 4 つである。

- [1] 国会活動の補佐（国会議員に対する調査サービスの高度化や国会発生情報のアクセス整備等）
- [2] 資料・情報の収集・整理（資料の収集・保存や書誌データの作成・提供）
- [3] 情報資源の「利用提供（一般、行政・司法各部門、視覚障害者等へのサービス、子どもの読書活動支援等）
- [4] 各種機関との連携協力（国内外の図書館・関係機関との協力、情報資源への総合的なアクセス等）

　そして、情報技術による社会活動やコミュニケーションの変容に加え、新型コロナウイルス感染症拡大により加速する社会のデジタルシフトの中で、NDL が情報資源と様々な知的活動を的確につなげていくために、今後 5 年間、進めていく重点事業が次の 7 つである。

① 国会サービスの充実（デジタル情報基盤の拡充と検索手段の利便性向上）
② インターネット提供資料の拡充（インターネットや図書館で閲覧できるデジタル資料の拡充とそのための著作権処理・関係者との合意形成等の推進）
③ 読書バリアフリーの推進（バリアフリー対応資料の収集・提供と、テキストデータ製作支援推進）
④ 「知りたい」を支援する情報発信（調べ方のガイドや知識を深めるための資料の紹介等の社会に役立つ情報の発信）
⑤ 資料デジタル化の加速（所蔵資料デジタル化と全文テキスト化の推進）
⑥ デジタル資料の収集と長期保存（有償の電子書籍の収集やデジタル資料の長期保存等）
⑦ デジタルアーカイブの推進と利活用（ジャパンサーチの推進等）

　このうち、①～④は、将来にわたる全ての利用者に多様な情報資源をする提供する「ユニバーサルアクセス」を実現する事業群、⑤～⑦は、情報資源提供のための恒久的なインフラ整備として国のデジタル情報基盤の拡充を図る事業と整理することができる。次項以降、このうち、⑤「資料デジタル化の加速」、②「インターネット提供資料の拡充」、⑥「デジタル資料の収集と長期保存」、⑦「デジタルアーカイブの推進と利活用」について紹介していく[19]。

■1.3.5　資料デジタル化の加速と全文テキストデータの作成

　「新ビジョン」では、「デジタルで全ての国内出版物が読める未来を目指し、この5年間で100万冊以上の所蔵資料をデジタル化します。テキスト化も行い、検索や機械学習に活かせる基盤データとします。」と謳っている。これは、①「国会サービスの充実」における「デジタル情報基盤の拡充」にも通じるものである。数値目標を明記したことと、全文検索・データ利活用等のためのテキスト化の実施を掲げていることがポイントである。

（1）資料デジタル化の加速について

　NDLでは1990年代の実験事業を経て、2000年から本格的に資料デジタル化に着手した。最初の大きな転機は2009年で、緊急経済対策として大規模なデジタル化の予算が措置されるとともに、NDLが原資料の保存目的でデジタル化することを可能とする著作権法改正が

[19] ③については、昨年の報告書で詳しく紹介した。福林靖博・植村要「国立国会図書館の電子図書館事業—近年の取組を中心に」植村八潮、野口武悟、電子出版制作・流通協議会編『電子図書館・電子書籍貸出サービス 調査報告2020』樹村房, 2020年, p.26-38.

行われ、これにより資料のデジタル化が大きく進展した。また、2012 年の著作権法改正では、図書館送信サービスが可能となった。ここ数年はデジタル化予算として年間 2 億円余が措置されており、現在、約 279 万点のデジタル化資料を提供中である。このうち、著作権保護期間満了等によりインターネットで公開しているものが約 56 万点、入手困難として図書館送信の対象となっているもの[20]が約 151 万点、残りは現時点では NDL 館内のみでの提供となっている。

　「新ビジョン」を踏まえ、今後 5 年間の新たな方針として「資料デジタル化基本計画 2021-2025」（2021 年 3 月 10 日）を策定した[21]。本計画のポイントは次のとおりである。まず、対象資料の選定に当たっての評価要素として、従来の劣化対策等に加え、インターネット公開や図書館送信といった「資料の利用機会の拡大につながること」という視点を加えた。また、対象となる図書の刊行時期を 2000 年までに拡大したことに加え、新たに新聞についても日本新聞協会等の関係者と協議の上、デジタル化の試行に着手することとなった。このほか、日系移民関係資料もデジタル化の対象とすることとなった。

　これらのビジョンや計画を強力に後押しすることとなるのが、令和 2 年度補正予算（第 3 号）である。ここで、「情報アクセス機会拡大のためのデジタル化推進」という名目で、資料のデジタル化経費約 45 億円のほか、全文テキスト化の推進に向けた経費や、館内におけるデジタル化作業のための機器の導入や電子書庫（データ保存用サーバ）の増設経費等を含む、総額約 60 億円の追加予算が措置された。1.3.3 で言及した、NDL の資料デジタル化加速への要望の帰結と言えよう。これを受けて現在、1969 年から 1987 年までに受け入れられた国内刊行図書のうち、社会科学分野及び人文科学分野の一部の資料のデジタル化等を進めている。

---

[20] 「国立国会図書館のデジタル化資料の図書館等への限定送信に関する合意事項」（2012 年 12 月 10 日）に基づき、NDL が民間の在庫データベース等を用いた入手可能性調査を行い、市場で流通していないことを確認している。ただし、漫画・絵本・商業出版による雑誌・管理委託著作物等は除外している。また、出版者・著作権者等の申し出により一定の除外基準に該当するものを送信対象から除外している。除外基準については「図書館向けデジタル化資料送信サービス（図書館送信）に係る除外手続」（https://www.ndl.go.jp/jp/preservation/digitization/distribution.html）を参照のこと。

[21] https://www.ndl.go.jp/jp/preservation/digitization/digitization_plan2021.pdf

■資料 1.10　NDL 資料デジタル化事業の経緯

2000年	・資料デジタル化を開始。著作権処理を行いインターネットで公開（2～4万冊／年）
2009年	・著作権法改正（NDLで保存目的のデジタル化が可能に）
2009～2011年	・大規模デジタル化事業実施（2009年度、2010年度補正予算） 　図書66万点、雑誌22万点、古典籍7万点、博士論文14万点、官報、支部図書館資料等のデジタル化 　実施。著作権調査もあわせて実施。
2012年	・著作権法改正（図書館等への絶版等入手困難な資料の送信が可能に）
2014年	・図書館向けデジタル化資料送信サービス（図書館送信）開始
2015年	・災害関係資料のデジタル化（2014年度補正予算） 　震災・災害関係の図書約6万点、雑誌約2万点のデジタル化実施
2018年	・著作権法改正（外国の図書館等へも絶版等入手困難な資料の送信が可能に）
2019年	・外国の図書館等にも図書館向けデジタル化資料送信サービスを拡大 ・デジタル化内製の実験プロジェクト開始
2021年	・国内刊行図書のデジタル化（2020年度補正予算）、資料デジタル化推進室の設置 ・「資料デジタル化基本計画2021-2025」の策定 ・著作権法改正（特に第31条第3項：絶版等資料の個人（家庭）への送信が可能に）

■資料 1.11　NDL 資料デジタル化予算の推移

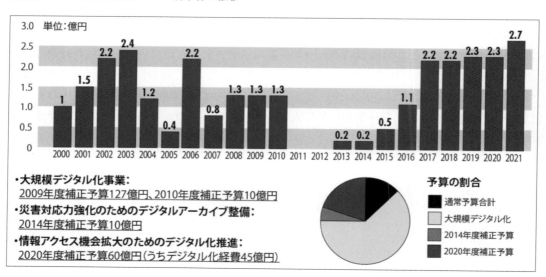

・大規模デジタル化事業：
　2009年度補正予算127億円、2010年度補正予算10億円
・災害対応力強化のためのデジタルアーカイブ整備：
　2014年度補正予算10億円
・情報アクセス機会拡大のためのデジタル化推進：
　2020年度補正予算60億円（うちデジタル化経費45億円）

予算の割合
■ 通常予算合計
■ 大規模デジタル化
■ 2014年度補正予算
■ 2020年度補正予算

■資料 1.12　NDL 資料デジタル化の取組・提供状況

資料	これまでの取組	今後の取組予定	インターネット公開	図書館送信	館内限定	合計
図書	明治期以降、1968年までに受け入れた図書 震災・災害関係資料の一部（1968年以降に受け入れたものを含む。）	2000年までに刊行・受入したもの（対象：約160万冊） ※5年間で100万冊以上のデジタル化を目指す	36万点	55万点	8万点	99万点
雑誌	明治期以降に刊行された雑誌（刊行後5年以上経過したもの）	刊行後5年以上経過した雑誌 →学協会等からデジタル化要望があるものを優先する。	1万点	81万点	52万点	134万点
博士論文	1990〜2000年度に送付を受けた論文	1989年度以前に送付を受けたもの。	1万点	12万点	3万点	16万点
新聞	地方紙等のマイクロフィルム	試行（日本新聞協会と合意したもの等。ただし、商用データベース等は対象外。）	-	-	-	-
その他	古典籍、地図、官報、録音・映像資料、憲政資料、日本占領関係資料等	（継続） 新たに、日系移民関係資料を追加	18万点	4万点	9万点	30万点
		※右は2021年7月時点の提供点数	56万点	151万点	72万点	279万点

（2）全文テキストデータの作成について

　NDL のデジタル化事業の初期段階から、デジタル化資料の本文テキスト検索に対する期待は高かったが、2009 年 3 月の「資料デジタル化及び利用に関する関係者協議会の第一次合意事項[22]」において、デジタル化は画像データの作成を当面の範囲とすることとされ、テキスト化の実施は見送られていた。その後、2019 年 1 月施行の改正著作権法（第 47 条の 5）により、許諾なしに画像データからのテキストデータ作成と所在検索サービスを行うことが法的に可能となった。しかし、その実用化に際しては、旧字体や複雑なレイアウトを持ったデジタル化資料における OCR の認識精度の問題があった[23]。そこで NDL では機械学習の技術を用いてレイアウト解析の精度を高める等により、OCR 認識精度向上に取り組んだ[24]。

　これらの研究を踏まえ、NDL ではまず、2019 年に約 3 万点のデジタル化資料（著作権保護期間満了資料のみ）の本文検索機能を搭載した実験システム次世代デジタルライブラリー（https://lab.ndl.go.jp/dl/）を公開した[25]。次いで、2021 年 1 月からからは国立国会図書館デジタルコレクション（https://dl.ndl.go.jp/）に格納されたデジタル化資料の一部（2021年9 月現在、約 3.8 万点）を対象とした全文検索サービスの提供を開始している。

　そして現在、上述の令和 2 年度補正予算により、古典籍資料等を除いたデジタル化済資料

[22] https://dl.ndl.go.jp/view/download/digidepo_999566_po_digitization_agreement01.pdf?contentNo=1
[23] 大場利康「国立国会図書館におけるデジタルアーカイブ事業のこれまでとこれから」『Japio Year Book』2015 年, p.20-27.
[24] 青池亨・木下貴文・里見航・川島隆徳「国立国会図書館のデジタル化資料の検索・提供方法改善を目的とした技術開発とデータセット構築の取組について」2020 年度人工知能学会全国大会（第 34 回）, 2020 年 6 月.（https://doi.org/10.11517/pjsai.JSAI2020.0_3Rin472）
[25] 青池亨「国立国会図書館, 次世代デジタルライブラリーを公開」『カレントアウェアネス-E』No.372, 2019.（https://current.ndl.go.jp/e2154）

約 237 万点の全文検索用データを、機械学習可能な OCR を用いて作成している（画像数は2 億 2,300 枚以上にのぼる。校正は行わない。）。ここで得られる全文テキストデータは、全文検索での活用だけではなく、大規模データセットとしての AI 領域での活用や、視覚障害者等の方々の読み上げ利用においても期待されていることを付言しておきたい。

■資料 1.13　国立国会図書館デジタルコレクションにおける全文検索結果の例

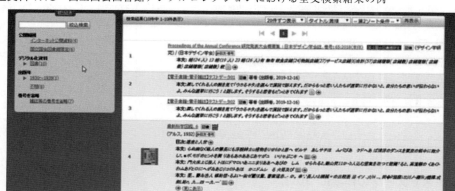

■1.3.6　インターネット提供資料の拡充―2021 年著作権法改正への対応

「新ビジョン」では、「インターネットや身近な図書館で閲覧できるデジタル資料の拡充を図ります。そのための著作権処理や関係者との合意形成を進めます。」と謳っている。このうち、デジタル化資料の利用範囲の拡大については、著作権法の改正なしに、NDL 単独で進められるものではないことは言うまでもないだろう。

1.3.3 で言及した「図書館関係の権利制限規定の見直し（デジタル・ネットワーク対応）に関する報告書」の内容が盛り込まれた「著作権法の一部を改正する法律」が、2021 年 5 月26 日に成立した[26]。改正の柱の一つである「図書館関係の権利制限規定の見直し」には、（A）国立国会図書館による絶版等資料のインターネット送信（公布から 1 年以内で政令で定める日に施行）と、（B）各図書館等による図書館資料のメール送信等（公布から 2 年以内で政令で定める日から施行）の 2 つが盛り込まれている。

（A）は、これまで国内外の図書館等に送信していた絶版等資料を ID・パスワードで管理された個人（家庭）に対して直接送信するというもので、図書館送信サービスの今後にも大きく関わるものである。現在、2021 年度第 1 四半期のサービス開始に向けて、文化庁とともに関係団体と協議を行っており、詳細は固まり次第、公表する予定である[27]。上述したとお

---

[26] 文化庁「令和 3 年通常国会著作権法改正について」
（https://www.bunka.go.jp/seisaku/chosakuken/hokaisei/r03_hokaisei/index.html）
[27] あわせて、「国立国会図書館のデジタル化資料の図書館等への限定送信に関する合意事項」の一部見直しも検討している。こちらも詳細が固まり次第、公表する予定である。

り、現在、1987 年までに整理された国内刊行図書のデジタル化が進められているが、これらの資料の多くは絶版等資料に該当すると目される。コンテンツの大幅な拡充とその提供範囲の拡大が同時に行われていることが、「新ビジョン」の大きなポイントとなっていることに留意されたい。

　一方の（B）は、一定の条件（権利者の利益を不当に害しないこと、データの流出防止措置を講じること等）の下に図書館等が調査研究目的で、著作物の一部分をメールなどで送信できるようにするものである。権利者への補償金支払が必要となるものの、従来の遠隔複写サービスの拡張という性格が強いと言えよう。こちらも文化庁及び関係団体との協議を行っていく予定である。

■1.3.7　デジタル資料の収集と長期保存

　「新ビジョン」では、「有償の電子書籍・電子雑誌の制度収集を開始し、著作者や出版者の協力を得て、安定的収集を実現します。また、他機関のデジタル資料の収集・移管、再生困難なデジタル資料の形式変換等、多面的な取組によってデジタル資料の長期保存を目指します。」と謳っている。

（1）オンライン資料の制度収集

　まず国や自治体等の公的機関が発行するウェブサイトについては、インターネット資料として 2010 年 4 月から制度収集の対象となった。一方、民間が発行する電子書籍・電子雑誌（以下「オンライン資料」という。）については、無償かつ DRM の無いオンライン資料（資料 1.14 中の A。主に私立大学の紀要類や、民間企業の技報や広報誌等が該当する。）が2013 年 7 月から制度収集の対象となったものの、有償又は DRM 付きの資料（資料 1.14 中の B,C,D）は、当分の間提供免除とされ現在に至っている。

　この間、オンライン資料の制度収集の在り方について、納本制度等の改善及びその適正な運用に資することを目的として設置された納本制度審議会（会長は斎藤誠・東京大学大学院法学政治学研究科教授）に諮問するとともに、関係団体の協力を得て収集に係る実証実験を行うなどの検討を行ってきたところ、2021 年 3 月 25 日に納本制度審議会答申「オンライン資料の制度収集を行うに当たって補償すべき費用の内容について」が提出された[28]。

　答申では、収集対象については現行のフォーマット等の要件を踏襲して特定のコード（ISBN、ISSN、DOI）が付与されたもの、または特定のフォーマット（PDF、EPUB、DAISY）で作成されたものを対象とし、DRM 付き資料についても DRM が付されていない状態のファイルを収集するとされている。また、民間リポジトリについて、長期的な継続性

---

[28] https://www.ndl.go.jp/jp/collect/deposit/council/s_toushin_8.pdf

や利用、コンテンツの保全やメタデータ連携の担保といった、収集対象から除外できる場合の条件が示されている。このほか、収集に係る金銭的補償は原則不要とする一方で、制度収集への政策的補償に相当するインセンティブとして、著作の真正性の証明、データバックアップ機能、検索サービスから販売サイトへのナビゲートへの期待等が掲げられている。現在、この答申の方向で、2022 年度中の制度化を目指し関係者との協議を含めた準備を進めている。

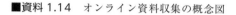
■資料 1.14　オンライン資料収集の概念図

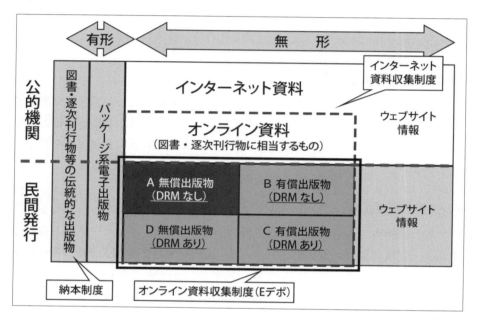

(2) デジタル資料の長期保存

　NDL は近年、ますますデジタル形式の資料を多く所蔵するようになってきている。2000年からは、上述した資料のデジタル化データに加え、CD-ROM、DVD など有形の媒体に情報を固定した電子出版物（以下「パッケージ系電子出版物」という。）の納本制度による収集を開始、2002 年からはインターネット資料保存事業（WARP）[29]を開始した。さらに、2013 年からはオンライン資料の収集拡充に取り組んでいることは上述したとおりである。また、NDL が所蔵していない入手困難な資料のデータ収集についても、手続きの整備を進めている。しかし、デジタル形式の資料には、媒体のぜい弱性、再生装置の入手困難化及び再生ソフトウェア等技術の陳腐化（旧式化）という課題がある。

---

[29] https://warp.da.ndl.go.jp/

　NDL ではこれまで、USB メモリ、CD/DVD-RW、FD、MO、MD 等のパッケージ系電子出版物のデータの長期保存用光ディスク（DVD-R/BD-R）へのマイグレーション試行や、光ディスクの劣化状況調査等を順次実施してきた。2021 年には、これまでの調査や試行の結果等を踏まえ、「国立国会図書館デジタル資料長期保存基本計画 2021 − 2025」を策定した[30]。2021 年度は、パッケージ系電子出版物のマイグレーションの本格実施を開始したほか、フロッピーディスク（5 インチ）等のマイグレーションの技術調査やマイグレーション後データの利用保証（旧式 OS 等の環境を提供するエミュレーション技術調査）に取り組んでいる[31]。また、デジタル化資料の保存用データを光ディスクから LTO（Linear Tape-Open）に移行するための調査も開始している。

■1.3.8　デジタルアーカイブの推進と利活用

　「新ビジョン」では、「図書館の領域を超えて幅広い分野のデジタルアーカイブを連携させる「ジャパンサーチ」を通じて、多様な情報・データがオープン化され、活用が促進される環境づくりを支えます」と謳っている。

　ジャパンサーチ（https://jpsearch.go.jp/）は、書籍、文化財、メディア芸術など多様なコンテンツのメタデータをまとめて検索・閲覧・活用できるプラットフォームである。「知的財産推進計画」などに掲げられている国全体の取組としてデジタルアーカイブジャパン推進委員会・ 実務者検討委員会（庶務は内閣府知的財産戦略推進事務局）が運営している[32]。NDL は、システムの開発と運用、連携協力の実務を担当しており、2019 年 2 月に試験版を、2020 年 8 月に正式版を公開した。2021 年 9 月現在、30 連携機関、137 データベースと連携している。

　ジャパンサーチは、さまざまな分野のデジタルアーカイブと連携してメタデータを集約し、利活用しやすい形で提供することで、教育、学術研究、防災、観光、地域活性化、ヘルスケア、ビジネス等のシーンを通じて、新しい知の創造や価値の創出につなげることが期待されている。この中でNDLは、全国の公共・大学・専門図書館、学術機関等が提供する120ものデータベース（2021 年 9 月現在）と連携している国立国会図書館サーチ（https://iss.ndl.go.jp/）を通じて、書籍等の分野のつなぎ役としての役割を果たしている。

　また、NDL は、2020 年から韓国の国立中央図書館が主体となって運営している、東アジ

---

[30] https://www.ndl.go.jp/jp/preservation/dlib/pdf/NDLdigitalpreseravation_basicplan2021-2025.pdf
[31] この他、国立国会図書館東日本大震災アーカイブ（ひなぎく）において、各地の閉鎖アーカイブのデータ承継等にも取り組んでいる。
[32] 首相官邸「デジタルアーカイブジャパン推進委員会及び実務者検討委員会」
　（https://www.kantei.go.jp/jp/singi/titeki2/digitalarchive_suisiniinkai/index.html）

アの文化・学術資源を対象とするポータルサイト East Asia Digital Library β版
（https://eadl.asia/）に参加館として協力し、デジタル化した古典籍資料の画像データ及び
メタデータを提供している[33]。

■資料 1.15　ジャパンサーチ

■資料 1.16　East Asia Digital Library

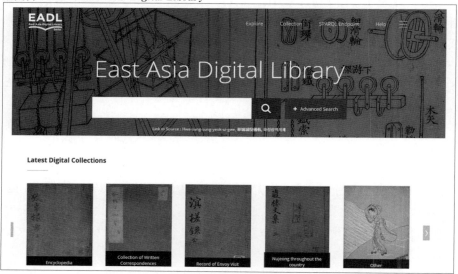

[33]　福林靖博・中川紗央里・奥田倫子「East Asia Digital Library（EADL）β版公開と今後の展望」『カレントアウェアネ
ス-E』No.409, 2021.（https://current.ndl.go.jp/e2360）

■1.3.9　おわりに

　「新ビジョン」の下、NDL のデジタル関連事業に関連する中期計画として、1.3.3 で言及した「第五期国立国会図書館科学技術情報整備基本計画策定に向けての提言—「人と機械が読む時代」の知識基盤の確立に向けて—」を受けて策定された、「第五期国立国会図書館科学技術情報整備基本計画」（2021 年 3 月 29 日）[34]があるので、あわせてご一読いただければ幸いである。本節で詳しく紹介する紙幅は残されていないが、「利活用促進」、「恒久的保存」という二つの側面から、資料デジタル化やジャパンサーチといったこれまで紹介した事業以外にも、様々な事業が進められていくことがお分かりいただけるだろう（例えば、重点事業①、③、④、⑦に関わるものとして、次期の統合的なオンラインサービスや視覚障害者向けの検索サービスの検討がある。）。これからの 5 年間、NDL のデジタルシフトを進め、順次、その成果を広く社会に還元していきたいと考えている。

1.4　米国公共図書館と電子図書館

■1.4.1　米国公共図書館の調査の背景

　一般社団法人電子出版制作・流通協議会（以下、電流協）では、2013 年より毎年電子図書館アンケート調査の実施し、このアンケート結果を中心に「電子図書館・電子書籍貸出サービス調査報告」を発行してきた。

　電流協が発足した 2010 年においては、米国はじめ日本でも「電子書籍ブーム」が起こり、電流協で「電子図書館」の調査を開始した 2013 年において米国では「電子図書館」が 9 割以上普及しているいわれ、そのことから、日本でも早々に電子図書館が普及するという期待があった。

　昨年 2020 年度は新型コロナ問題で、多くの図書館で図書館サービスの制限が余儀なくされ電子図書館が注目された。コロナ禍において公共図書館の「電子図書館導入」は政府の助成措置がとられたこともあり、2020 年度後半に急速に電子図書館が導入された。実際、昨年 2020 年 10 月 1 日では、電子書籍貸出サービスを導入している自治体が 114 であったが、2021 年 10 月 1 日でにおいては倍以上の 258 自治体に普及した（資料 D）。

　日本でも急速に自治体での電子図書館導入が進んだが、都道府県・市町村数を合計した自治体全体（1,788）と比較するとまだ 14.4％である。

　一方、米国では、2013 年にすでに 89％の自治体で「E-books（電子書籍）の提供」が行われており（資料 1.19）。2015 年には 94％で導入され、また 10 万人以上の自治体ではすべて

---

34 https://doi.org/10.11501/11669329

の図書館で E-books のサービスを行なっている。

　また、図書館が貸出可能な資料（Materials）をみても、E-books・Audio materials（オーディオブック）・Video materials（映像資料）の数が、紙の資料を上回るなど、電子図書館サービスが不可欠なサービスとなっている。

　ここでは、日本においてこれまであまり紹介されていない米国の公共図書館における電子図書館サービスの実態を説明するとともに、日本で参考とすべきことを説明する。

■1.4.2　電子化する米国の図書館

（1）米国の公共図書館におけるサービスの変化

　米国の PublicLibrary（以下、公共図書館）では紙書籍等の貸出サービスだけでなく、地域コミュニティとしてのイベントの提供、家にパソコンが無い人へのパソコン利用環境の提供、施設に来なくても利用できる各種の電子図書館サービスを提供している[35]。

（2）米国の公共図書館と電子図書館について

　米国の電子図書館サービス導入は全体で 9 割を超えていることから、成長期から、成熟期に入り、電子図書館サービスについては、E-books だけでなく、Audio materials やストリーミングによる Video materials、オンラインセミナー等イベントなどデジタルサービスの多様化が進んでいる（資料 1.17）。

　米国の公共図書館における同サービスの導入は早く、2010 年において 7 割を超え、2012 年には約 9 割に達している（資料 1.19）。ここで興味深いのは、約 9 割普及した 2012 においても、E-books の Collection（提供可能な資料）は、Books（紙書籍）と比較すると少ないことである（資料 1.21）。しかし、2014 年には E-books の提供は 95％となり、E-book の数の増加とともに Audio materials や、Video materials を合わせると、紙書籍（Books）を超える数となっている。

　特に米国の場合は公的な非営利事業であっても、寄付を重要運営財源とすることから、住民の支持や、地元企業への図書館の運営の説明がもとめられる。よって、サービスの形や、図書館の貸し出しができる資料（Collection）については、住民のニーズが求められ、急速に広まりつつある「デジタルサービス」の導入が、図書館を支える人々から求められていると考えられる。

---

[35]岡部一明、アメリカの電子図書館と E-BOOK 市場、2019.7

■資料 1.17　電子図書館サービスの普及の形態分類[36]

	導入期	成長・定着期	成熟（定着）期
普及率（概算）	約 1 割以下	1 割以上〜7、8 割	9 割以上
コンテンツ利用	小規模	利用拡大	利用定着
課題	・プラットフォームの普及	・プラットフォームの利用定着 ・利用者ニーズ適合	・安定運用 ・サービスの分化
事例	日本の公共図書館		米国の公共図書館 日本の大学図書館

（3）米国の図書館の分類と図書館数

　米国には 2020 年の統計で全国に 11 万 6,867 の図書館がある（ALA の調査集計[37]）。

　内訳は「公共図書館」（Public Libraries）9057 館、大学・研究機関などの「学術図書館」（Academic Libraries）3,094 館、中小高校などの「学校図書館」（School Libraries）9 万 8460 館、企業・医学・法律・宗教などの「特別図書館」（Special Library）5150 館、陸海空軍の「軍隊図書館」（Armed Forces Libraries）239 館、政府図書館（Government Libraries）867 館となっている（資料 1.18）。

■資料 1.18　米国の主な図書館数

Public Libraries (administrative units)			9,057
Academic Libraries			3,094
	Less than four-year	856	
	Four-year and above	2,238	
School Libraries			98,460
	Public Schools	81,200	
	Private School	17,100	
	BIA (Bureau of Indian Affairs)	160	
Special Libraries			5,150
Armed Forces Libraries			239
Goverment Libraries			867
Total			116,867

（出典：Number of Libraries In the United States as of September2020)[38]

---

[36] 長谷川智信、日本の公共図書館における電子図書館サービス導入の実態と課題—米国公共図書館の経験と実態から考える—、COPYRIGHT.2021.719、p51

[37] 「米国図書館協会」統計「ALA Library Fact Sheeo1」
https://libguides.ala.org/numberoflibraries

[38] 米国図書館統計について
・公共図書館の数値は、米国の博物館図書館サービス機構（IMLS）の公共図書館の補足表から引用（調査：2016 年度（発

（4）米国公共図書館の 94％が電子書籍を提供

　米国では 2014 年時点で電子書籍を提供する公共図書館が 9 割以上になっており、図書館に行かなくてもインターネットを電子書籍を借りて読むことができる。

　米国の図書館専門雑誌「Library Journal」[39]が 2010 年から 2015 年にかけて行った米国の公共図書館アンケート調査の 2015 年調査結果[40]（2015 年 9 月発表）を見ると、2014 年では 95％の図書館が電子書籍貸出サービスを導入しており、2015 年では 94％となっている（2015 年の調査回答数は 317 館）（資料 1.19）。

■**資料** 1.19　米国公共図書館の E-book（サービス）提供状況

年	% of public Libraries offering E-books E-books提供館の割合	E-books collections (Median # of E-books) 1館あたりのE-books提供札数(中央値)
2010	72%	813
2011	82%	1,750
2012	89%	5,080
2013	89%	7,380
2014	95%	10,484
2015	94%	14,397

　また、2015 年の集計では、その図書館が有する自治体等の人口でみた E-books 提供の普及率も示している（資料 1.20）。これをみると、人口 10 万以上の自治体では、普及率が 100％であり、人口が 25,000 人よりも少ない自治体でも 84％で E-books が提供されている。つまり、一部の地方自治体を除くとほぼすべての自治体の図書館が E-books を提供していることがわかる。

表　2018 年 4 月））
・大学図書館の数値は、国立教育統計センター（NCES）の大学図書館調査（2014〜2015 年）から引用
・学校図書館の数値は、国立教育統計センター（NCES）が実施したさまざまな調査から引用
・特別図書館、軍隊図書館、および政府図書館の数値は、
American Library Directory2017-2018 から引用
[39]　Library Journal https://www.libraryjournal.com/
[40] Library Journal, Survey of E-book Usage in U.S. Public Libraries, September 2015

■**資料 1.20**　米国公共図書館の E-books 提供、自治体人口別集計

Table 1. Does your library offer E-books?

% of public libraries by population served and geographic region, 2015

	Population Seved			
	<25,000	25,000-99,000	100,000-499,000	500,000+
We offer E-books	84%	98%	100%	100%
We do not offer E-books	16%	2%	0%	0%

（5）米国の公共図書の提供資料（Material）の種類別変化

　米国 IMLS（Institute of Museum and Library Services：博物館・図書館サービス機構）[41]で集計発行する「Public libraries in the United States2017（発表 June 2020）」では、公共図書館が提供する資料の推移、1 人当たりに提供する、資料の割合の推移が公表されている（資料 1.21）。

　米国公共図書館の一人当たりの Material（提供資料）の種別推移をみると、Books（紙書籍）は 2008 年 2.8 件であったものが、2017 年では 2.3 件とマイナス 17.1 ポイントとなっている。

　一方、E-books は、2008 年ではほぼ 0 ％であったものが、2017 年には 1.5 件となっており約 32 倍と大幅に増加している。2013 年との比較でも 2.4 倍に増加してとなった。他の Audio materials、Video materials を含めると 2016 年には 2.4 件と Books の 2.4 件と同数であり、2017 年は 2.8 件で、Books の 2.3 件を上回っている。また注目すべきは、全体での貸出数が増加していることである。これは、「図書館」に行かなくてもオンラインで E-books などが借りられることから、図書館に行かなかった住民が図書館を利用できることが大きいと考えられる。

　この結果からわかるように、E-books や Audio Materials、Video materials の提供は公共図書館が年々量及び比率が増加しており、公共図書館にとって Books と同等の主要サービスとなっている。

---

[41] Institute of Museum and Library Services（博物館・図書館サービス機構）は 1996 年 9 月 30 日に博物館図書館サービス法（MLSA）によって設立された独立機関であり、博物館や図書館、その他文化遺産機関に対して多数の助成金の割り当てや、助成金を提供している。

■資料 1.21　米国公共図書館の提供資料のタイプ別提供状況年別推移グラフ

（Books、E-Books、Audio Materials、Video materials）

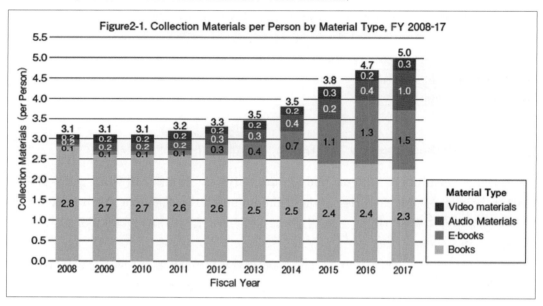

（出典：「Public libraries in the United States2017」13page）

（6）2020 年のコロナ禍における米国公共図書館の対応について

　2020 年度前半期は新型コロナ感染症により、米国の公共図書館においても多くが建物の閉館を余儀なくされた。

　電流協の 2020 年の調査[42]によると、日本の公共図書館においては、2020 年 4 月 7 日からの「緊急事態宣言」後に 81.7％の図書館が「（図書館施設）を全面休館としたと回答している。一方、図書館で「電子図書館サービス」を実施したと回答したのは 11.3％であった[43]。この電子図書館サービス実施率については日本において「電子図書館サービス」がまだ 1 割ほどしか普及していないことが主な要因である。

　一方、米国 PLA（公共図書館協会）が 2020 年 3 月 24 日から 4 月 1 日に緊急実施したアンケート[44]においては、米国公共図書館の 99％が建物の休館となったが、「デジタルコンテンツ、オンライン学習、オンラインプログラム（オンラインセミナーやオンラインワークショップ等）」の積極的な実施により、学生や研究者の教育ニーズへの対応、デジタルサービス

---

[42]　「電子図書館・電子書籍貸出サービス調査報告 2020」2020、12 月、63 ページ資料 2.5、65 ページ資料 2.9

　　Public Libraries Respond to COVID-19: Survey of Response & Activities

　　「ALA news,Public libraries launch, expand services during COVID-19 pandemic」http://www.ala.org/news/press-releases/2020/04/public-libraries-launch-expand-services-during-covid-19-pandemic-0

提供の拡張を図ったと回答している。

アンケートの結果をみると
①　オンライン更新ポリシーの拡張（76％）
②　電子書籍やストリーミングメディアなどのオンラインサービスの拡張（74％）
③　オンラインプログラムの拡大（61％）
など、オンラインサービスを積極的に活用している。

■1.4.3　米国の公共図書館における電子図書館サービス

　2020 年の新型コロナ感染症によって、日本の公共図書館においても「電子図書館」が注目され、多数の自治体で電子書籍貸出サービスが導入された。しかしまだ 8 割以上の自治体では電子書籍貸出サービスは導入されていない。

　一方、米国では、ほとんどの公共図書館において、電子書籍貸出サービスはじめ、オーディオブックや映像資料提供サービスが導入されている。これらの電子図書館サービスについては、導入するだけでなく、電子図書館サービスを理解してサービスの運営を担うスタッフ及び図書館員すべての理解と知識の充実が必要である。また、それぞれの図書館において、サービスを理解する図書館スタッフが、同サービス提供の事業者とともに、利用者にどんなサービスやコンテンツを提供するのが望ましいか、ということを考えることが必要である。

　その点で、国および自治体の行政の役割や方針、都道府県立図書館と基礎自治体の図書館の連携や役割の分担が必要であり、さらに、教育の情報化が急速に進む今日においては、各学校の電子資料の利活用についての検討も欠かせないと言える。

　日本では始まったばかりの、教育の情報化において、学校だけでなく生涯学習においても電子図書館サービスの役割が一層高まるとかんがえられ、先行している米国などの事例を参考にすることも必要であると考える。

第2章

公共図書館における
電子図書館・電子書籍貸出サービス調査の
結果と考察

長谷川智信●電子出版制作・流通協議会

2.1 調査の目的と方法

■2.1.1 調査の背景と目的

　一般社団法人電子出版制作・流通協議会（以下、電流協）では、2013 年から毎年公共図書館の電子図書館・電子書籍貸出サービス調査を実施しており、今回の 2021 年で 9 回目となった。

　今回調査においては、基本的な部分は 2019 年まで実施していた形式を参考し、電子書籍サービスを導入した図書館に対する質問を増やす形とした。

■2.1.2 調査の対象と方法

　調査は、2021 年 6 月〜8 月にかけて全国の公共図書館を設置する自治体の中央館 1,388 館[1]及び、公共図書館は設置していないが電子図書館（電子書籍貸出サービス）を導入している 10 自治体[2]の計 1398 自治体のうちメール及び Web により送付可能な 998 館を対象として回答を依頼した。

　回答を依頼した公共図書館の内訳は、都道府県立図書館 47 館、政令指定都市立図書館 20 館、東京都特別区立図書館 23 館、市町村立図書館 907 館の合計 998 館である（資料 2.1）。

　結果、998 館のうち 554 館から回答があり、回収率は 55.5%（昨年 48.7%）であった。

　今回の主な調査項目は、以下の 4 項目である。

① 電子図書館サービスで導入・検討しているサービスについて

② 電子書籍貸出サービスについて

③ 国立国会図書館「図書館向けデジタル化資料送信サービス」への対応について

④ その他（自治体総合計画における ICT 活用での電子図書館、指定管理者の運営、Wi-Fi 導入等）

　なお、本調査は電流協電子図書館・コンテンツ教育利用部会を中心に、日本図書館協会及び国立国会図書館の協力を得て実施した。

　以下、この章では公共図書館を図書館と略して記載する。

---

[1] 日本図書館協会、図書館について、日本の図書館集計、公共図書館 2020 集計
http://www.jla.or.jp/Portals/0/data/iinkai/chosa/pub_shukei2020.pdf
[2] 北海道天塩町、岩手県矢巾町、埼玉県神川町、千葉県長柄町、神奈川県山北町・松田町、熊本県玉東町・和水町・南阿蘇村、沖縄県久米島町

■ 資料 2.1　本アンケートの自治体別回収状況（一つ選択）

図書館所在の自治体区分（一つ選択）	依頼数	回答数	回収率
（1）都道府県立図書館	47	40	85.1%
（2）政令市立図書館	20	15	78.9%
（3）特別区（東京都）立図書館	23	14	60.2%
（4）市町村立図書館	909	485	53.3%
合計	998	554	55.5%

2.2　電子図書館サービスの実施状況と今後の導入希望

■2.2.1　電子図書館サービスの実施状況　（回答：554 館）

　今回のアンケートでは「電子図書館サービス」として「電子書籍貸出サービス」「国立国会図書館　図書館向けデジタル化資料送信サービス」「データベース提供サービス」「デジタルアーカイブの提供」「音楽・音声情報配信サービス」の 5 つの分野についてたずねた（資料 2.2）。

　「電子図書館サービス」への取組状況については、「電子書籍貸出サービスを実施している」が 149 館（26.9%）と昨年 2020 年の 61 館（12.6%）から 14.3 ポイントと急増した。

　電流協では、全国の電子書籍貸出サービス導入館を調査しており、2020 年 10 月 1 日現在で、全国の 258 自治体、251 電子図書館となっており（資料 D）、そのうちの半数以上の図書館からの回答を得たことになる。

　また、「国立国会図書館　図書館向けデジタル化資料送信サービス」については 247 館（44.6%）（昨年同 227 館（46.7%））から実施しているとの回答を得た。「データベース提供サービス」の実施館は 272 館（49.1%）であった。「音楽・音声情報配信サービス」は 108 館（19.5%）であった。

■ 資料 2.2　公共図書館における電子図書館サービスの導入率（複数回答）

▼質問（複数回答あり）	回答数	/554
（1）電子書籍貸出サービス	149	26.9%
（2）国立国会図書館　図書館向けデジタル化資料送信サービス	247	44.6%
（3）データベース提供サービス	272	49.1%
（4）デジタルアーカイブの提供	121	21.8%
（5）音楽・音声情報配信サービス	108	19.5%
（6）その他〔記載〕	36	6.5%
無回答	167	30.1%
合計	1100	

資料2.3は、電子図書館アンケートにおける 2014 年以降の「電子書籍貸出サービス実施している」回答の推移である。今年は 26.9％と回答の 4 分の 1 以上が「電子書籍貸出サービス」を実施していると回答していおり、昨年の12.8％から倍以上となった。

■資料 2.3　アンケートにおける「電子書籍貸出サービスを実施している」回答比率の推移
（2014 年～2021 年）

年	電子書籍貸出サービス 実施回答数	回答数全体	比率
2014 年	38	743	5.1%
2015 年	54	791	6.8%
2016 年	32	466	6.9%
2017 年	32	451	7.1%
2018 年	48	509	9.4%
2019 年	43	420	10.2%
2020 年	61	477	12.8%
2021 年	149	554	26.9%

■2.2.2　電子書籍貸出サービスの事業者・サービス名　（回答：導入館 149 館）

電子書籍貸出サービスを実施している図書館 149 館に対して、その具体的な事業者とサービス名をたずねた（資料2.4）。

結果は、多い順に「LibrariE＆TRC-DL（図書館流通センター）」が 130 館（87.2％）、「OverDrive（メディアドゥ）」が 15 館（10.1％）、「KinoDen（紀伊國屋書店）」が 5 館（3.4％）、「エルシエロ・オーディオブック（京セラコミュニケーションシステム（以下京セラ CCS）・オトバンク）」が 3 館（2.0％）、「EBSCO eBooks（EBSCO Japan）」が 2 館（1.3％）であった。

このように、公共図書館向けの電子書籍貸出サービスは、「LibrariE＆TRC-DL（図書館流通センター）」が多く、電流協の調査でも 2021 年 10 月 1 日現在で全国の 216 の自治体で導入している（資料 D）。

■資料 2.4　電子書籍貸出サービスの事業者・サービス名

▼質問（複数回答あり）	回答数	/149
（1）LibrariE＆TRC-DL（図書館流通センター）	130	87.2%
（2）OverDrive（メディアドゥ）	15	10.1%
（3）エルシエロ・オーディオブック（京セラ CCS・オトバンク）	3	2.0%
（4）KinoDen（紀伊國屋書店）	5	3.4%
（5）EBSCO eBooks（EBSCO Japan）	1	0.7%
（6）その他、自由にご記入ください	2	1.3%
合計	156	

■2.2.3　電子図書館サービスへの今後の導入希望　（回答：554 館）

　電子図書館サービスについて、すでに導入しているサービスを除く形で今後導入を検討している電子図書館サービスについてたずねた（資料 2.5）。

　結果は、「電子書籍貸出サービス」が 176 館（31.8%）となり、2020 年の 163 館（33.5%）と比率でみると 1.7 ポイントの減少であった。「国立国会図書館 図書館向けデジタル化資料送信サービス」（以下、国立国会図書館資料送信サービス）は 66 館（11.%）で、昨年の 11.5% とほぼ変わっていない。「オンラインデータベース提供サービス」は 17 館（3.1%）と、昨年の 23 館（4.7%）より減少している。「音楽・音声情報配信サービス」20 館（3.6%）と昨年とほぼ同数となっている。

■ 資料 2.5　今後導入を希望する電子図書館サービス（複数回答）

▼質問（複数回答あり）	2021 年回答数	/554	2020 年回答数	/486
(1)　電子書籍貸出サービス	176	31.8%	163	33.5%
(2)　国立国会図書館　図書館送信サービス	66	11.9%	56	11.5%
(3)　オンラインデータベース提供サービス	17	3.1%	23	4.7%
(4)　デジタルアーカイブの提供	45	8.1%	51	10.5%
(5)　音楽・音声情報配信サービス	20	3.6%	18	3.7%
(6)　その他〔記載〕	30	5.4%	40	8.2%
無回答	278	50.2%	229	47.1%
合計	632		580	

　2014 年以降の「電子書籍貸出サービス」の導入希望の推移をみると、2016 年以降に 30% を超えて、2019 年に一度 47% に上昇したが、今年は 31% であった。

　導入希望の推移であることから、未導入図書館の希望推移であり、2020 年度は特に「電子書籍貸出サービス」の導入が進んだことを考えると、現在の未導入図書館においても導入意欲は高いといえる[3]。

---

[3] 導入希望の推移については、回答全体数でなく、「電子書籍貸出サービスの未導入図書館」に絞った分母が望ましいが、2014 年以降の結果と合わせるために、回答全体数を分母としている

年	電子書籍貸出サービス導入検討している回答比率の変化		全体数（n）	導入検討回答数
	比率	前年比		
2014 年	18%		743	136
2015 年	17%	-1%	791	134
2016 年	30%	13%	466	141
2017 年	30%	0%	451	137
2018 年	30%	0%	509	155
2019 年	47%	16%	420	196
2020 年	34%	-13%	477	163
2021 年	31%	-3%	554	176

2.3　「電子書籍貸出サービス」について

■2.3.1　「電子書籍貸出サービス」の状況について（回答：554 館）

　電子書籍貸出サービスについて、導入しているか、今後予定しているかについてたずねた（資料 2.7）。

　今回のアンケートでは、2020 年度において電子書籍貸出サービスの導入が増えたことから、コロナ禍前の 2019 年度以前に導入した図書館と、2020 年度以降に導入した図書館についてもたずねた。「電子書籍貸出サービスを 2019 年度以前に導入している」が 57 館であり、「電子書籍貸出サービスを 2020 年度以降に導入している」が 90 館であった。この数は、調査時点の電子書籍貸出サービス導入数 229 自治体（2021 年 7 月 1 日）の 64%となり、導入している図書館の半数以上からの回答があった。

　未導入の図書館では、「電子書籍貸出サービスを実施する予定が具体的にある」が 32 館（5.8%）、「電子書籍貸出サービスの実施を検討中」が 201 館（36.3%）、「電子書籍貸出サービスを実施する予定がない」が 155 館（28.0%）であった。

■**資料 2.7**　「電子書籍貸出サービス」の状況について（2020 年＝今後の導入予定（複数回答）

▼質問（複数回答あり）	2021 年回答数	/554	2020 年回答数	/486
（1）電子書籍貸出サービスを 2019 年度以前に導入している（2020 年 3 月以前に導入）	57	10.3%		
（2）電子書籍貸出サービスを 2020 年度以降に導入している（2020 年 4 月以降に導入）	90	16.2%		
（3）電子書籍貸出サービスを実施する予定が具体的にある	32	5.8%	13	2.7%
（4）電子書籍貸出サービスの実施を検討中（現時点では電子図書館サービスを導入検討の結論に至らないが、引き続き業界動向等の情報収集を行っている）	201	36.3%	176	36.2%

（5）電子書籍貸出サービスを導入する予定はない	155	28.0%	205	42.2%
（6）その他、自由にご記入ください	12	2.2%	17	3.5%
合計	547		411	

　「電子書籍貸出サービスを導入する予定はない」の推移をみると今年は 28％と昨年の 43％から 14 ポイント減少した。一昨年は 63％であったことを考えると、電子書籍貸出サービスの導入ニーズがコロナ禍で一気に高まったことがわかる。昨年 2020 年の後半期においては新型コロナウイルス感染症対応の助成金（資料 E）による電子書籍貸出サービス導入が増加したことや、新聞やテレビ等で話題が高まったことが大きく影響してきたと考えられる。

　今後の課題としては、実際に電子書籍貸出サービスを導入した図書館における利用者や貸出の増加、自治体の図書館における電子書籍貸出サービスの役割の定着、学校教育や生涯学習の情報化への貢献につながるかどうかであると考えられる。

■資料 2.8　「電子書籍貸出サービス」導入予定なし（資料 2.7（5））の推移（2014 年〜2021 年）

年	予定なし回答数	全体数（n）	電子書籍貸出サービス導入予定なしの、比率の推移	
			比率	前年比
2014 年	539	743	73%	
2015 年	575	730	79%	6%
2016 年	329	466	71%	-8%
2017 年	325	425	76%	6%
2018 年	358	509	70%	-6%
2019 年	264	420	63%	-7%
2020 年	205	486	42%	-21%
2021 年	155	554	28%	-14%

■2.3.2　電子書籍貸出サービスについて評価・期待する機能（回答：554 館）

　電子書籍貸出サービスのメリットについてたずねた（資料 2.9）。また、運営管理する図書館側の「電子書籍貸出サービスのメリット」についてたずねた（資料 2.10）。

　資料 2.9 の電子書籍貸出サービスについては、「図書館に来館しなくても電子書籍が借りられる機能」いわゆる「非来館機能」は 511 館（92.2％）とほとんどの図書館から評価されており、同様の質問をした 2019 年の 338 館（80.5％）と比較しても 11.7 ポイントの増加となった。コロナ禍で多くの図書館で利用者への非来館サービスとしての電子書籍貸出サービスが認められたものと考えられる。

　従来から評価の高かった、アクセシビリティに関する項目である「文字拡大機能」は 442 館（79.8％）、「文字テキストの読み上げ機能」は 398 館（71.8％）と高く、「音声電子書籍の提供（オーディオブック等）」が 269 館（48.6％）と前回の 320 館（32.9％）よりも 15.7

ポイントの増加となっている。これまで日本では、オーディオブックのニーズが海外に比べて低かったが、スマートフォンの普及とともにニーズも高まっており、図書館における電子図書館サービスとしても注目される。

■資料 2.9 「電子書籍貸出サービス」のメリットについて

▼質問（複数回答あり）	2021年 回答数	/554	2019年 回答数	/420
（1）図書館に来館しなくても電子書籍が借りられる機能	511	92.2%	338	80.5%
（2）文字のテキスト読み上げ機能（TTS機能）	398	71.8%	335	79.8%
（3）音声電子書籍の提供（オーディオブック、リードアロング等）	269	48.6%	136	32.9%
（4）文字拡大機能	442	79.8%	320	76.2%
（5）外国語（多言語）電子書籍の提供	243	43.9%	92	21.9%
（6）文字と地の色の反転機能（読書障害等への対応）	310	56.0%	255	60.7%
（7）マルチメディア機能（映像や音声、リッチコンテンツ提供）	214	38.6%	167	39.8%
（8）電子書籍の紙出力による提供機能（プリントアウト）	48	8.7%	45	10.7%
（9）必要な情報発見の検索機能（電子書籍・コンテンツ検索等）	173	31.2%	188	44.8%
（10）その他、自由にご記入ください	17	3.1%		
合計	2625			

　図書館の運営管理にあたって「電子書籍貸出サービス」のメリットについてたずねた（資料 2.10）。

　結果は、「貸出・返却・予約業務の自動化」が 421 館（76.0%）と評価・期待が高まっており、前回の 225 館（53.6%）と比べても 22.4 ポイントの大幅に増えている。「図書館サービスのアクセシビリティ対応」は 462 館（83.6%）と、前回 336 館（80.5%）と同様に評価・期待が高い。「汚破損・紛失の回避」383 館（69.1%）については前回 252 館（60.0%）よりも高くなっており、「書架スペース問題の解決」279 館（50.4%）は前回 224 館（53.3%）とほぼ同様の結果であった。

■資料 2.10 「電子書籍貸出サービス」サービスメリット

▼質問（複数回答あり）	2021年 回答数	/554	2019年 回答	/420
（1）貸出・返却・予約業務の自動化	421	76.0%	225	53.6%
（2）図書館サービスのアクセシビリティ対応（障害者差別解 　　消法、読書バリアフリー法等への対応）	462	83.4%	336	80.0%
（3）書架スペース問題の解消	279	50.4%	224	53.3%
（4）汚破損・紛失の回避	383	69.1%	252	60.0%
（5）その他、自由にご記入ください	50	9.0%		
合計	1595		1037	

■2.3.3　新型コロナウイルス問題での問い合わせについて　（回答：554 館）

　2020 年からの新型コロナ問題で、図書館利用者（登録者・住民）や、自治体（首長、議員等）から、図書館にどのような問い合わせがあったかたずねた（資料 2.11）。

　結果は、「図書館施設の利用について」497 館（89.9%）や「図書館サービスの再開について」475 館（85.7%）が高く、何度かあった緊急事態宣言等でその度に図書館サービスの利用制限があったことがわかる。「電子図書館サービス（電子書籍貸出サービス等）の実施について」は 267 館（48.2%）と、昨年の 109 館（22.4%）の倍以上となった。このように利用者等からの電子図書館サービスの問い合わせが増加したことが、電子書籍貸出サービス導入の増加などに反映されたものと考えられる。

■資料 2.11　「2020 年からの新型コロナ問題」における図書館への問い合わせ

▼質問（複数回答あり）	2021 年回答数	/554	2020 年回答数	/486
（1）資料貸出サービスの実施について	431	77.8%	407	83.7%
（2）図書館施設の利用について	498	89.9%	433	89.1%
（3）図書館サービスの再開について	475	85.7%	449	92.4%
（4）電子図書館サービス（電子書籍貸出サービス等）の実施について	267	48.2%	109	22.4%
（5）特に問い合わせはない	14	2.5%	6	1.2%
（6）その他、自由にご記入ください	32	5.8%		
合計	1717		1404	

■2.3.4　令和 2 年新型コロナウイルス補助金（助成金）の活用　（回答：2019 年以前導入館 57 館）

　電子書籍貸出サービスを 2019 年度以前に導入している図書館（57 館）に、「令和 2 年度新型コロナ補助金（助成金）[4]」（以下、新型コロナ助成金）を活用して、電子書籍貸出サービスにおける電子書籍コンテンツ数を増やすことを行ったかたずねた（資料 2.12）。

　結果は、「新型コロナ助成金で電子書籍の数を増やした」23 館（40.4%）であった。新型コロナ助成金の募集説明書では、自治体での新型コロナウイルス感染症対策の事例として「図書館パワーアップ事業」として電子図書館サービスが例示された。これによって、電子図書館サービスの導入や、すでに電子図書館サービスを導入している図書館においては、提供できる電子書籍の増加につながったと考えられる。

　この報告書の資料 E では、内閣府のポータルサイト「地方創生　図鑑（新型コロナウイルス感染症対応地方創生臨時交付金ポータルサイト[5]）」から、「図書館パワーアップ事

---

[4] 新型コロナ補助金（助成金）は、正式名称「新型コロナウイルス感染症対応地方創生臨時交付金」。各自治体への助成金交付例 https://www.chihousousei-zukan.go.jp/
[5] 内閣府　地方創生　図鑑（新型コロナウイルス感染症対応
地方創生臨時交付金ポータルサイト）https://www.chihousousei-zukan.go.jp/

業」「電子図書館」「電子書籍」のキーワードによる検索結果（105件）を集計して掲載している。

■資料 2.12　「2020年からの新型コロナ問題」における図書館への問い合わせ

▼質問（複数回答あり）	回答数	/57
（1）新型コロナ補助金（助成金）で契約する電子書籍の数を増やした	23	40.4%
（2）電子書籍はこれまでの契約数と同じ	22	38.6%
（3）電子書籍の契約数を減らした	0	0.0%
（4）その他、自由にご記入ください	14	24.6%
合計	59	

■2.3.5　電子書籍貸出サービスの運営費と電子書籍コンテンツの年間費用合計（回答：導入館146館）

電子書籍貸出サービスを導入している図書館（146館）に、「電子書籍貸出サービスの運営費と電子書籍コンテンツ」年間（2020年度）の費用の合計をたずねた（資料2.13）。

結果は、「100万円以上〜500万円未満」が88館（60.3%）で一番多く、次に「500万円以上〜1,000万円未満」が21館（14.4%）、「100万円未満」が11館（7.5%）であった。

■資料 2.13　「電子書籍貸出サービスの運営費と電子書籍コンテンツ」の費用の合計

▼質問	回答数	/146
（1）100万円未満	11	7.5%
（2）100万円以上〜500万円未満	88	60.3%
（3）500万円以上〜1,000万円未満	21	14.4%
（4）1,000万円以上〜2,000万未満	9	6.2%
（5）2,000万円以上	2	1.4%
（6）その他　記載	21	14.4%
合計	152	

■2.3.6　電子書籍貸出サービスの電子書籍コンテンツの年間費用（回答：導入館146館）

電子書籍貸出サービスを導入している図書館（146館）について、「電子書籍コンテンツ」の年間（2020年度）の費用の合計をたずねた（資料2.14）。

結果は、「100万円以上〜300万円未満」が45館（30.8%）で一番多く、次に「300万円以上〜500万円未満」が29館（19.9%）、「50万円以上〜100万円未満」が20館（13.7%）であった。

費用合計については、昨年2020年度中に電子書籍貸出サービスを導入した図書館も多いため、費用については12カ月未満の図書館の回答もあると思われる。

■資料 2.14　「電子書籍サービス、電子書籍コンテンツ」の年間費用について

▼質問	回答数	/146
(1) 50 万円未満	12	8.2%
(2) 50 万円以上〜100 万円未満	20	13.7%
(3) 100 万円以上〜300 万円未満	45	30.8%
(4) 300 万円以上〜500 万円未満	29	19.9%
(5) 500 万円以上〜1,000 万円未満	14	9.6%
(6) 1,000 万円以上	10	6.8%
(7) その他　記載	14	9.6%
合計	144	

■2.3.7　電子書籍貸出サービス導入予算（回答：2020 年度以降導入館：90 館）

　電子書籍貸出サービスを 2020 年 4 月以降に導入した図書館（90 館）について、サービスの導入に要した予算（2020 年度）についてたずねた（資料 2.15）。

　結果は、「500 万円以上〜1,000 万円未満」が 28 館（31.1%）で一番多く、次に「200 万円以上〜500 万円未満」が 20 館（22.2%）、「1,000 万円以上〜2,000 万円未満」が 17 館（18.9%）であった。

■資料 2.15　「電子図書館サービス導入予算」（2020 年度以降導入）について

▼質問	回答数	/90
(1) 200 万円未満	11	12.2%
(2) 200 万円以上〜500 万円未満	20	22.2%
(3) 500 万円以上〜1,000 万円未満	28	31.1%
(4) 1,000 万円以上〜2,000 万円未満	17	18.9%
(5) 2,000 万円以上	7	7.8%
(6) その他　記載	9	10.0%
合計	92	

■2.3.8　電子書籍貸出サービス実施の課題・懸念事項（回答：導入館 146 館、未導入館 405 館）

　「電子書籍貸出サービス」実施における課題及び懸念事項を、電子書籍貸出サービス導入済みの図書館、未導入の図書館にそれぞれたずねた（資料 2.16）。

　電子書籍貸出サービス導入済みの図書館で回答のあった 146 館の結果をみると、多い順に「電子書籍貸出サービスで提供されるコンテンツについての課題」125 館（85.6%）、「電子書籍貸出サービスの導入に対する、費用対効果」103 館（70.5%）、「電子図書館導入予算の確保」81 館（55.5%）、「図書館利用者からのニーズ」74 館（50.7%）、「電子書籍貸出サービスの継続」46 館（31.5%）であった。

一方、未導入の図書館で回答のあった 405 館の結果をみると、多い順に「電子図書館導入予算の確保」358 館（64.6%）、「電子書籍貸出サービスの導入に対する、費用対効果」332 館（59.9%）、「電子書籍貸出サービスで提供されるコンテンツについての課題」287 館（51.8%）、「図書館利用者からのニーズ」190 館（34.3%）、「電子書籍貸出サービスの継続」46 館（31.5%）であった。

　導入前では、「予算」が最も課題で多く、次に「費用対効果」、「コンテンツ」の順となっている。導入後は「コンテンツ」、「費用対効果」、「予算」の順になっている。

　従来から、予算（費用）を課題とする回答は多いが、導入後だとコンテンツが最も多い課題となっており、電子書籍貸出サービス利用者へ、どのようなコンテンツを収集（選書）したらいいかといったことが課題になっていると考えられる。

　電子書籍貸出サービスを導入した図書館において、電子書籍独自の選書基準（資料 2.21）を設けているのは多くないことや、各図書館の記載をみると、共通した電子書籍選書基準作成に苦慮しているのがわかる。

　そこで、今回は第 4 章の資料 4.3、4.4 に図書館流通センター及びメディドゥからの提供で、2020 年度の LibrariE＆TRC-DL と OverDrive の電子書籍貸出サービス貸出ベスト 100 を掲載したので参考にしてほしい。

■**資料 2.16**　「電子書籍貸出サービス」実施における課題及び懸念事項（導入済・未導入）について

▼質問（複数回答あり）	導入済回答数	/146	未導入回答数	/405
（1）電子図書館導入予算の確保	81	55.5%	358	64.6%
（2）担当部署、担当者の問題	23	15.8%	91	16.4%
（3）図書館利用者からのニーズ	74	50.7%	190	34.3%
（4）電子書籍貸出サービスの導入に対する、費用対効果	103	70.5%	332	59.9%
（5）電子書籍貸出サービスで提供されるコンテンツ	125	85.6%	287	51.8%
（6）電子書籍貸出サービスが継続されるかどうか（サービス中止に対する不安）	46	31.5%	180	32.5%
（7）図書館の電子資料を他の図書館へ貸し出すための方法や基準	5	3.4%	66	11.9%
（8）電子書籍貸出サービスを実施するための十分な知識（経験）がない	30	20.5%	142	25.6%
（9）電子書籍貸出サービスを選択する場合の基準や方法がわからない	9	6.2%	91	16.4%
（10）利用者に対する電子書籍貸出サービスの説明	33	22.6%	89	16.1%
（11）その他、自由にご記入ください	14	9.6%	23	4.2%
合計	543		1849	

■2.3.9　電子書籍貸出サービスのコンテンツの課題（回答：導入館 146 館、未導入館 405 館）

　電子書籍貸出サービス導入している図書館、未導入の図書館に電子書籍コンテンツについて懸念事項をたずねた（資料 2.17）。

　電子書籍貸出サービスを導入している図書館では、多い順に、「新刊のコンテンツが提供されにくい」116 館（79.5%）、「提供されているコンテンツのタイトル数が少ない」110 館（75.3%）、「ベストセラーが電子書籍向けに提供されない」109 館（74.7%）、「コンテンツの価格」102 館（69.9%）であった。

　実際に、電子書籍貸出サービスの貸出実績（第 4 章、資料 4.3、4.4）をみると、実用書や、学習シリーズなどが多いといった傾向がみられることから、紙の本とは違った視点での電子書籍貸出サービスの位置付けが必要ではないかと考えられる。

　電子書籍貸出サービス未導入の図書館では、多い順に「提供されているコンテンツのタイトル数が少ない」241 館（58.9%）、「コンテンツの価格」229 館（56.0%）、「新刊のコンテンツが提供されにくい」181 館（44.3%）であった。

■資料 2.17　「電子書籍コンテンツの懸念事項」（導入済図書館）について

▼質問（複数回答あり）	導入済回答数	/146	未導入回答数	/405
(1) 提供されているコンテンツのタイトル数が少ない	110	75.3%	241	58.9%
(2) 新刊のコンテンツが提供されにくい	116	79.5%	181	44.3%
(3) ベストセラーが電子書籍貸出向けに提供されない	109	74.7%		
(4) 電子書籍貸出案内ページが、目が不自由な人や外国人住人への対応が不十分	32	21.9%		
(5) コンテンツの規格がわかりにくい	23	15.8%	69	16.9%
(6) コンテンツの価格	102	69.9%	229	56.0%
(7) コンテンツ購入（提供）費用の会計処理の基準	17	11.6%	65	15.9%
(8) コンテンツを閲覧するビューアが自由に選べない	19	13.0%	41	10.0%
(9) その他、自由にご記入ください	17	11.6%		
合計	545		826	

■2.3.10　電子書籍コンテンツの必要と考えるジャンル（回答：導入館 146 館）

　電子書籍貸出サービスを導入している図書館に「電子書籍で必要と考えられる、電子書籍のジャンル」をたずね、146 館から回答があった（資料 2.18）。

　結果は、多い順に「文芸、小説」100 館（68.5%）、「児童書・絵本」93 館（63.7%）、「実用書」62 館（42.5%）、「図鑑・年鑑」52 館（35.6%）であった。

　前回 2019 年の結果（420 館（未導入館含む））と比較すると、文芸・小説の一番は同じであるが、児童書・絵本が 2 番目であるところが異なっている。

　電子書籍貸出サービスで提供できる「電子書籍コンテンツ」は、予算の制約や、それぞれ

の図書館の電子書籍貸出サービスの利用者のニーズなどを考える必要がある。よって、今後は、電子書籍貸出サービスの特性に応じた電子書籍コンテンツの品揃えとして、利用者のニーズが高いジャンルを検討することが必要であり、また、電子書籍貸出サービス提供事業者側からの情報発信として、図書館や利用者のニーズに応じた、費用効率の高い電子書籍の提供方法、ライセンスのあり方を考える必要がある。いずれにしても、図書館と電子図書館サービス事業者、出版社等の協力のもと、より適切な利用者サービスの検討が望まれる。

■資料 2.18 電子書籍貸出サービスで提供が期待されるジャンル（2021 年　電子書籍貸出サービス導入図書館 146 館、2019 年回答のあった全図書館 420 館）

▼質問（複数回答あり）	2021 年回答数	導入館/146	2019 年回答数	/420
(1) 文芸書・小説	100	68.5%	298	71.0%
(2) 実用書	62	42.5%	248	59.0%
(3) ビジネス書	45	30.8%	190	45.2%
(4) 専門書（ビジネス書以外）	23	15.8%	111	26.4%
(5) 学習参考書	32	21.9%	65	15.5%
(6) 児童書・絵本	93	63.7%	89	21.2%
(7) 図鑑・年鑑	52	35.6%	173	41.2%
(8) 辞書・辞典	31	21.2%	125	29.8%
(9) マンガ（コミック）	14	9.6%	42	10.0%
(10) 雑誌	25	17.1%	117	27.9%
(11) 新聞	8	5.5%	117	27.9%
(12) 地元関係の書籍	39	26.7%	151	36.0%
合計	524		1726	

■2.3.11　電子書籍貸出サービスの利用実績の多い世代（回答：導入館 146 館）

電子書籍貸出サービスを導入している図書館に、電子書籍貸出サービスの利用実績の多い世代について、主な世代を 3 つたずねた（資料 2.19）。

結果は多い順に、「40 代」89 館（61.0%）、「50 代」79 館（54.1%）、「30 代」51 館（34.9%）、「60 代」38 館（26.0%）の順であった。

電子書籍貸出サービスは、あくまでスマートフォンやタブレットなど電子機器端末が使えることが前提となるため、利用者層について 30 代〜50 代が多いことが反映されている。

一方で、「GIGA スクール」によって学校生徒に対して一人一台の学習端末が与えられた。東大阪市立図書館[6]では、市内の学校生徒向けに電子書籍提供を開始した。このように、自治体よって、教育の情報化の一環として生徒向け電子書籍提供などが進むことが注目される。

---

[6] 東大阪市立図書館　http://www.lib-higashiosaka.jp/

■**資料 2.19**　電子書籍貸出サービスの利用実績の多い世代について（主な世代 3 つ、電子書籍貸出サービス
　　　　　　　導入図書館 146 館）

▼質問	回答数	/146
(1) 12 歳未満	11	7.5%
(2) 12 歳～19 歳	9	6.2%
(3) 20 代	7	4.8%
(4) 30 代	51	34.9%
(5) 40 代	89	61.0%
(6) 50 代	79	54.1%
(7) 60 代	38	26.0%
(8) 70 代	6	4.1%
(9) 80 歳以上	0	0.0%
(10) その他、自由にご記入ください	36	24.7%
合計	326	

■2.3.12　電子書籍の選書基準（回答（記載）：導入館　81 館）

　電子書籍貸出サービスを導入している図書館に「電子書籍の選書基準の有無について」た
ずねた。結果回答が 81 件あった（資料 2.20）。

　主な回答は、「紙の本の収集基準」に準じるが 20 件、「なし（特になし等含む）」が 28
件であった。

　記載の内容をみると、「紙の本に準じる」形が多いが、「電子書籍選定基準」を設ける自
治体も増えつつある。また、電子書籍の特徴に応じた障害者向けに音声データ含んだタイト
ルの収集や、利用状況に応じた選書を検討するなどもみられる（資料 A 質問 3-13）。

■**資料 2.20**　電子書籍の「資料収集方針（選書基準）」の有無について（記載、電子書籍貸出サービス導入
　　　　　　　図書館）（記載 81 件）

番号	自治体	記載内容
1	都道府県	情報の内容、検索の利便性・多様性・使い易さ等に留意して評価し、評価の高いものを 収集する
2	都道府県	利便性や実用性に留意して、調査研究に役立ち、長期に使用できるものを収集する。（「図書館資料選択基準」　2（5）イ）
3	都道府県	「図書館電子図書館資料収集要項」で電子書籍の収集範囲、収集方法について定めています
4	都道府県	館外貸し出しができない辞書・事典・沖縄関係資料を中心に選書 ・おもに調査・研究に資する資料
5	政令市	「図書館資料選定基準」電子書籍の収集・保存に関しては、図書に準じ、さまざまな分野の資料を収集する。 特に紙媒体では購入対象としない、書き込み、切り取り式の資料が電子書籍化されたものや、音声データ付き、マルチメディア対応などを考慮して収集する
6	政令市	電子図書館用資料については「図書館資料収集基準」に置いて下記の通り定めてい　　電子図書館に必要な電子資料等の収集は，原則図書資料に準じ，以下に留意して行う。 ア　読書に対して障害のある視覚障害者等が利用できるように音声データを含んだ資料を 選択的に収集する。イ　電子資料の特性を生かし，紙媒体では

		提供が難しい資料も選択的に収集する。 ウ 郷土資料・行政資料に関しては，保存対象資料の中から選択的にデジタル化し提供に努める
7	政令市	従来の図書館にはない新しい機能を最大限に生かして、普段，図書館に来館しない人にも，身近な課題の解決に役立て、良質で魅力がある本を選ぶ
8	政令市	電子書籍で、子どもたちの学習支援に役立つ資料を中心に収集する（北九州市立図書館資料収集要綱第4条（2）（カ）
9	特別区	「千代田区立図書館図書館資料選定基準」の図書資料の選定基準に準拠するとともに、電子書籍の特徴を生かせるコンテンツや区関係資料を中心に選定する。なお、図書資料における選定外資料（マンガなど評価の定まっていないもの）や図書資料との重複タイトルはできるだけ避ける。
10	市町村	貸出の利用状況をみて選書している
11	市町村	利用率の見込めそうな資料の購入
12	市町村	「図書館資料収集方針」Ｖ電子資料（1）電子書籍 図書資料との重複に留意しながら、市民の知的関心に応える資料を収集する
13	市町村	電子書籍の収集・保存に関しては、図書に準ずる。・視覚障がい者等、読書に対し障害を持つ利用者に対応できるように音声データを含んだタイトルを考慮して収集する。・来館困難な利用者に配慮して、さまざまな分野の資料を収集する。・地域資料・貴重資料に関しては、利活用と保存を両立させるためにデジタル化を行う
14	市町村	（1）基本的には、紙媒体の一般書や児童書の選定基準を踏まえた上で、以下のような電子書籍の特性を活用できるものを選定する。（2）視覚障がい者や高齢者の読書を支援するため、文字の拡大や読み上げ機能がついた資料は積極的に収集する。（3）情報の変化が激しい、通信・法律・政治経済等の資料は、期間限定コンテンツでの購入を優先し、文学書や歴史書、趣味に関する資料等は、買い切り型のコンテンツでの購入を基本とする。（4）児童書の選定基準（4）で収集しないこととしている学習参考書・各種問題集について、電子書籍においては、書き込みの恐れがないため、購入を可とする
15	市町村	「収集方針」 第3 資料の種類 収集する資料は次のとおりとする。資料の選定については別に定める。・デジタルコンテンツ（電子書籍、データベース等） 「選定基準」・デジタルコンテンツ ① 電子書籍 電子書籍は、利用者の要求等に留意して、ハウツー本など電子書籍の特徴を 生かした資料を中心に、ベストセラー本や児童書なども選定する
16	市町村	高年者や障がい者等の読書支援のため、バリアフリー機能のついたものを中心に、主題毎のバランスに配慮して収集する
17	市町村	選書基準に記載はないが、「図書館電子図書館サービス実施要項」を別に設け、電子書籍の収集について、綾瀬市立図書館図書収集要領及び綾瀬市立図書館図書選定基準を準用することを規定している
18	市町村	『日本十進分類法第10版』網目表による。収集の重要度は高いものから順にＡ（収集する）、Ｂ（集める）、Ｃ（いれる）とする。 例 0類 総記 〔図書館〕Ａ 等 （以下省略）
19	市町村	「資料選択基準」に「9. 電子資料」として掲出。（1）から（4）の基準を設ける
20	市町村	通常の書籍の購入の基準と同じ。英語関係の書籍を多く導入
21	市町村	明確な基準は現在、作成中であるが、指針はある。電子書籍の利便性を生かせるように、料理本、健康、子育て、ビジネス等の実用書を充実させる。小さな子どもたちに本への興味を持ってもらうため「うごく絵本シリーズ」をすべて購入する。など
22	市町村	小説、語学や資格関係の参考書、問題集、絵本、紙芝居など、その特性を生かせるコンテンツを選定する
23	市町村	「図書館資料収集方針」に電子資料の収集上の留意点を明記
24	市町村	ビジネス書、中高生向け小説、子ども向け調べ学習書、語学書、外国語絵本
25	市町村	紙の「資料収集方針」に電子書籍の項目はありますが、電子書籍のみの収集方針は特にありません
26	市町村	幅広い世代のニーズに応えられる選書

27	市町村	選書基準として文書化したものはない。　・紙の本では購入していない問題集　・語学学習に役立つ資料　・授業で使える調べ学習に役立つ資料　・動画で楽しめる資料等 これらを選定基準として選書している
28	市町村	基準は設けていませんが、児童書や調べる学習に使用できる書籍を優先して購入しています
29	市町村	市民の教養、調査研究、レクリエーション等に資する資料を幅広く収集する
30	市町村	子育て・教育・健康づくりを考慮したもの。あらゆる年齢や様々な状況を考慮したもの。町民の要望や社会の要請を的確に把握したもの
31	市町村	図書を補う資料を選定する
32	市町村	紙媒体の資料収集方針を準拠し、選書会議を経て電子書籍を選書している
33	市町村	利用ニーズの高い書籍　　新刊書籍　　学校図書館との連携を含め調べ学習関連書籍等々・・

※「紙の本紙の本の収集基準に準じる」　20 件、なし（特になし等）28 件

■2.3.13　貸出可能な電子書籍コンテンツの数（回答：導入館　137 館）

　電子書籍貸出サービスを導入している図書館に対して、昨年度（2020 年度）の貸出可能な電子書籍コンテンツの数（タイトル数）をたずねた（資料 2.21）。

　回答のあった 137 館の結果をみると、多い順に「1,000～5,000 未満」54 館（39.4%）、「5,000～10,000 未満」47 館（34.3%）、「500～1,000 未満」14 館（10.2%）の順であった。

　記載のあった 137 館中、計算できる 135 館の貸出可能件数の平均は 5,271 タイトルであり、2019 年調査の 4,205 タイトルと比較すると、平均数は 1,066 タイトル増加している。

■資料 2.21　電子書籍貸出サービスを実施している図書館における、2020 年度の貸出可能なコンテンツの数（タイトル数）について

▼回答（記載）から集計	2021 年回答数	/137	2019 年回答数	/43
10,000 以上	11	8.0%	5	11.6%
5,000～10,000 未満	47	34.3%	15	34.9%
1,000～5,000 未満	54	39.4%	15	34.9%
500～1,000 未満	14	10.2%	4	9.3%
500 未満	6	4.4%	2	4.7%
その他・無回答	5	3.6%	2	4.7%
合計	137		43	

■2.3.14　電子書籍貸出件数（回答（記載）：導入館 130 館）

　電子書籍貸出サービス導入館に対して、昨年度（サービス開始から 1 年未満の場合はその合計）の電子書籍の昨年度の貸出件数をたずねた（資料 2.22）。

2020 年度は電子書籍貸出サービスを導入した図書館が増加し、年度途中に導入された図書館も多いことから、2020 年度の集計は 12 カ月に満たない図書館が多いと考えられる。

電子書籍貸出数で回答のあった 130 館の結果をみると、多い順に「1,000〜5,000 未満」59 館（44.4%）「5,000〜10,000 未満」24 館（18.0%）、「500〜1,000 未満」17 館（12.8%）、「10,000 以上」15 館（11.3%）で、電子書籍貸出数で回答のあった 130 館の貸出件数の平均は 6,271 タイトルであった。

前述のように、2020 年度の集計は 12 カ月に満たない図書館が多いと考えられる。また、コロナ禍という特別な事情があった数値ではあるが、今後の電子書籍貸出サービスの利活用定着に向けて参考となる数値であると考えられる。

■資料 2.22　電子書籍貸出サービスを実施している図書館における、2020 年度の貸し出されたコンテンツの数（タイトル数）について（カウントできる図書館の記載による集計）

▼回答（記載）から集計	回答数	/133
10,000 以上	15	11.3%
5,000〜10,000 未満	24	18.0%
1,000〜5,000 未満	59	44.4%
500〜1,000 未満	17	12.8%
500 未満	15	11.3%
その他・無回答	3	2.3%
合計	133	

■2.3.15　電子書籍貸出サービスを導入後の感想　（回答（記載）：導入館 146 館）

電子書籍貸出サービス導入館に対して、「電子書籍貸出サービスの導入後の感想」をたずねた（資料 2.23）。

結果は、多い順に「計画（予想）よりも、利用（利用者）が少ない」59 件（40.4%）、「計画（予想）通りの利用数である」36 件（24.7%）、「計画（予想）よりも、利用（利用者）が多い」23 件（15.8%）であった。

昨年コロナ禍において、図書館の非来館サービスとして電子書籍貸出サービス導入が増加したこともあり、ある意味期待が高かったものと考えられる。今後は、利用者や利用動向、電子書籍貸出サービスでのコンテンツニーズ、自治体の教育の情報化等との連携などを加味した電子書籍貸出サービス利活用の施策が求められる。

■資料 2.23「電子書籍貸出サービス」導入後の感想（電子書籍貸出サービスを導入している図書館）

▼質問	回答数	/146
（1）計画（予想）よりも、利用（利用者）が多い	23	15.8%
（2）計画（予想）通りの利用数である	36	24.7%
（3）計画（予想）よりも、利用（利用者）が少ない	59	40.4%

（4）その他、自由にご記入ください	30	20.5%
合計	148	

■**2.3.16　電子書籍貸出サービスの導入後の運営管理について　（回答：導入館 146 館）**

　電子書籍貸出サービスを導入している図書館に対して、「電子書籍貸出サービスの導入」の運営管理についてたずねた（資料 2.24）。

　結果は、多い順に「運用・管理は予定通りである」85 件（58.2%）、「利用者（利用希望者）からの説明希望が少ない」42 件（28.8%）、「運用・管理が煩雑で負担が大きい」32 件（21.9%）、「利用者（利用希望者）からの説明希望が多い」8 件（5.5%）であった。

　電子書籍貸出サービスを急遽導入した図書館が多いことを考えると、「運営・管理は予定通りである」が約 6 割で、「運営・管理の負担が大きい」という回答が 2 割であることから、新規サービスとしては運営負担が比較的大きくないものと考えられる。

　しかし、電子書籍貸出サービスについては、利用者の定着と新規の利用者を増やす工夫が必要である。これまで図書館は図書館という建物で、来館者に向けたサービスを中心であったと考えられるが、電子書籍貸出サービスなど電子図書館サービスは、図書館に来ない多くの住民に対して、いかにサービスの利用を紹介できるかが大きな課題である。そのため、非来館サービスとしての認知促進を含めたプロモーション活動を図書館以外でどのように行うかなど、一般非来館の住民利用者へのアプローチや、潜在利用者のニーズを探る、図書館におけるデジタル対応人材育成などに取り組んでいかなければならない。

■**資料 2.24**「電子書籍貸出サービス」導入後の感想（電子書籍貸出サービスを導入している図書館）

▼質問	回答数	/146
（1）運用・管理は予定通りである	85	58.2%
（2）運用・管理が煩雑で負担が大きい	32	21.9%
（3）利用者（利用希望者）からの説明希望が少ない	42	28.8%
（4）利用者（利用希望者）からの説明希望が多い	8	5.5%
（5）その他、自由にご記入ください	15	10.3%
合計	182	

■**2.3.17　電子書籍貸出サービスの電子書籍（コンテンツ）費用の予算項目　（回答：導入館 146 館）**

　電子書籍貸出サービスを導入している図書館に対して、「電子書籍貸出サービスの電子書籍（コンテンツ）」の費用予算項目についてたずねた（資料 2.25、2.26）。

　結果は、多い順に「使用役務」56 件（38.4%）、「資料費」39 件（26.7%）、「業務委託費」18 件（12.3%）であった。

また、記載では「使用料及び賃借料」14件、「備品購入費」8件の他、「指定管理料」や「電子図書システム使用料（に含む）」ケースなど、会計の基準は特に定まっていないことがわかる。

■**資料 2.25**　電子書籍貸出サービスの電子書籍（コンテンツ）費用の予算項目（電子書籍貸出サービスを導入している図書館）

▼質問	回答数	/146
(1)　資料費	39	26.7%
(2)　使用役務	56	38.4%
(3)　業務委託料	18	12.3%
(4)　その他記載	43	29.5%
合計	156	

■**資料 2.26**　電子書籍貸出サービスの電子書籍（コンテンツ）費用の予算項目の記載（43件）

番号	自治体	記載内容
1	市町村	業務委託による郷土資料の電子書籍化を実施
2	市町村	指定管理料
3	市町村	紙の図書資料費とは別に電子書籍購入の予算がある（消耗品扱い）
4	特別区	資料費 > その他資料費 > デジタルコンテンツ費
5	市町村	需要費（書誌データ・有期限ライセンス）、備品購入費（永久ライセンス）
6	市町村	図書購入費
7	市町村	電子図書館システム使用料
8	市町村	予算科目　消耗品費

※「使用料及び賃借料」14件、「備品購入費」8件、「使用料」7件、「事業費」2件、「借損料」2件、「未記入」2件

■2.3.18　電子書籍貸出サービスの導入予定時期（回答：未導入館のうち導入予定がある図 154 館）

電子書籍貸出サービス未導入図書館で「電子書籍貸出サービスを導入する予定がある（検討中）」の図書館について「電子書籍貸出サービス」導入予定についてたずねた（資料 2.27）。

回答数 154 館の内訳をみると、「令和 3 年（2021 年）」23 件、「令和 4 年（2022 件）」4 件、記載が 127 件であった。

記載のあった 127 館のうち、「予算措置ができれば令和 4 年」が 1 件、「令和 5 年度（2023 年）以降」8 件、「公表できない」が 2 件、「具体的に決まっていない」が 10 件、「検討中・情報収集・その他」19 件、「未定」87 件であった。

■**資料 2.27**　電子書籍貸出サービスの導入予定（電子書籍貸出サービス未導入図書館）

▼質問	回答数	/154
(1) 令和 3 年度中（2021 年）	23	14.9%
(2) 令和 4 年度（2022 年）	4	2.6%
(3) その他	127	82.5%
合計	154	

■2.3.19　電子書籍貸出サービスを導入しない理由（回答：導入予定なしの未導入館 155 館）

　「電子書籍貸出サービスの導入予定がない」と回答した図書館（資料 2.7（5））に、「導入予定がない」理由をたずねた（資料 2.28）。

　結果は、多い順に「予算問題」135 館（87.1%）、「住民からのニーズがない」71 館（45.8%）、「首長や議会からの要望がない」41 館（26.5%）、「電子書籍貸出サービス担当者の問題」22 館（14.2%）であった。

　「予算問題」はこれまでも多くあげられてきた理由であり、導入を検討していた自治体などは、昨年度（令和 2 年度）「新型コロナウイルス感染症対応地方創生臨時交付金」（資料 E）の交付により新規に電子書籍貸出サービスを導入した図書館も多かった。

　国だけでなく、行政のデジタル化が重点政策となっていることから、電子書籍貸出サービスの充実は自治体のデジタル情報サービスの向上や、地域情報インフラとして、今後も公的な助成が必要と考えられる。

■**資料 2.28**　電子書籍貸出サービス導入しない理由（電子書籍貸出サービス未導入図書館）

▼質問（複数回答あり）	回答数	/155
(1) 図書館を利用できる住民からのニーズがない	71	45.8%
(2) 予算問題	135	87.1%
(3) 電子書籍貸出サービス担当者の問題	22	14.2%
(4) 首長（市長・町村長等）や議会からの要望がない	41	26.5%
(5) その他、自由にご記入ください	18	11.6%
合計	287	

2.4　国立国会図書館「図書館向けデジタル化資料送信サービス」への対応

■2.4.1　国立国会図書館、図書館向けデジタル化資料送信サービスへの対応状況（回答：554館）

　国立国会図書館「図書館向けデジタル化資料送信サービス」（以下、図書館送信サービス）の対応の状況をたずねた（資料 2.29）。

　結果は、「図書館送信サービスを申し込んで、閲覧・複写サービスを開始している」が226館（40.8%）、「閲覧サービスのみ開始している」は29館（5.2%）であり、合わせて255館（46.0%）が「図書館送信サービスを実施している」と回答があった。

　また、「2021年に申し込みする予定」が26館、「2022年以降申し込み予定」が47館であり、すでに導入している図書館とあわせて約6割の図書館で導入または導入予定ということになる。

　一方、「現在のところ申し込む予定がない」という回答は193館（34.8%）あり、3分の1の図書館は、導入予定がないという結果であった。

■資料 2.29　図書館送信サービスへの対応状況　（一つ選択）

▼質問（一つ選択）	2021年回答数	/554	2020年回答数	/486
（1）申し込んで、閲覧・複写サービスを開始している	226	40.8%	203	41.8%
（2）申し込んで、閲覧サービスのみ開始している	29	5.2%	23	4.7%
（3）令和2年度（2021年）中に申し込みをする予定で検討している	26	4.7%	22	4.5%
（4）令和3年度（2022年）以降に申し込みをする予定で検討している	47	8.5%	47	9.7%
（5）現在のところ申し込む予定はない（差し支えなければ（6）に理由をご記入ください）	193	34.8%	173	35.6%
（6）その他、自由にご記入ください	99	17.9%	66	13.6%
無回答	13	2.3%	9	1.9%
合計	620		534	

※　（3）の 2020 年の質問文では「令和2年度（2020年）中に申し込みをする予定で検討している」
　　（4）の 2020 年の質問文では「令和3年度（2021年）以降に申し込みをする予定で検討している」

■2.4.2　図書館送信サービスの利点　（回答：図書館送信サービス導入館 255 館）

　図書館送信サービスを導入している図書館において、サービスを開始して感じる利点をたずねた（資料 2.30）。

　結果は、多い順に「より多くの資料を提供できるようになった」212館（83.1%）、「利用者のニーズに即した資料をより適切に提供できるようになった」185館（72.5%）、「よ

り迅速に資料を提供できるようになった」129 館（50.6%）、「相互貸借を減らすことができた」72 館（28.2%）であった。

■資料 2.30　図書館送信サービスを開始して感じる利点

▼質問（複数回答あり）	2020 年回答数	/255	2019 年回答数	/190
(1) より多くの資料を提供できるようになった	212	83.1%	155	81.6%
(2) 新たな図書館利用者の開拓につながった	77	30.2%	57	30.0%
(3) 図書館利用者のニーズに即した資料をより適切に提供できるようになった	185	72.5%	126	66.3%
(4) より迅速に資料を提供できるようになった	129	50.6%	101	53.2%
(5) 相互貸借を減らすことができた	72	28.2%	49	25.8%
(6) 利用者端末の有効活用につながった	51	20.0%	40	21.1%
(7) その他（記載）	7	2.7%	7	3.7%
合計	733		535	

※2020 年は同質問を実施していないため、同質問を実施した 2019 年の結果を掲載

■2.4.3　図書館送信サービスの課題　（回答：図書館送信サービス導入館 255 館）

　図書館送信サービスを導入している図書館において、サービスを開始して感じる課題をたずねた（資料 2.31）。

　結果は、多い順に「利用が少ない」124 館（48.6%）、「操作方法に工夫・改良の余地がある」58 館（22.7%）、「複写物の提供に係る判断が難しい」53 館（20.8%）、「運用・管理が煩雑である」51 館（20.0%）「設備や要員に係る負担が大きい」47 館（18.4%）、「利用者への広報の仕方がわからない」29 館（11.4%）、「魅力的な資料が少ない」13 館（5.1%）であった。

■資料 2.31　図書館送信サービスの課題

▼質問（複数回答あり）	2021 年回答数	/255	2019 年回答数	/190
(1) 利用が少ない	124	48.6%	89	46.8%
(2) 必要な資料・魅力的な資料が少ない	13	5.1%	4	2.1%
(3) 操作方法に工夫・改良の余地がある	58	22.7%	40	21.1%
(4) 運用・管理が煩雑である	51	20.0%	52	27.4%
(5) 設備や要員に係る負担が大きい	47	18.4%	32	16.8%
(6) 複写物の提供に係る判断が難しい	53	20.8%	40	21.1%
(7) 利用者への広報の仕方がわからない	29	11.4%		
(8) 特に課題はない	26	10.2%		
(9) その他（記載）	20	7.8%	15	7.9%
合計	421		272	

※2020 年は同質問を実施していないため、同質問を実施した 2019 年の結果を掲載

2.5 その他

■2.5.1 自治体総合計画の ICT 活用における「電子図書館」の明記について（回答：554 館）

「自治体総合計画の ICT 活用」において「電子図書館」が明記されているかどうかをたずねた（資料 2.32）。

結果は、「明記されている」が 19 館（3.4%）、「明記されていない」が 489 館（88.3%）であった。まだほとんどの自治体において、ICT 活用として「電子図書館」が明記されていない。

記載（資料 A 質問 5-1）をみると、自治体によって、総合計画でなく、「DX 推進事業」や「データ活用プラン」、「デジタル化推進計画」、「教育振興基本計画」など、総合計画以外での記載もみられる。

■資料 2.32　自治体総合計画の ICT 活用における「電子図書館」が明記されているかについて

▼質問	回答数	/554
(1) 自治体総合計画の ICT 活用に「電子図書館」が明記されている	19	3.4%
(2) 自治体総合計画の ICT 活用に「電子図書館」は明記されていない	489	88.3%
(3) その他（記載）	20	3.6%
合計	528	

■2.5.2　図書館の指定管理者による運営・委託について（回答：554 館）

図書館の運営形態についてたずねた（資料 2.33）。

昨年コロナ禍で多くの図書館が電子書籍貸出サービスを導入したがその多くは、指定管理者が運営していない図書館であり、「すべての図書館が自治体直営」の図書館では 74 館が電子書籍貸出サービスを導入している。

■資料 2.33　図書館の指定管理業者の運営について

▼質問	回答数	/554
(1) すべての図書館について指定管理業者が運営している	74	13.4%
(2) その他（記載）	411	74.2%
合計	485	

411 件の記載があり、記載内容を分類すると資料 2.34 のようになった。

■資料 2.34　図書館の指定管理業者の運営について（記載の分類）

(1)	自治体の図書館の運営はすべて直営	273 館
(2)	直営・一部指定管理	38 館
(3)	直営・一部業務委託（一部営業委託、窓口業務委託含む）	32 館
(4)	一部営業委託	6 館
(5)	窓口業務委託	16 館
(6)	その他	59 館

　結果をみると、図書館の本館・分館について全部の指定管理業者運営だけでなく、一部の図書館の指定管理など、多様な方法での運営を行っていることがわかる。

　また、この質問結果を「電子書籍貸出サービスを導入している 149 館」で集計すると資料 2.35 のようになり、直営図書館が約半数であった。

■資料 2.35　電子書籍貸出サービスを導入している図書館の指定管理業者の運営について

(1)	すべての図書館について指定管理が運営している	26 館
(2)	すべての図書館を直営で管理	73 館
(3)	一部指定管理が運営している	29 館
(4)	一部業務委託その他	21 館

■2.5.3　図書館の Wi-Fi サービスの有無について　（回答：554 館）

　図書館内で利用者が使える Wi-Fi サービスが提供されているかをたずねた（資料 2.36、2.37）。

　結果をみると、「利用者の使える無料の Wi-Fi サービスがある」と回答のあったのが 336 館（60.6%）、「有料の Wi-Fi サービスを案内している」3 館（0.5%）、「Wi-Fi サービスは特に案内していない」が 145 館（26.2%）であり、6 割以上の図書館で無料の Wi-Fi サービスを提供していると回答している。

　Wi-Fi サービスについての内容を記載からみると、図書館が自治体の複合施設や自治体の他のサービス施設と図書館が併存していることで、複合施設等の Wi-Fi を利用しているものもある。また、記載から、導入・運用予定がある自治体も多い。

■資料 2.36　図書館における Wi-Fi サービスの有無

▼質問		回答数	/554
(1) 利用者が使える無料の Wi-Fi サービスがある		336	60.6%
(2) 有料の Wi-Fi サービスを案内している		3	0.5%
(3) Wi-Fi サービスは特に案内していない		145	26.2%
(4) その他（記載）		74	13.4%
	合計	558	

■資料 2.37　図書館における Wi-Fi サービスの有無（記載）

番号	地域	記載内容
1	都道府県	県内を訪れる観光客の利便性を高めるために県で設置している公衆無線ＬＡＮサービス『Free Wi-Fi』が当館にも設置されている
2	都道府県	特定のキャリアに限定した無料の Wi-Fi サービスがある
3	都道府県	特定のキャリアと契約している利用者のみ利用できる Wi-Fi サービスがある
4	都道府県	利用者が使える無料の Wi-Fi サービスがある。有料の Wi-Fi サービスを案内している
5	都道府県	利用者が使える無料の Wi-Fi サービスはあるが、新型コロナウイルス感染拡大防止の観点から館内サービスを一部休止・縮小しており、その一環として現在は提供を休止している
6	都道府県	2021 年 8 月 1 日より無料の Wi-Fi サービス提供予定
7	都道府県	令和 3 年 12 月〜運用開始予定
8	政令市	Free Wi-Fi の使用を案内している
9	市町村	図書館のみではなく、複合施設として無料の Wi-Fi サービスがある
10	市町村	提供予定
11	市町村	複合施設の中に図書館があり、施設自体（図書館外）では Wi-Fi サービスを提供している
12	市町村	（2）であるが、開架スペースでの利用を推奨
13	市町村	今年度中に Wi-Fi サービスを導入予定
14	市町村	市として災害時の通信手段の確保および通信環境の提供を目的に、通信事業者の公衆無線 LAN を設置しているため、それを案内している
15	市町村	一部の図書館のみ利用者が使える無料の Wi-Fi サービスがある
16	市町村	図書館が入る複合施設 1 階ロビーで無料の Wi-Fi サービスを提供している
17	市町村	図書館の学習室（自習室）にのみ Wi-Fi あり
18	市町村	設置されているキャリアの Wi-Fi サービスを案内している
19	市町村	貸出用ノート PC 用の無料 Wi-Fi が、持ち込み PC で利用できる状態。使おうと思えば使えるが積極的に案内はしていない
20	市町村	通信事業者（NTT ドコモ・ソフトバンク）の設置した Wi-Fi の利用は可能となっている
21	市町村	令和 3 年度中に利用者が使える無料の Wi-Fi サービスを導入予定
22	市町村	au、SoftBank の Wi-Fi スポットがある
23	市町村	Wi-Fi はあるがあまり接続状況は良くない
24	市町村	館内の一部のスペースに限定して、利用者が無料で使える Wi-Fi サービスがある
25	市町村	市内の一部の図書館に利用者が使える無料の Wi-Fi サービスがある
26	市町村	施設が都市公園内にあるため、観光客向けの無料の Wi-Fi サービスがあり、それを施設の一部で利用できる
27	市町村	中央図書館では今年度中に設置予定、分館については順次検討
28	市町村	併設施設にて利用者が使用できる無料の Wi-Fi サービスがある
29	市町村	本館など一部の館のみ

30	市町村	無料の Wi-Fi サービスはあるが、現在停止中
31	市町村	無料の Wi-Fi サービスを今年度中に導入する予定あり
32	市町村	複合施設のため、図書館内では無料の Wi-Fi のサービス提供はないが、施設内の一部スペースにて無料の Wi-Fi のサービスを提供している
33	市町村	令和 3 年度中にフリー Wi-Fi を提供予定（複合施設の館内一括）
34	市町村	令和 3 年度中に本館・自習室において、利用者が使える無料の Wi-Fi サービス提供開始の予定
35	市町村	7 分館のみ指定管理者が無料で提供している。（中央図書館・7 分室については未実施）
36	市町村	サービス導入予定（2022 年 3 月）
37	市町村	一部の図書館のみ（災害時の避難所指定のため）
38	市町村	今後導入の予定がある（時期未定）
39	市町村	町の防災ステーションとして Wi-Fi を提供
40	市町村	無料の無線ＬＡＮコーナーの貸出をしている
41	市町村	au の Wi-Fi のみ
42	市町村	フリースポットのサービスは行っている
43	市町村	図書館に Wi-Fi 設備がない
44	市町村	無料 Wi-Fi の提供を準備中
45	市町村	令和 4 年度導入予定

※その他〔記載〕：74 件　　（Wi-Fi サービスは行っていない・無い　29 件）

2.6　調査のまとめ

　公共図書館において、2020 年度は大きな変化の年であった。一つは、新型コロナウイルス感染症により多くの図書館が長期の休館を余儀なくされたことがあった。その休館時に注目されたのが非来館サービスとしてのいわゆる電子図書館サービスで、特にこのアンケートでたずねている「電子書籍貸出サービス」であった。

　昨年のアンケート後、昨年度後半期に 100 以上の自治体で電子書籍貸出サービスを導入され、それまでの倍以上の自治体で導入されたことになった。

　昨年のアンケート結果をみても、昨年まではまだ 4 割以上の自治体で「電子書籍貸出サービスを導入しない」といった回答であった。しかし、今年のアンケートではその数は 28% まで減少している。このように昨年から 1 年で「電子書籍貸出サービス」が広く認知され、期待されるようになった。一方で導入後「計画よりも利用者が少ない」が 4 割という厳しい結果も出ている（資料 2.21）。

　導入したが、利用者が少ない、コンテンツが高い、など電子書籍貸出サービスの具体的な

課題が多くなってきたことも事実である。

　電子図書館などデジタル化は多くの利点がある一方で、どのように導入して自治体として
どのようにサービスを提供すべきかは、まだ緒についたばかりである。

　デジタル技術を活用したサービスの利点は、サービスの改良が適宜行われることがあげら
れる。よって、電子書籍貸出サービスも、利用者の声・各図書館の声を反映して、より良い
方向に変わっていくことが期待されている。電子書籍貸出サービスが始まったころは、「全
体が紙の本に置き換わる」期待が高く、「紙の本」との置き換えとしての位置付けから「文
芸書」のニーズが高い傾向がみられる。

　しかし、電子書籍貸出サービスの利用者層や、利用されているジャンルは紙の本とは異な
ることが見えてきた。これからの電子書籍貸出サービスは、まず、「紙の本」や、販売され
ている本（出版社が販売したい本）と、図書館としてどのような「電子書籍」を、どのよう
な形で、利用者に提供するかを考えながら変わってゆくと考えられる。

　自治体の電子書籍貸出サービス導入が２割以上の自治体で行われる都道府県も増えてきて
いる。本報告書が今後の電子書籍貸出サービスがどうあるべきかの参考情報の一つになれば
幸いである。

第3章

学校における電子書籍サービスに関する調査の結果と考察

野口武悟●専修大学文学部

3.1　調査の目的と方法

■3.1.1　調査の背景と目的

　一般社団法人電子出版制作・流通協議会（以下、電流協）では、今回初めて「学校における電子書籍サービスに関する調査」を実施した。

　電流協においては、2017（平成29）年から2020（令和2）年まで大学図書館における「電子図書館・電子書籍サービス実態調査」を実施してきた。2020年の調査結果では、大学図書館における電子書籍サービスの導入率が95.8%、電子ジャーナルサービスが96.4%など、電子図書館の基幹的なサービスがほとんどの大学において導入されたことが確認できた。

　一方、2019年に「GIGAスクール構想」がスタートし、「教育の情報化」が急速に推進されている初等・中等教育の学校（小、中、高校。以下、学校）においては、2020年度末の時点で児童生徒1人1台端末をほぼ実現した。2018年度までの「教育の情報化」があまりにも遅々としたものであっただけに、一気に整備が進んだことには目を見張るものがある。

　しかし、1人1台端末といったハード面の整備は、ある意味、「教育の情報化」の入り口であると言える。情報端末を使ってどのような教育を実施し、教育効果を高めるかが「教育の情報化」の真の課題である。ここで重要になるのが、情報端末で利用可能な良質なデジタルコンテンツ、すなわちソフト面の整備であるが、その整備と活用はこれからである。

　電流協では、デジタルコンテンツの1つとしての電子書籍に注目し、その整備・充実や利活用の促進が欠かせないと考えている。そこで、今回、学校において電子書籍がどのような教科でどのように活用されているのか、また、電子書籍サービスを提供するうえでの課題は何かなどについて、すでに電子書籍サービスを導入している学校に対して調査を行うこととした。

■3.1.2　調査の対象と方法

　調査対象は、すでに電子書籍サービスを導入している学校のうち、電流協の電子図書館・コンテンツ教育利用部会参加各社から提案のあった108校である。108校の内訳は公立学校29校、私立学校79校であり、学校種別では高等専門学校4校、高等学校31校、中高一貫校53校、中等教育学校7校、小中一貫校4校、小学校4校、幼小中高等学校併置校3、小中学高等学校併置校1校、特別支援学校1校であった。

　対象校に対して郵送でアンケートを依頼し、インターネットで回答してもらう方式をとった。その結果、108校のうち32校からの回答があった（回収率：29.6%）。

　主な調査内容は、以下の通りである。
①導入している電子書籍サービス
②電子書籍サービスの導入時期

③電子書籍サービスの導入理由
④電子書籍サービスの利用環境
⑤電子書籍サービスの担当分掌
⑥電子書籍サービス導入の際の課題
⑦電子書籍サービス導入後の運営上の課題
⑧電子書籍サービスの授業での利用状況
⑨電子書籍サービスに新たに付加されたら利便性が向上すると思われる機能やサービス

3.2　調査の結果と考察

■3.2.1　回答校の学校種

　回答のあった 32 校の学校種は資料 3.1 の通りである。複数の学校種を併置している場合には、併置する学校種をすべて選んでもらった（複数回答）。そのため、回答数は 32 よりも多くなっている。

■資料 3.1　回答校の学校種　　　　　　　　　　　　　　　　　　　　　　（複数選択可）

▼質問（複数回答あり）　　　　　　　　　　▷集計結果（n=32）	回答数	/32
（1）小学校	3	9.4%
（2）中学校	20	62.5%
（3）高等学校	20	62.5%
（4）義務教育学校	0	0.0%
（5）中等教育学校	2	6.3%
（6）高等専門学校	2	6.3%
（7）特別支援学校	0	0.0%
（8）その他（記載）	2	6.3%
無回答	0	0.0%
合計	49	

　回答数では、中学校と高等学校がそれぞれ 20 で、最も多くなった。

■3.2.2　導入している電子書籍サービス

　32 校で導入している電子書籍サービス（サービス名と提供事業者名）は資料 3.2 の通りである（複数回答）。

■資料 3.2　導入している電子書籍サービス　　　　　　　　　　　　　　（複数選択可）

▼質問（複数回答あり）　　　　　　　　　　▷集計結果（n=32）	回答数	/32
（1）LibrariE＆TRC-DL（図書館流通センター）	5	15.6%
（2）OverDrive（メディアドゥ）	3	9.4%
（3）エルシエロ・オーディオブック（京セラ CCS・オトバンク）	0	0.0%
（4）LibrariE（日本電子図書館サービス）	22	68.8%
（5）Kinokuniya Digital Library（KinoDen）（紀伊國屋書店）	2	6.3%
（6）スクールeライブラリー（eライブラリー有限責任事業組合）	3	9.4%
（7）丸善 e-Book library　　（丸善雄松堂）	1	3.1%
（8）その他（記載）	4	12.5%
無回答	0	0.0%
合計	40	

　結果をみると、日本電子図書館サービスが提供している「LibrariE」が 22 校（68.8%）と最も多く、図書館流通センターが提供している「LibrariE＆TRC-DL」が 5 校（15.6%）、メディアドゥが提供している「OverDrive」と、e ライブラリー有限責任事業組合が提供する「スクール e ライブラリー」がそれぞれ 3 校（9.4%）ずつなどであった。

　「その他」では、「ジャパンナレッジ」の学校向けサービスである「ジャパンナレッジ School」が挙げられた。「ジャパンナレッジ School」では提供するコンテンツに学習向けの電子書籍も含んでおり、中高生向けのオンライン総合学習支援ツールという形態となっている。

■3.2.3　電子書籍サービスの導入時期と導入理由

　電子書籍サービスの導入時期と導入理由を資料 3.3 にまとめた（資料 B.2　質問 3、質問 4）。

■資料 3.3　電子書籍サービスの導入時期と導入理由　　　　　　　　　　（回答数 31 校）

公立・私立	学校種類	導入年	導入理由
私立	高等専門学校	2012	電子書籍独自の機能（文字拡大）などがあり新しいサービス提供と保管・貸出管理の利点
私立	中学校・高等学校	2014	教員は利用しており、生徒にもニーズが生まれてくると考えたから
公立	高等専門学校	2016	図書館サービスの電子化の流れの一環として、また、図書館（資料）活用の多様性化を図ることを目指して導入
私立	中学校	2016	iPad を生徒一人一台導入するのを契機として
私立	中学校・高等学校	2016	実証実験への協力。また、辞書事典や新聞記事検索などの商用データベースを教材として長年利用してきたことから、電子書籍サービスの教材利用に関心があったため
私立	中学校・高等学校	2017	生徒に一人一台タブレットを導入したため

公立	小学校	2018	子どもの読書を推進し、読解力向上を目指して。 本に親しませる環境を整えるため
私立	中学校・高等学校	2018	中高生徒と教員全員に iPad が導入されていたため、24 時間どこでも利用可能な電子図書館の導入を決定
私立	中学校・高等学校	2018	生徒が一人一台 PC、タブレットを活用する環境が整っているため、いつでもどこでも読書を楽しむことができ、特に洋書で読み上げ機能がある本は、英語学習にも効果的であると考えたため
私立	中学校	2019	大学図書館の電子資料の充実、欧米図書館での電子書籍サービスの充実等の情報を知ったため
私立	中学校・高等学校	2019	本校の図書事業の目玉的トピックとして
公立	小学校・中学校	2020	子ども読書推進体制の整備と新型コロナウイルス感染症対応の両立のため
公立	高等学校	2020	感染症流行の影響を受け、図書室を開室できず、利用者にサービスを提供できなくなったため
公立	中学校	2020	臨時休校とコロナによる図書館の利用制限があり、少しでも生徒が本を読む機会を保障するため
公立	高等学校	2020	新型コロナウイルスの流行による休校への措置として
私立	中学校・高等学校	2020	コロナの影響で学校が休校期間中、生徒の読書機会を確保するため（コロナ前から電子書籍サービスの利用を検討していたが、「予算の出どころを事務室と協議する時間がない」などの理由で頓挫していた）
私立	中学校・高等学校	2020	非来館型サービスの充実に向けて
私立	中学校・高等学校	2020	これからの学校図書館の在り方の一つとして、場所にとらわれない電子書籍の提供を検討していた。 また英語科から英文多読資料導入の要望があがっていた。 コロナ禍と新図書館建築計画がきっかけとなり導入に至った
私立	中学校・高等学校	2020	リモート授業期間の読書したい気持ちに応えるため 数年後の移転に向けて導入を検討していたため
私立	中学校・高等学校	2020	新型コロナウイルス感染症拡大防止による一斉臨時休校があったこと。 ・学校全体の動きとして BYOD が始まるタイミングだったこと。 ・さまざまな種類の資料の 1 つとして電子書籍を使う経験を提供すること
私立	中学校・高等学校	2020	ICT 機器を全生徒が所持している
私立	中学校・高等学校	2020	コロナ禍で資料が提供できなかったため
私立	中学校・高等学校	2020	学校としてのＩＣＴ化推進に対応するため
私立	中学校・高等学校	2020	コロナ感染症で休校期間が長かったため
私立	小学校	2020	新型コロナウイルス感染予防による全国一斉休校措置がとられたことがきっかけです
公立	高等学校	2021	休校時や欠席している生徒にも資料提供ができるため ・授業における書籍の活用を促すため
公立	中学校	2021	2020 年 2 月末の突然の休校で、学校図書館を利用できないことが今後もあり得るため導入した
公立	中学校	2021	コロナ禍における多様な読書の機会を確保するため
公立	高等学校	2021	電子書籍利用を通じて生徒に様々な情報活用スキルと教養を身につけさせたいと考えたから

私立	中学校・ 高等学校	2021	読書推進、遠隔授業になった場合の読書支援のため
私立	中学校	2021	生徒一人１台タブレット端末配付となったため

　導入時期をみると、2012 年が最も早く（１校）、その後、2019 年までは１〜３校程度の導入数であったが、2020 年に 14 校、2021 年に６校と、2020 年以降に導入する学校が一気に増えたことがわかる。2020 年の前と後での大きな違いとして指摘できるのは、「GIGA スクール構想」がスタートしたことと、新型コロナウイルス感染症の感染拡大である。なかでも、導入理由を見てみると、学校図書館が新型コロナウイルス感染拡大による緊急事態宣言発令等によって休館しなければならなくなったことへの対応を挙げる学校が多くなっている。

■3.2.4　電子書籍サービスの利用環境

　電子書籍サービスをどこで利用できるか（利用環境）をたずねたところ、資料 3.4 のような結果となった。

■資料 3.4　電子書籍サービスの利用環境

（複数回答）

▼質問（複数回答あり）　　　　　　　▷集計結果（n=32）	回答数	/32
（1）学校図書館内のみ	3	9.4%
（2）学校内のみ	3	9.4%
（3）自宅からもアクセス可能	28	87.5%
（4）その他（記載）	1	3.1%
無回答	0	0.0%
合計	35	

　結果をみると、自宅からもアクセス可能が最も多く 28 校（87.5％）にのぼり、学校図書館内のみと学校内のみはそれぞれ３校（9.4％）ずつにとどまった。電子書籍サービスを導入する学校の大半が、学校内だけでなく、自宅からも利用可能としていることがわかった。

■3.2.5　電子書籍サービスの担当分掌

　電子書籍サービスの校内での担当分掌について学校図書館の担当分掌と同一かどうかをたずねた。その結果は資料 3.5 の通りである。
　結果をみると、学校図書館と同じ分掌で担当している学校が 28 校（87.5％）で最も多かった。「その他」と回答した学校でも、記載内容を見ると、学校図書館が担当分掌であることがわかるものが６校中４校確認できる。なお、実際の担当分掌は単一ではなく、複数の分掌（例えば、学校図書館と情報教育）が合同で担当しているという学校もあった。

■**資料 3.5**　電子書籍サービスの担当分掌　　　　　　　　　　　　　　　　　（複数回答）

▼質問（複数回答あり）　　　　　　　　▷集計結果（n=32）	回答数	/32
（1）学校図書館と同じ分掌で担当している	28	87.5%
（2）学校図書館とは違う分掌で担当している	3	9.4%
（3）その他	6	18.8%
無回答	0	0.0%
合計	35	

※「その他」の記載内容：6 校

公立・私立	学校種類	記載内容
公立	高等専門学校	図書係
公立	小学校・中学校	図書担当が担当している学校と、ICT 担当が担当している学校がある
公立	小学校	視聴覚主任
公立	中学校	教育庁生涯学習課
私立	中学校・高等学校	学園図書館
私立	中学校・高等学校	図書室

■3.2.6　電子書籍サービス導入の際の課題

　電子書籍サービスを導入する際に課題となったことをたずねたところ、資料 3.6 のような結果となった。

■**資料 3.6**　電子書籍サービス導入の際の課題　　　　　　　　　　　　　　（複数回答可）

▼質問（複数回答あり）　　　　　　　　▷集計結果（n=32）	回答数	/32
（1）学校向けのコンテンツ数が少ない	14	43.8%
（2）クラス単位での授業利用を考えたとき、コンテンツのライセンス数が少ない	12	37.5%
（3）コンテンツの契約予算が十分でない	19	59.4%
（4）担当者の電子書籍についての知識やスキルが十分でない	8	25.0%
（5）児童生徒の読書履歴がわかる機能がない	3	9.4%
（6）その他（記載）	4	12.5%
無回答	1	3.1%
合計	61	

　結果をみると、「コンテンツの契約予算が十分でない」が 19 校（59.4%）と最も多く、次に「学校向けのコンテンツ数が少ない」14 校（43.8%）、「クラス単位での授業利用を考えたとき、コンテンツのライセンス数が少ない」12 件（37.5%）などが課題として挙げられた。

　なお、文部科学省による「令和 2 年度子供の読書活動の推進等に関する調査研究」でも、学校において電子書籍を導入する際の課題として「電子書籍導入の予算が不足している」が最多（66.9%）であった（回答は全国の教育委員会）。1 人 1 台端末（ハード）の整備がひと段落したいま、そこに付けた予算を今後は電子書籍などのコンテンツ（ソフト）の整備にまわすことが強く期待される。

■3.2.7　電子書籍サービス導入後の運営上の課題

　電子書籍サービス導入後の運営上の課題についてたずねた。その結果は、資料 3.7 の通りである。

■**資料 3.7**　電子書籍サービス導入後の運営上の課題　　　　　　　　　　　　　（複数回答可）

▼質問（複数回答あり）　　　　　　　　▷集計結果（n=32）	回答数	/32
（1）学校向けのコンテンツ数が少ない	17	53.1%
（2）クラス単位での授業利用にあたって、コンテンツのライセンス数が少ない	13	40.6%
（3）コンテンツの契約予算が十分でない	18	56.3%
（4）担当者の電子書籍についての知識やスキルが十分でない	7	21.9%
（5）児童生徒の利用が少ない	8	25.0%
（6）授業等での利用が少ない	14	43.8%
（7）児童生徒の読書履歴がわかる機能がない	5	15.6%
（8）その他（記載）	13	40.6%
無回答	1	3.1%
合計	96	

※その他〔記載〕：13 校　　（「特になし」との記載 1 校を含む）

公立・私立	学校種類	記載内容
公立	高等学校	電子書籍が高額
公立	高等学校	導入はしたが、環境を整えるにとどまっており、運用は始めていないため回答できません
公立	中学校	（1）（2）以外は今後の検討課題
公立	小学校	業者の都合により契約できなかった
公立	高等学校	契約端末（スマホ）のギガ数に制限のある生徒が多い
私立	中学校・高等学校	絞り込み機能など選書に必要な機能が不足していて、選書に非常に時間がかかる。結果的に選書が後回しになる
私立	中学校・高等学校	1 冊が高価、期限が短く感じる。番組録画と同じように 10 回まで同時利用可能とかして貰えると授業に導入しやすい
私立	中学校・高等学校	OverDrive 電子図書館はアメリカの電子図書館システムのためか、選書システムや利用者画面等の利便性および要望への対応が悪い。また利用状況の統計がとりにくい
私立	中学校・高等学校	2 年間という制限があるので資産としては購入できず、長期で利用・提供したい資料（学術的な資料）は電子書籍では購入できない
私立	中学校	ログイントラブルの対応にもっとも手を取られます。（電子書籍サービス・オンラインデータベースに共通の課題）
私立	小学校	価格が高い
私立	高等専門学校	専門書のコンテンツ数が少ない

　結果をみると、多い順に、「コンテンツの契約予算が十分でない」18 校（56.3%）、「学校向けのコンテンツ数が少ない」17 校（53.1%）、「授業等での利用が少ない」14 校（43.8%）、「クラス単位での授業利用にあたって、コンテンツのライセンス数が少ない」13 校（40.6%）などであった。なお、「その他」の記載においても、上位に挙がった課題と重複するような内容が多い。

■3.2.8　電子書籍サービスの授業での利用状況

　電子書籍サービスの授業での利用状況について、教科ごとにたずねた。その結果を資料3.8 に教科ごとにまとめた。

■資料 3.8　電子書籍サービスの授業での利用状況

(1) 国語：9 校

公立・私立	学校種類	記載内容
公立	小学校・中学校	読書の一環として利用
公立	中学校	電子図書で読んだ本を紹介する活動（利用促進のため）
公立	小学校	「本を紹介しよう」プレゼン練習
私立	中学校・高等学校	教員からの推薦図書リスト提供
私立	中学校・高等学校	朝読書等，日常の読書指導
私立	中学校	古典で１冊の書籍をグループで分担して読解。新書を読む
私立	中学校・高等学校	授業でのビブリオバトルの選書のひとつとして活用
私立	小学校	読書の時間や本の貸し出しに活用している
私立	中学校・高等学校	中学国語ゼミで生徒の創作物を電子化して公開

(2) 外国語・英語：5 校

公立・私立	学校種類	記載内容
私立	中学校・高等学校	教科から英文多読資料の要望があり OverDrive 電子図書館を導入したが、利用は少ない
私立	中学校・高等学校	課題図書
私立	中学校・高等学校	多読指導
私立	中学校・高等学校	洋書読み上げ機能。読書
私立	中学校・高等学校	英語多読用のコンテンツを授業で紹介し、課題として取り組んでいる

(3) 算数・数学：0 校

(4) 理科：1 校

公立・私立	学校種類	記載内容
私立	中学校・高等学校	資料検索

(5) 社会、地理歴史、公民：4 校

公立・私立	学校種類	記載内容
私立	中学校・高等学校	教員からの推薦図書リスト提供
私立	中学校・高等学校	資料検索
私立	中学校・高等学校	中学校で実施する校外授業の事前・事後学習資料として利用している
私立	中学校・高等学校	レポート参考書籍の提示

(6) 図画工作、美術、音楽、芸術：1 校

公立・私立	学校種類	記載内容
私立	中学校・高等学校	資料検索や作品鑑賞

(7) 体育、保健体育：0 校

(8) 家庭、技術・家庭：2 校

公立・私立	学校種類	記載内容
私立	中学校・高等学校	教員からの課題図書
私立	中学校・高等学校	資料検索

(9) 情報：3 校

公立・私立	学校種類	記載内容
公立	小学校	「本を紹介しよう」選んだ本について、パワーポイント等を使用して友だちに紹介する資料作り
私立	中学校・高等学校	情報検索の図書資料の一部として
私立	中学校・高等学校	電子図書館に学校の生徒会誌を独自資料として搭載。その資料を活用し、学校の歴史を調べることで探求授業の資料として活用している

（10） 専門教科、学校設定教科：2 校

公立・私立	学校種類	記載内容
私立	中学校・高等学校	中学 3 年・高校 2 年、高校 3 年で履修する教科横断型の「教養総合」（学校設定教科目）では論文を執筆する。過去の論文を纏めた自校資料を掲載して教材として利用している
私立	中学校	読書科。電子書籍の概要、使いかたの説明等

（11） 道徳：0 校

（12） 総合的な学習の時間、総合的な探究の時間：3 校

公立・私立	学校種類	記載内容
公立	中学校	調べ学習で用いた生徒もいたが数は多くはない
私立	中学校・高等学校	資料検索
私立	中学校・高等学校	中学校で実施する校外授業の事前・事後学習資料として利用している。

（13） 特別活動：1 校

公立・私立	学校種類	記載内容
私立	中学校・高等学校	図書委員会活動（電子図書館の選書とトップページの管理）

（14） その他：4 校

公立・私立	学校種類	記載内容
公立	小学校・中学校	特別支援学級では様々なジャンルの本を授業で活用している
公立	中学校	どの教科においても、授業で使えるような十分な蔵書がない。ただし、どの教科においても生徒の選択肢の 1 つに電子書籍があってもいいと考えている。（読書課題や資料を調べる際に）
私立	小学校	国語科にも記載したが、本校では読書の時間があり、そこで活用している
私立	中学校・高等学校	朝読書

　以上の結果から、国語での利用が最も多いことがわかる。しかし、全体的には、2020 年度以降に電子書籍サービスを導入した学校が多いこともあり、授業での利用はまだ緒に就いたばかりの状況にあると言ってよいだろう。今後、授業での電子書籍を活用した実践のさらなる蓄積が待たれる。

■3.2.9　電子書籍サービスに新たに付加されたら利便性が向上すると思われる機能やサービス

　導入している電子書籍サービスに新たに付加されたら利便性が向上すると思われる機能やサービスについてたずねた。その結果を資料 3.9 にまとめた。

■**資料 3.9**　導入している電子書籍サービスに新たに付加されたら利便性が向上すると思われる機能やサービス　　　　　　　　　　　　　　　　　　　　　　　　　　　　　　　　（複数回答可）

▼質問（複数回答あり）　　　　　　　　　　▷集計結果（n=32）	回答数	/32
（1）辞書や百科事典のデータベース	23	71.9%
（2）新聞記事のデータベース	18	56.3%
（3）各教科のデジタル教科書	13	40.6%
（4）映像教材のコンテンツ	17	53.1%
（5）音声・音楽教材のコンテンツ	16	50.0%
（6）自作教材等のデジタルアーカイブ	10	31.3%
（7）その他（記載）	7	21.9%
無回答	1	3.1%
合計	105	

※その他〔記載〕：7 校

公立・私立	学校種類	記載内容
公立	高等専門学校	機能やサービスではないが、紙媒体で発行されてから電子化になるまでの年数がさらに短くなるとよい
公立	中学校	現在、スクール for ヨミダスやジャパンナレッジ lib を契約しているが、電子書籍サービスとの関係性がどうなっていくのかも含めて考えていきたい
公立	中学校	児童書のコンテンツがより充実すること、ライセンス購入形態の多様化
公立	高等学校	本校が採用しているものが LibrariE であるため、利用が難しい（1 冊ずつの購入のため）。授業中だけでも 40 人が一斉に使えれば授業や学校教育活動下での利用は増えるのではないか
私立	中学校・高等学校	1 システムのブラッシュアップ。資料を選ぶために不必要な時間を取られると購入意欲が著しく低下する。絞り込み機能（毎回数千件の不要な資料に目を通すのは現実的でない。新着資料を毎日チェックしないといけないレベルの新着機能は不便などなど）。2 人気作家のコンテンツ（東野圭吾や宮部みゆきなど）が無いので客寄せがしにくい。電子書籍は複本的な使い方をしたい
私立	中学校・高等学校	ラインやツイッター等を利用した、日々の発信ツールとの連携
私立	中学校・高等学校	読み上げ機能

　結果からは、「辞書や百科事典のデータベース」が 23 校（71.9%）で最多であり、次いで「新聞記事のデータベース」18 校（56.3%）、「映像教材のコンテンツ」16 校（53.1%）、

「音声・音楽教材のコンテンツ」16 校（50.0%）などと続く。

■3.2.10　自由記述から

　ここまでの設問のほか、自由記述で全体を通しての意見等ついてもたずねた。その結果、11 校が回答を寄せた。内容としては、今後の電子書籍の位置づけや扱い方、システムやコンテンツへの要望などが多かった。

3.3　調査のまとめ

　今回の調査では、すでに電子書籍サービスを導入している学校を対象にアンケートを行い、その運営や利活用の現状と課題を探った。

　導入の際にも、また、導入後の運営にも予算が最も課題となっていることが明らかとなった。この点については文部科学省の「令和 2 年度子供の読書活動の推進等に関する調査研究」の結果とも一致する。国は、紙の書籍や新聞に対する地方財政措置を講じているが、電子書籍に関してもそれらに準じた財政措置が必要であろう。

　また、授業での利活用は全体としてはまだ低調であり、今後の実践の蓄積が期待される。利活用と関連して、授業での使いやすさの点からシステム、コンテンツ、ライセンスに関する意見や要望も、記述回答には数多く見受けられた。導入したものの利活用されないという状況にならないように、学校だけでなく、行政や関係事業者も交えて、利活用促進のための研究や検討を進めていくことが欠かせない。

　今回の調査で意外だったのは、9 割近い学校が電子書籍サービスを学校図書館と同じ分掌で担当していたことである。何が意外だったのかというと、その割合の高さである。多くの学校では学校図書館と ICT・情報教育の担当分掌が別になっている現実があり、調査前は電子書籍サービスも後者が担当するケースのほうが多いのではないかと予想していたからだ。今回の調査結果は、とても望ましい傾向といえる。学校図書館とは異なる分掌が電子書籍サービスを担当している学校も、今後、学校図書館との連携を密に図ることで、利活用の可能性をより高めることができるだろう。

　日本の学校全体における電子書籍サービスの導入率はまだ低い。すでに触れた「令和 2 年度子供の読書活動の推進等に関する調査研究」によると、導入率は自治体数ベースで 2.0%（うち、すべての学校に導入している自治体は0.5%）に過ぎない。しかし、46.4%の自治体は 2020 年になってから導入しており、今回の調査の回答校の状況と一致する。今後も、「GIGA スクール構想」の一層の推進や、新型コロナウイル感染症への対応の視点から、導入する自治体・学校は増加していくものと思われる。なお、文部科学省の「令和 2 年度学校

図書館の現状に関する調査」によると、学校数ベースでは、小学校 0.2％、中学校 0.3％、高等学校 1.4％、特別支援学校（高等部）2.4％であった。

　日本の大部分の学校においては、電子書籍サービスの導入はまだこれからである。しかし、「教育の情報化」、そして DX の時代を迎え、今後、導入は着実に増加していくだろう。今回の調査結果は、電子書籍サービス導入のいわば先進校における現状と課題を示したものということもできる。これから導入する多くの学校の担当者にとって、これらの結果が多少なりとも参考になるとすれば幸いである。

第4章

電子図書館・電子書籍貸出サービス事業者への調査の結果と考察

山崎榮三郎●電子出版制作・流通協議会
長谷川智信●電子出版制作・流通協議会

4.1　調査の概要

■4.1.1　電子図書館事業者アンケートの対象について

　本章は、電子出版制作・流通協議会が 2021 年 7 月～9 月に行った電子図書館・電子書籍貸出サービス事業者（以下、サービス事業者）への調査の結果である。以下の電子書籍貸出サービスに関係する主要 10 社からの回答を掲載する（順不同）。

① 図書館流通センター
② メディアドゥ
③ 丸善雄松堂
④ 京セラコミュニケーションシステム（京セラ CSS）
⑤ 紀伊國屋書店
⑥ 日本電子図書館サービス
⑦ 学研プラス
⑧ ネットアドバンス
⑨ EBSCO Japan
⑩ ポプラ社（2021 年新規）

　2021 年の調査では、新たに「⑩ ポプラ社」を加えた。

　回答結果をサービス事業者ごとに一覧すれば、最新の各社の電子書籍に関わる取り組み姿勢が理解できる。資料 4.1、4.2 に、図書館向けに提供できる電子書籍コンテンツのタイトル数について各社の報告値を基に集計した。

　2021 年の調査数の合計（単純合計）は、398,506 タイトルとなり、前年比 94,166 タイトル増（＋31%）となった。

　また今回は、図書館流通センター及びメディアドゥから、それぞれの電子書籍貸出サービスの貸出ベスト 100 の資料を提供していただいた。これまで多くの図書館では、電子書籍貸出サービスを導入するに際して、紙の書籍で多く貸し出されている「文芸書」や「ベストセラー」について電子書籍での提供を望む声が多い。この表では、どのような電子書籍、ジャンルが利用者に人気があるかがわかる。すでに電子書籍貸出サービスを導入している図書館や、これから導入予定の図書館における参考としてほしい。

■4.1.2　図書館で貸出可能な電子書籍コンテンツについて

　電子書籍貸出サービスで提供できる「電子書籍コンテンツ」とは、電子書籍貸出サービスのシステムで利用者に提供（貸出・利用提供）できる電子書籍の数である。

　電子書籍は、一般の紙の書籍や雑誌資料のような形で貸出はできないことから、それぞれライセンス契約が必要となる。

　そこで、サービス事業者が直接出版社（著者）と「電子書籍コンテンツ」の貸出を契約して売るケースと、「電子書籍取次事業」として、他の「電子書籍貸出サービス事業者」へ、電子書籍コンテンツを提供するケースがある（この章の4.2以下参照）。

　また、それぞれのサービス事業者においては、複数の事業者で同じタイトルの電子書籍コンテンツを提供していることもあるため、資料4.1、4.2の合計数には、個々のタイトルでみると重複が考えられるが、貸出できる電子書籍の数（タイトル数）として、参考になると考えられる。

　なお、電子書籍コンテンツについては、主に日本の出版社から発行される電子書籍コンテンツ（和書）と、海外の出版社が発行する主に外国語の電子書籍コンテンツ（洋書）について区別して集計している。

■**資料4.1**　事業者別提供電子書籍コンテンツ数（和書）　　　　　　（単位：タイトル）

事業者	2018年調査数	2019年調査数	2020年調査数	2021年調査数	前年増減
図書館流通センター	60,000	74,000	85,000	96,500	+11,500
メディアドゥ	22,000	31,000	44,260	47,306	+3,046
丸善雄松堂	60,000	70,000	80,000	120,000	+40,000
京セラCCS			3,000	6,000	+3,000
紀伊國屋書店	12,000	20,000	28,000	40,000	+12,000
日本電子図書館サービス	40,000	52,000	61,000	74,000	+13,000
学研プラス	80	80	80	900	+820
EBSCO Japan	3,000	3,000	3,000	13,000	+10,000
ポプラ社				800	+800
合計	197,080	250,080	304,340	390,506	+94,166

※各社の申告数値を集計（一部重複あり）
※2020年以降は「オーディオブックの電子書籍」含む
※パブリックドメインコンテンツ（青空文庫等）を除いた数値

■**資料4.2**　事業者別提供コンテンツ数（洋書）　　　　　　（単位：タイトル）

事業者	2018年調査数	2019年調査数	2020年調査数	2021年調査数	増減
図書館流通センター		670	1,500,000	1,700,000	+200,000
メディアドゥ	1,600,000	1,800,000	2,345,500	3,662,694	+1,317,194
EBSCO Japan	10,000	10,000	10,000	2,400,000	+2,390,000
合計	1,610,000	1,810,670	3,855,000	7,762,694	+3,907,194

※各社の申告数値を集計（一部重複あり）
※2020年以降は「オーディオブックの電子書籍」含む

　各表の集計は、ライセンス契約を基本とするものに限っており、著作権保護期間が終了し

たコンテンツ等パブリックドメインの電子書籍コンテンツは原則として含まれていない。

　資料 4.1 の事業者別提供コンテンツ数（和書）を見ると、調査した事業者の公共図書館に提供するタイトル数は年を追うごとに確実に増えている。今回の調査では、和書が合計390,506 点で昨年より 94,166 点の増加であった。また、2018 年より集計している洋書は7,762,694 点で、昨年より 3,907,194 点と大幅に増加している。

■4.1.3　電子書籍貸出サービスで人気のある電子書籍

　今回のアンケートでは、図書館流通センターとメディアドゥから、2020 年度の電子書籍貸出ベスト 100（以下、貸出ベスト 100）のデータを提供いただいた。

　電子図書館アンケートでは、どのようなジャンルの電子書籍が必要かをたずねている（2章 資料 2.18）。今回のアンケートにおいて、電子書籍貸出サービスを導入している 149 の図書館に、どのようなジャンルの電子書籍が必要かをたずねた。結果は、「文芸・小説」（回答数 100 件、68.5%）、「児童書・絵本」（同 93 件、63.2%）といった分野が人気が高く、次に「実用書」（同 62 件、42.5%）となっている。

　ここで、貸出ベスト 100 のデータ（資料 4.4、4.5）をみると、多くが家事や料理、ノウハウ本といった実用書、実用書のシリーズ、子供向けの学習ガイドシリーズといったジャンルの本が多い。一方で、小説などの文芸書は貸出ベスト 100 にはあまり入っていない。

　電子書籍貸出サービスの場合、多くが 1 タイトル 1 ライセンスの契約が多いため、誰かが電子書籍を借りていると、読みたい電子書籍が借りられない。人気のある電子書籍については、10 人以上のリクエストが入っている場合もある。

　一方で、主に子供向けの「学校では教えてくれない大切なこと」シリーズ（旺文社）や、「歴史もの」、「学習マンガ」シリーズなどは、シリーズの本それぞれが貸出数が多いものもある。また、「PHP 電子」や「電子書籍版」といった電子書籍版の実用書シリーズのタイトルも多い。電子書籍貸出サービス利用対象者向けに、どのようなジャンルの電子書籍を選書すればいいかという参考にしてほしい。

　これらの結果は、図書館向け電子書籍提供を実施、検討している出版社にとっても参考になり、また、図書館で人気の電子書籍が、書店や電子書籍としての販売のきっかけとなることも考えられるので、参考にしてもらいたい。

■**資料 4.3**　2020 年度　LibrariE & TRC-DL 電子図書館　貸出ベスト 100　（提供：図書館流通センター）

順位	タイトル名	出版社名	著者（編者）
1	マンガでわかるアンガーコントロールガイド	法研	清水栄司
2	す〜べりだい 電子書籍版 （PHP 電子）	PHP 研究所	鈴木のりたけ 作・絵
3	ぶららんこ 電子書籍版 （PHP 電子）	PHP 研究所	鈴木のりたけ 作・絵
4	整理・整頓が人生を変える	法研	小野裕子
5	かがみの孤城	ポプラ社	辻村深月
6	ごきげんゆるノート BOOK	インプレス	なかむら真朱
7	魔法のかたづけ・収納術	PHP 研究所	小松易
8	漫画君たちはどう生きるか	マガジンハウス	吉野源三郎 原作
9	いちにちぶんぼうぐ 電子書籍版 （PHP 電子）	PHP 研究所	ふくべあきひろ さく
10	ライオンのおやつ	ポプラ社	小川糸
11	鍵のない夢を見る	文藝春秋	辻村深月
12	10 代のための疲れた心がラクになる本 電子書籍版	誠文堂新光社	長沼睦雄
13	いますぐはじめて一生役立つお金の教科書 （impress mook）	インプレス	インプレス編集部
14	本当に必要なことはすべて「ひとりの時間」が教えてくれる	クロスメディア・パブリッ	横田真由子
15	海外名作映画と巡る世界の絶景	インプレス	インプレス編集部
16	いちにちのりもの 電子書籍版 （PHP 電子）	PHP 研究所	ふくべあきひろ さく
17	いじめ 心の中がのぞけたら	朝日学生新聞社	本山理咲
18	わたしの「ノート&手帳」ルール	インプレス	インプレス書籍編集部 編
19	うける!雑学 電子書籍版	PHP 研究所	日本博学倶楽部
20	世界一やさしい LINE インスタグラム フェイスブック ツイッター メルカリ （インプレスムック）	インプレス	インプレス編集部
21	疲れたら動け!	クロスメディア・パブリッシング	小林弘幸
22	食堂かたつむり （ポプラ文庫）	ポプラ社	小川糸
23	ときめく猫図鑑 （Book for discovery）	山と渓谷社	今泉忠明 監修
24	オトナ女子の暮らしレシピ	インプレス	namytone
25	一人前になるための家事の図鑑	岩崎書店	家事の図鑑の会 編
26	朝ごはんのアイデア 365 日	誠文堂新光社	森田佐和子
27	超まるわかり理科のきほん 下 （子供の科学★放課後探偵シリーズ）	誠文堂新光社	滝川洋二 監修
28	10 ぴきのかえるのふゆごもり 電子書籍版 （PHP 電子）	PHP 研究所	間所ひさこ さく
29	ビブリア古書堂の事件手帖 1 栞子さんと奇妙な客人たち （メディアワークス文庫）	KADOKAWA	三上延
30	超まるわかり理科のきほん 上 （子供の科学★放課後探偵シリ 誠文堂新光社	誠文堂新光社	滝川洋二 監修
31	腸がきれいになる元気食	法研	松生恒夫
32	へたっぴさんのためのお絵描き入門	インプレス	森永みぐ
33	メルカリ&LINE&Instagram & Facebook & Twitter 基本+活用ワザ （できる fit）	インプレス	田口和裕
34	本が好きになる 電子書籍版 （学校では教えてくれない大切なこと）	旺文社	さやましょうこ マンガ・イラスト
35	10 ぴきのかえるののどじまん 電子書籍版 （PHP 電子）	PHP 研究所	間所ひさこ さく
36	おばけのマールとたのしいオーケストラ	中西出版	なかいれいえ
37	わたしの「ひとり暮らし」ルール	インプレス	インプレス書籍編集部 編

38	大集合!めいろ・まちがいさがし・えさがし 72 改訂版（ブティック・ムック）	ブティック社	なかさこかずひこ! 作・絵
39	ベターホームの先生たちのおもひで食堂 汁、ごはん、めん	ベターホーム協会	ベターホーム協会 編集
40	できる大人の手習い帖スマホ知りたいこと 100 選	インプレス	エディポック
41	僕とうつとの調子っぱずれな二年間	メディア総合研究所	三保航太 文
42	いじめ 心の中がのぞけたら 2	朝日学生新聞社	本山理咲
43	カメラ 1 年生 iPhone・スマホ写真編	インプレス	矢島直美
44	コミュ力ゼロからの「新社会人」入門	インプレス	渡瀬謙
45	老筋トレ	法研	枝光聖人 監修
46	小説秒速 5 センチメートル （角川 e 文庫）	KADOKAWA	新海誠
47	世界一美味しい手抜きごはん	KADOKAWA	はらぺこグリズリー
48	暮らしを愉しむお片づけ	すばる舎	小林夕里子
49	できるキッズ親子で楽しむユーチューバー入門	インプレス	FULMA 株式会社
50	続けられるおべんとう 電子書籍版	誠文堂新光社	いづいさちこ
51	おばけのマールとしろ	中西出版	なかいれい え
52	ふせんの技 100 （エイムック）	枻出版社	舘神龍彦
53	かしこい暮らしの作り方 （エイムック）	枻出版社	暮らし上手編集部
54	家政婦 mako のずぼら 1 分ごはん	マガジンハウス	mako
55	スイート・ホーム	ポプラ社	原田マハ
56	疲れないパソコン仕事術 （できるビジネス）	インプレス	小枝祐基
57	温室デイズ （角川 e 文庫）	KADOKAWA	瀬尾まいこ
58	あまからカルテット	文藝春秋	柚木麻子
59	さいはての彼女 （角川 e 文庫）	KADOKAWA	原田マハ
60	学研まんが NEW 日本の歴史 1 国の成り立ち 旧石器時代・縄文時代・弥生時代・古墳時代	学研プラス	大石学 総監修
61	あるかしら書店	ポプラ社	ヨシタケシンスケ
62	マンガでわかる日本の神様 電子書籍版	誠文堂新光社	東條英利 監修
63	好かれる人の話し方、信頼される言葉づかい	クロスメディア・パブリッシング	桑野麻衣
64	わたしの「狭い暮らし」ルール	インプレス	インプレス書籍編集部 編
65	日本語と英語が学べるこどもの絵本ずかん （ブティック・ムック）	ブティック社	松田学 イラスト
66	世界一やさしいインデックス投資信託入門 （impress mook）	インプレス	
67	だまし絵でわかる脳のしくみ （子供の科学★サイエンスブック）	誠文堂新光社	竹内龍人
68	体を鍛え、心を整える 50 歳からの筋トレ・メソッド	法研	宮田みゆき
69	対岸の彼女 （文春ウェブ文庫）	文藝春秋	角田光代
70	暮らし上手の時間割 （エイムック）	枻出版社	
71	日本の歴史 1 日本の始まり 旧石器時代～奈良時代 （朝日小学生新聞の学習まんが）	朝日学生新聞社	つぼいこう
72	大人になったらしたい仕事	朝日学生新聞社	朝日中高生新聞編集部 編
73	疲れない体になるには筋膜をほぐしなさい 電子書籍版	誠文堂新光社	竹井仁
74	イラストだから覚えられる日常生活や仕事で使う英単語 1200	クロスメディア・ランゲージ	石井辰哉
75	イヤな気分をパッと手放す「自分思考」のすすめ 電子書籍版	誠文堂新光社	玉川真里
76	だまされる目錯視のマジック （子供の科学★サイエンスブック）	誠文堂新光社	竹内 龍人 監修・解説
77	もっともっと知りたい無印良品の収納	KADOKAWA	本多さおり

78	研究って楽しい　（学校では教えてくれない大切なこと）	旺文社	関和之 マンガ・イラスト
79	64 上	文藝春秋	横山秀夫
80	いちにちむかしばなし 電子書籍版 （PHP 電子）	PHP 研究所	ふくべあきひろ さく
81	挫折しない緩やかな糖質制限ダイエット	法研	山田悟
82	ポポくんのミックスジュース 電子書籍版 （PHP 電子）	PHP 研究所	accototo
83	学校では教えてくれない大切なこと 23 文章がうまくなる（電子書籍版）	旺文社	関和之 マンガ・イラスト
84	学校では教えてくれない大切なこと夢のかなえ方 （電子書籍版）	旺文社	関和之 マンガ・イラスト
85	超訳マンガ×オチがすごい文豪ミステリー	KADOKAWA	朝霧カフカ 編
86	10 びきのかえるのピクニック 電子書籍版 （PHP 電子）	PHP 研究所	間所ひさこ さく
87	色えんぴつでイラスト 電子書籍版	誠文堂新光社	ふじわらてるえ
88	ときめく和菓子図鑑	山と溪谷社	高橋マキ 文
89	やさしく学ぶデータ分析に必要な統計の教科書 （できるシリーズ）	インプレス	羽山博
90	いじめ 心の中がのぞけたら 3	朝日学生新聞社	本山理咲
91	5 分後に意外な結末 1 赤い悪夢 電子版	学研プラス	
92	世界から猫が消えたなら	マガジンハウス	川村元気
93	こころ	青空文庫	夏目漱石
94	ポポくんのみんなでおすし 電子書籍版 （PHP 電子）	PHP 研究所	accototo 作 絵
95	メルカリのコツ　（できるポケット）	インプレス	川崎さちえ
96	一生使える見やすい資料のデザイン入門	インプレス	森重湧太
97	読みたい絵本 （momo book）	マイルスタッフ	momo 編集部
98	ビブリア古書堂の事件手帖 2 栞子さんと謎めく日常（メディアワークス文庫）	KADOKAWA	三上延
99	てぶくろをかいに	アイフリークモバイル	新美南吉 原作
100	冷凍保存で作る 1 週間の献立キット 電子書籍版	誠文堂新光社	川上文代

■**資料 4.4**　2020 年度　OverDrive 電子図書館　貸出ベスト 100（提供：メディドゥ）

順位	書名	出版社	著者（編者）
1	かがみの孤城	ポプラ社	辻村深月
2	漫画 君たちはどう生きるか	マガジンハウス	羽賀翔一、吉野源三郎
3	イオンのおやつ	ポプラ社	小川糸、くのまり
4	コーヒーを楽しむ: ペーパードリップで淹れるおいしいコーヒー	主婦と生活社	堀内隆志
5	短期間で〝よい習慣〟が身につき、人生が思い通りになる! 超習慣術	ゴマブックス	メンタリスト DaiGo
6	ひとり暮らしのズボラ飯: "裏ワザ"特急クッキング!	主婦と生活社	「ひとり暮らしをとことん楽しむ!」編集部
7	体が硬い人ほどやせるストレッチ	マイナビ出版	岩井隆彰
8	食堂かたつむり	ポプラ社	小川糸、石坂しづか
9	小説 はたらく細胞	発売元:講談社	時海結以、清水茜
10	す〜べりだい	PHP 研究所	鈴木のりたけ
11	学校では教えてくれない大切なこと: 22 本が好きになる	旺文社	旺文社
12	あるかしら書店	ポプラ社	ヨシタケシンスケ
13	学校では教えてくれない大切なこと: 13 勉強が好き	旺文社	旺文社
14	ぶららんこ	PHP 研究所	鈴木のりたけ
15	学校では教えてくれない大切なこと: 25 プログラミングって何?	旺文社	旺文社

16	NEW 日本の歴史 1 国の成り立ち	学研プラス	大石学、高野和弘、姫川明、榎本事務所
17	学校では教えてくれない大切なこと: 14 自信の育て方	旺文社	旺文社
18	たべもののおはなし エビフライ にげたエビフライ	発売元:講談社	村上しいこ、さとうめぐみ
19	しょうがくせいのおばけずかん　かくれんぼう	発売元:講談社	斉藤洋、宮本えつよし
20	1分で決まる! 志麻さんの献立の作り方	マガジンハウス	志麻
21	いえのおばけずかん ざしきわらし	発売元:講談社	斉藤洋、宮本えつよし
22	あたらしい、ジップロック(R)のつかいかた。	マガジンハウス	マガジンハウス
23	志麻さんの何度でも食べたい極上レシピ	マガジンハウス	志麻
24	世界から猫が消えたなら	マガジンハウス	川村元気
25	必ずできる断捨離 BASIC	マガジンハウス	マガジンハウス、やましたひでこ
26	学校では教えてくれない大切なこと: 23 文章がうまく	旺文社	旺文社
27	ソロモンの犬	文藝春秋	道尾秀介
28	いちにちむかしばなし	PHP 研究所	ふくべあきひろ、かわしまななえ
29	意外と知らない 大人のプチ教養 303	PHP 研究所	大疑問研究会
30	学校では教えてくれない大切なこと: 10 身近な危険 防災と防犯	旺文社	旺文社
31	学校では教えてくれない大切なこと: 21 感性の育て方〜センスをみがく	旺文社	旺文社
32	強運の持ち主	文藝春秋	瀬尾まいこ
33	学校では教えてくれない大切なこと: 17 夢のかなえ方	旺文社	旺文社
34	生きる悪知恵 正しくないけど役に立つ 60 のヒント	文藝春秋	西原理恵子
35	るるぶ 地図でよくわかる 都道府県大百科	JTB パブリッシング	JTB パブリッシング
36	学校では教えてくれない大切なこと: 4 ステキになりたい	旺文社	旺文社
37	いちにちぶんぼうぐ	PHP 研究所	ふくべあきひろ、かわしまななえ
38	人生がうまくいく「朝 3 分」の習慣	PHP 研究所	本郷陽二
39	ひとり暮らしな日々。 つつましく、たくましく。ひとり暮らし応援コミックエッセイ	主婦と生活社	たかぎなおこ
40	夢うつつ	文藝春秋	あさのあつこ
41	365 日おにぎりレシピ	ニューズ・ライン	佐藤智香子
42	学校では教えてくれない大切なこと: 18 からだと心	旺文社	旺文社
43	学校では教えてくれない大切なこと: 20 英語が好き	旺文社	旺文社
44	学校では教えてくれない大切なこと: 26 研究って楽しい-探究心の育て方-	旺文社	旺文社
45	ちらかるお部屋の片づけアイデア BOOK	笠倉出版社	坂井きよみ
46	おなかいっぱい食べられる!ダイエットおかず 300	主婦と生活社	主婦と生活社
47	いちにちのりもの	PHP 研究所	ふくべあきひろ、かわしまななえ
48	「疲れない!」生活習慣 食事・運動・ライフスタイル 今日からできる 30 の基本メソッド	ユナイテッド・ブックス	山口徹、大西桃子
49	おばけとしょかん	発売元:講談社	森田みちよ、斉藤洋
50	子どもがぐんぐんやる気になる魔法の声かけ	主婦と生活社	西村則康
51	学校では教えてくれない大切なこと: 27 発表がうまくなる-スピーチからプレ	旺文社	旺文社
52	日常を、ここちよく。	PHP 研究所	有川真由美
53	いなばのしろうさぎ	Toyboo!	たにぐちはじめ、YOCTO

54	多分そいつ、今ごろパフェとか食ってるよ。	サンクチュアリ出版	Jam
55	湯島天神坂　お宿如月庵へようこそ　三日月の巻	ポプラ社	中島久枝、山本祥子
56	学校では教えてくれない大切なこと: 15 数字に強くなる	旺文社	旺文社
57	レストランのおばけずかん だんだんめん	発売元:講談社	斉藤洋、宮本えつよし
58	マンガでわかる 最高の結果を引き出す 心理交渉術	扶桑社	メンタリスト DaiGo、蛭田直美、長谷川梢
59	対岸の彼女	文藝春秋	角田光代
60	わたしの美しい庭	ポプラ社	凪良ゆう、植田たてり
61	いえのおばけずかん	発売元:講談社	斉藤洋、宮本えつよし
62	よろず占い処　陰陽屋へようこそ	ポプラ社	天野頌子、toi8
63	子育ては心理学でラクになる	主婦と生活社	DaiGo
64	ふたつめの月	文藝春秋	近藤史恵
65	ランドセルのはるやすみ	PHP 研究所	村上しいこ、長谷川義史
66	花咲小路一丁目の刑事	ポプラ社	小路幸也、上杉忠弘
67	学校では教えてくれない大切なこと: 12 ネットのルール	旺文社	旺文社
68	ライオンとネズミ 【日本語/英語版】	Yellow Bird Project	イソップ寓話、YellowBirdProject、ちひろ、笹木泰斗
69	見てわかる、断捨離 決定版	マガジンハウス	やましたひでこ
70	みんなのおばけずかん みはりんぼう	発売元:講談社	斉藤洋、宮本えつよし
71	学び効率が最大化するインプット大全	サンクチュアリ出版	樺沢紫苑
72	学校では教えてくれない大切なこと: 19 楽しくお手伝い	旺文社	旺文社
73	学びを結果に変えるアウトプット大全	サンクチュアリ出版	樺沢紫苑
74	旅に出たくなるニッポンの絶景・秘境	笠倉出版社	笠倉出版社
75	いえのおばけずかん ゆうれいでんわ	発売元:講談社	斉藤洋、宮本えつよし
76	お手軽食材で失敗知らず! やみつきバズレシピ	扶桑社	リュウジ
77	天使はモップを持って	文藝春秋	近藤史恵
78	学校では教えてくれない大切なこと: 24 言葉の力 語彙で広がる世界	旺文社	旺文社
79	学校では教えてくれない大切なこと: 9 ルールとマナー	旺文社	旺文社
80	人生が変わる!手帳&ノート整理術	学研プラス	学研パブリッシング
81	あらしのよるに	発売元:講談社	木村裕一、あべ弘士
82	翔ぶ少女	ポプラ社	原田マハ
83	学校では教えてくれない大切なこと: 16 考える力の	旺文社	旺文社
84	ポポくんのかきごおり	PHP 研究所	accototo・ふくだとしお+あきこ
85	はだかの王様 【日本語/英語版】	Yellow Bird Project	アンデルセン童話、YellowBirdProject、Mayuko、フクナガリョウコ
86	どんなときでもバッチリ伝わる!説明力があがるコツ	ごきげんビジネス出版	佐々木恵
87	湯島天神坂　お宿如月庵へようこそ	ポプラ社	中島久枝、山本祥子
88	うみのおばけずかん	発売元:講談社	斉藤洋、宮本えつよし
89	賢者はベンチで思索する	文藝春秋	近藤史恵
90	10 ぴきのかえるのふゆごもり	PHP 研究所	間所ひさこ、仲川道子
91	オリエント急行殺人事件	グーテンベルク 21	古賀照一、アガサ・クリスティ
92	プロが教える簡単マネーブック	笠倉出版社	まがいまさこ
93	「子どもといること」がもっと楽しくなる 怒らない子育て	主婦と生活社	武田双雲

94	ずっと使える定番レシピ　身近な材料で作れる、人気おかずと副菜、ご飯100	主婦と生活社	渡辺麻紀
95	絵本 はなちゃんのみそ汁	発売元:講談社	安武信吾、千恵、はな、魚戸おさむ
96	だめなら逃げてみる　自分を休める225の言葉	ポプラ社	小池一夫
97	はじめてのプログラミング	学研プラス	阿部和広、橋爪香織、たき りょうこ、うめ(小沢高広、妹尾朝子)
98	ほろっと泣けるいきもの図鑑	学研プラス	今泉忠明
99	めちゃカワ!!名前うらない2500　トキメキコレクション	新星出版社	植田健吾
100	たべもののおはなし おむすび うめちゃんとたらこちゃん	発売元:講談社	もとしたいづみ、田中六大

■4.1.4　公共図書館のホームページからみた電子書籍貸出サービス

　公共図書館のホームページから電子書籍についてみてみると、コロナ禍の影響もあって、電子書籍貸出サービスを導入する図書館が増加し、年数を経るに従い、電子書籍貸出サービスに相応しい電子書籍コンテンツが増えている。

　どの図書館でも電子書籍貸出サービスの新着図書の紹介や、電子書籍貸出サービスで貸出されているランキング表がアップされている。また、図書館によってはジャンル別に電子書籍が紹介されていたり、地元の郷土資料も紹介されており、利用者からして分かりやすく、アクセスしやすい工夫がされているところが増加している。

　早くから取り組んできた堺市立図書館ホームページ[1]では、2013年から良く読まれている電子書籍や資料の閲覧・貸出ベスト10冊が月ごと年ごとに集計されて「各種ブックリスト」のホームページで紹介されている[2]。毎月紹介されているのは貸出と閲覧された、それぞれのベスト10があり、2021年1月から8月での貸出コンテンツでは80冊のうち、漫画雑誌が31冊、漫画に関係したのが5冊ある。あとは料理や園芸に関係した本、実用書が多い。

　閲覧のコンテンツを見ると、地元堺市に関する書物が41冊あるから閲覧全体の約半分を占めている。堺市の担当者によれば、現在、公開している堺市に関わる書物は62冊あり、予算の問題もあるが、地元郷土史家の著作権を提供してもらって提供している。この資料の提供、著作権処理については著作権者に理解をいただくことや手続きに手間がかかっている。著者本人がすでに死亡しているケースや、資料の原作者調査、著者との著作権許諾の契約書作成、高齢化された著者の対応など、長い時間と手間暇で苦労が絶えない。ただし、電子化での資料提供の許諾が得られると、インターネットを通じて貴重な資料へのアクセスが日本・世界中から容易になる。これによって、従来は紙の郵送等で行っていた相互貸借費作業が不要となり郵送の手間の削減など、相互貸借資料提供において大幅な事務効率の改善につながるというメリットがある。

　日本各地には古い歴史を持った市町村が多く、特に古くからの文書や資料については、収

[1] 堺市図書館　http://www.city.sakai.lg.jp/kosodate/library/index.html
[2] 堺市図書館　各種ブックリスト（電子書籍閲覧・貸出ベスト等含む）https://www.lib-sakai.jp/booklist/booklist.htm

集・保存・提供が困難なケースが多い。また、近年多くなっている水害等による資料の破損・汚損・損失への対応も必須である。図書館だけでは無いが、文化遺産を後世に残していくために、地元資料や文書の電子化は避けて通れない、これも図書館の大きな社会的使命の一つと云えると思われる。

　このように「電子書籍貸出」だけでなく、資料の保存・提供において、電子図書館機能を有効に活用することも、図書館の役割である収集資料の提供として有効であり、多くの図書館に参考になると考えられる。

4.2　図書館流通センター（TRC）

■4.2.1　電子図書館サービスについて

① 運営主体　　　　　　株式会社図書館流通センター
② サービス名　　　　　電子図書館サービス「LibrariE & TRC-DL」
③ コンテンツ配信ビジネス開始年月　　2011年1月
④ 概要・特徴・コンセプト
　・国内導入実績№1
　・図書館向け電子書籍「TRC-DL」コンテンツ、「LibrariE」コンテンツともに配信可能（同じ書棚から選べる）、独自資料登録方法やイベント企画等手厚いサポート
　・障害者差別解消法、読書バリアフリー法対応視覚障害者利用支援サイト（テキスト版サイト）を用意
⑤ 沿革
　2010年秋：電子図書館サービス事業スタート
　2011年1月：「TRC-DL」1号館として堺市立図書館に導入
　2014年4月：日本ユニシスの「LIBEaid」と「TRC-DL」を統合、新プラットフォーム
　　　　　　　提供開始
　2016年10月：株式会社日本電子図書館サービス（以下JDLS）と資本提携
⑥ 最近（2020年10月〜）のトピック
　2020年10月：プレスリリース配信：図書館流通センターと大日本印刷が共同で
　　　　　　　未来の図書館「バーチャル図書館」の開発を開始
　2020年11月：図書館総合展にて、オンラインミニセミナー「TRC電子図書館ってなんだろう？」シリーズ開催
　2020年11月：プレスリリース配信：国内導入実績No.1のTRC電子図書館サービス
　　　　　　　全国の導入自治体数が１００を突破！

2021 年 3 月：プレスリリース配信：医療観察法病棟電子図書館プロジェクトの開始へ
【国立研究開発法人国立精神・神経医療研究センター（NCNP）、大日本印刷株式会社】
と共同リリース

2021 年 6 月：プレスリリース配信：TRC と富士山マガジンサービス、電子図書館
「LibrariE & TRC-DL」における電子雑誌配信サービスを 2022 年 4 月に開始予定

2021 年 8 月：プレスリリース配信：国内導入実績 No.1 の電子図書館サービス導入自治体
が 205 に！

⑦ ターゲット

・公共図書館、大学、短大、専門学校、高等学校、中学校、小学校、教育委員会、その他法人

⑧ 取り扱いジャンル

・プラットフォーム（システム）と商用電子書籍両方を取り扱う

・プラットフォームについては、図書館システム連携版、非連携版両方を取り扱う

⑨ 売れ筋ジャンル

・絵本、文芸書、図鑑、実用書、旅行ガイドブック

⑩ 売れ筋傾向

・整理・整頓、料理他家事、巣ごもり関連、「東京 2020 オリンピック公式ガイドブック」
他オリパラ関連、SDGs、LGBTQ 関連、新型コロナ関連本など

⑪ タイトル数、品揃え

・和書約　　96,500 タイトル

・洋書約　1,700,000 タイトル

⑫ 2020 年度の新刊タイトル数

・和書約　　12,000 タイトル

・洋書約　　200,000 タイトル

⑬ 売上動向

・内閣府 令和 2 年度「新型コロナウイルス感染症対応、地方創生臨時交付金」を申請し
て電子図書館を導入した自治体が多かった

（例年 10 自治体前後導入が、2020 年度は 94 自治体導入）

また、既導入館も同交付金を活用して、追加コンテンツを購入した例が多数あった

⑭ 料金モデル・サービスプラン

・（例）公共図書館向け図書館システム非連携版の場合

初期導入費：70 万円〜、月額クラウド利用料：50,000 円〜（自治体の規模により異なる）

⑮ ユーザー数

・公共図書館：223 自治体、216 館

　　・学校、その他：45 館

　　　（2021 年 10 月 1 日現在）

⑯ 海外展開

　　・現在のところ実績なし、今後は未定

⑰ 利用可能台数・DRM（利用制限）ポリシー

　　・ライセンス数：1～3、マルチライセンス、読み放題型等

　　・ライセンス形態：期限設定なし（無期限）型、有期限型、有期限/回数制限有型等

　　・DRM（利用制限）ポリシー：ダウンロード、コピー、印刷不可

⑱ 課題

　　・導入館の選書作業負担軽減

　⇒従来の「LibrariE」コンテンツ選書システム、「TRC-DL」コンテンツ選書システム
　　を、コンテンツ統一管理により「LibrariE」選書システムに一元化

　　・急激な利用者増に対応したシステム拡充

　　・さらなるコンテンツ獲得⇒特に導入館から要望の多い雑誌コンテンツの拡充

⑲ 将来展望

　　・他のシステム、プラットフォームと連携して利便性の高いデジタルコンテンツポータル
　　サイトとしたい

■4.2.2　コロナ禍におけるサービスの変化について

① 電子書籍の利用の変化について

　　・期間限定無償コンテンツ提供期間が終了した 2020 年 6 月以降も対前年比で、貸出実績
　　は、2 倍以上と高値を維持している

②コロナ禍（2020 年 2 月以降）における電子図書館サービスについての図書館からの問合せ
や新規採用について

　　・独自資料の登録、配信に関する問い合わせが増えている。既にコロナ関連資料を電子書
　　籍化し電子図書館で配信中の自治体あり

　　・新型コロナ交付金（地方創生臨時交付金）申請に関する問い合わせが多い

　　・新規導入館だけではなく、既導入館もコンテンツ購入目的でコロナ交付金を利用

③電子図書館サービスについて、コロナ禍期間中（2020 年 2 月以降）に行った特別な対応
（コンテンツの無償提供等）について

　　・非常事態宣言下での、臨時休館、臨時休校時の読書、学習支援として TRC-DL コンテン
　　ツ、LibrariE コンテンツ双方の出版社から期間限定でコンテンツを無償提供いただいた

　　・納期の短縮化：図書館側から、導入が決定した後、早急にサービスインしたい要望が多
　　く、標準納期を前倒しして導入した事例が多い

会社概要

　　　会社名　　　株式会社図書館流通センター
　　　所在地　　　東京都文京区大塚三丁目 1 番 1 号
　　　設立　　　　1979 年　（昭和 54 年）12 月 20 日
　　　資本金　　　266,050 千円
　　　代表者　　　代表取締役社長　細川 博史
　　　社員数　　　9,181 名（単体）（2021 年 1 月期）
　　　連絡先　　　電子図書館推進部　　電話 03-3943-2221

4.3　メディアドゥ

① 運営主体　　　　　株式会社メディアドゥ
　　　　　　　　　　　　（URL）https://overdrivejapan.jp/
② サービス名　　　　OverDrive　電子図書館サービス
③ コンテンツ配信ビジネス開始年月
　2006 年 11 月：電子書籍配信サービス開始
　2014 年 5 月 ：米国 OverDrive 社と戦略的業務提携　電子図書館事業開始
④ 概要・特徴・コンセプト
　・電子図書館プラットフォーマー世界 No.1 である OverDrive 社と共に、5,000 出版社、
　　100 カ国語以上 370 万タイトルを超える世界中のコンテンツを提供する電子図書館サー
　　ビスは、電子図書館用デジタルコンテンツの購入や、貸出利用状況管理などができる
　　"電子図書館運営者側専用 Web サイト" と、"利用者側専用電子図書館 Web サイト"
　　の 2 つの仕組みを提供する
⑤ 沿革
　1999 年 4 月：名古屋市中村区名駅に株式会社メディアドゥを設立
　2006 年 11 月：電子書籍配信サービス開始
　2013 年 11 月：東京証券取引所マザーズに株式上場
　2014 年 5 月：米国 OverDrive 社と戦略的業務提携　電子図書館事業開始
　2016 年 2 月：東京証券取引所市場第一部に市場変更
　2017 年 3 月：株式会社出版デジタル機構子会社化
　2017 年 9 月：会社名を「株式会社メディアドゥホールディングス」とし、持株会社体制
　　　　　　　　へ移行
　2019 年 3 月：「株式会社出版デジタル機構」と「株式会社メディアドゥ」が合併

（社名：株式会社メディアドゥ）
2020 年 6 月：「株式会社メディアドゥホールディングス」が「株式会社メディアドゥ」
　　　　　　　を吸収合併（社名：株式会社メディアドゥ）
2021 年 3 月：出版取次大手・株式会社トーハンと資本業務提携
⑥ 最近（2020 年〜）のトピック
2020 年 5 月：電子図書館緊急導入支援キャンペーンを適用
2020 年 5 月：高森町立図書館へ提供
2020 年 7 月：福山市中央図書館へ提供
　　　　　　：同志社国際中等部・高等部へ提供
　　　　　　：千代田インターナショナルスクール東京へ提供
　　　　　　：玉川聖学院中学校・高等学校へ提供
　　　　　　：埼玉県神川町図書室へ提供
2020 年 10 月：コカ・コーラボトラーズジャパンウエスト労働組合へ提供
　　　　　　：公立大学法人 国際教養大学へ提供
　　　　　　：沖縄アミークスインターナショナル 幼稚園・小学校・中学校へ提供
2020 年 11 月：網走市立図書館へ提供
　　　　　　：余市町図書館へ提供
　　　　　　：学校法人 京華学園へ提供
2020 年 12 月：西大和学園カリフォルニア校へ提供
　　　　　　：阪急阪神百貨店労働組合へ提供
2021 年 1 月：神奈川県立大船高等学校へ提供
2021 年 2 月：館山市図書館へ提供
2021 年 3 月：尾道市立図書館へ提供
　　　　　　：岐阜市立図書館へ提供
　　　　　　：宇治市図書館へ提供
2021 年 4 月：帯広市図書館へ提供
　　　　　　：神奈川県立西湘高等学校へ提供
2021 年 5 月：神奈川県立藤沢清流高等学校へ提供
2021 年 6 月：株式会社岐阜タンメン BBC へ提供
2021 年 7 月：ソニーグループ株式会社クリエイティブセンターへ提供
　　　　　　：栗山町図書館へ提供
　　　　　　：成田市立図書館へ提供
　　　　　　：上尾市図書館へ提供
2021 年 8 月：かえつ有明中・高等学校へ提供
　　　　　　：苅田町立図書館へ提供

⑦ ターゲット

・公共、大学、短大、専門学校、高等学校、中学校、小学校、研究機関、団体、労働組合、その他（企業）

⑧ 取り扱いジャンル

・ノンフィクション、文芸、ミステリー、恋愛、ファンタジー、政治、歴史、数学、物理学、自己啓発、ビジネス教養、参考書、料理、健康法、旅行、児童文庫、絵本、工芸、インテリア、芸術、コンピュータテクノロジー、漫画　など 200 以上

⑨ 売れ筋ジャンル

・ノンフィクション、児童文庫、料理、ビジネス教養、文芸、ミステリー、参考書、健康法、絵本、外国語学習、漫画

⑩ 売れ筋傾向

・月間の購入冊数：約 1,000〜3,000 タイトル

・和書と洋書の購入割合は、おおよそ 7：3 の割合

・和書では特に料理、文芸、実用書、児童書、学習参考書の購入が多い

・洋書では、絵本、外国語学習、児童文庫が多く、特に OverDrive 独自の朗読ナレーション付き電子書籍「Read-Along」が人気

⑪ タイトル数、品揃え

電子書籍、オーディオブック総数：370 万冊以上

電子書籍合計：350 万冊以上

　　内　日本語：約 4 万 7 千冊

オーディオブック合計：21 万冊以上

　　内　日本語：306 冊

その他合計：約 26,800 タイトル

　　内：ビデオ：23,300 本　電子雑誌：3,500 冊

⑫ 2020 年度の新刊タイトル数

・洋書：　350,000 タイトル以上

・和書：　　8,900 タイトル以上

⑬ 売上動向

・多文化共生や外国語対応での導入、問い合わせが多数。外国人移住者の増加や 2020 年の小学校英語教科化への対応として、洋書タイトルの購入が増加。昨年同様、新型コロナウイルスの感染拡大により臨時休館が相次いだことで、導入に関する問い合わせが多かった。2020 年 5 月より開始した「電子図書館緊急導入支援キャンペーン」を実施したことによる反響も大きく、2021 年 4 月より本キャンペーンの期間を延長し継続している。物理的に図書館を訪れることや学校での学習が困難な状況下において、初年度に掛

かる費用をコンテンツ購入費のみとすることで、早急に非来館サービスを開始する手助けとなっている。またそれに伴い、学習サポートコンテンツや若年層向けコンテンツの売上増加も目ざましい

⑭　料金モデル・サービスプラン

※現在は導入支援キャンペーン実施中の為通常価格とは異なる

　導入規模・種別に応じて御見積対応

　【公共図書館】

　初期費用：75万円〜150万円

　運用費：月間3万円〜8万円

　コンテンツ購入費：年間50万円〜250万円

　【大学図書館】

　初期費用：25万円〜100万円

　運用費：月間2万円〜5万円

　コンテンツ購入費：年間50万円〜200万円

　【企業図書館】

　初期費用：10万円

　運用費：月間1万円

　コンテンツ購入費：年間30万円〜50万円

　【学校図書館】

　初期費用：10万円

　運用費：月間1万円

　コンテンツ購入費：年間30万円〜50万円

⑮　ユーザー数

　・公共　24館

　・学校　15校

　・大学　2校

　・企業　9社

⑯　海外展開

　・世界　93ヶ国　65,000館の公共／学校図書館へ展開

⑰　利用可能台数・DRM（利用制限）ポリシー

　・1ライセンス同時利用制限1人モデル

　・ご提供権利元により、購入後の利用期間制限無しと、有りのコンテンツがある

　・複数人同時利用可能なコンテンツも有り

⑱　課題

　・電子図書館向けの和書コンテンツ許諾数を増やすこと

・日本語の Read-Along やオーディオブックなど、より多くの方が楽しめるコンテンツを増やすこと
・日本において電子図書館の導入・活用事例を増やすこと
・電子図書館が教育利活用できること、また教育に適したコンテンツがあることに対する認知度を上げること
・読書バリアフリー法に対応すること

⑲ 将来展望
・ひとつでも多くのコンテンツを、ひとりでも多くの人に届けるために、いつでもどこでもだれもが世界中の作品を利用できる環境を実現すること

⑳その他
コロナ禍におけるサービスの変化について

1) 電子書籍の利用の変化について
　2021 年 4〜6 月のコンテンツ貸出数ならびに利用者数については、前年度同時期に比べ、貸出数は 180%以上、利用者数では 200％を超えた。自治体の小・中学校へ利用者 ID を付与する公共図書館が増えたことや、コロナ禍において、直接来館しなくても利用者登録ができるよう対応した図書館が増えたことで利用者数も急増。利用コンテンツについては、昨年に引き続き児童書の貸し出しが増加傾向にあった

2) コロナ禍（2020 年 2 月以降）における電子図書館サービスについての図書館からの問合せや新規採用について
　昨年度に引き続き、新型コロナウイルス感染症に対応した非来館型サービスとして図書館からの問い合わせが多かった。図書館の臨時休館を終え開館中ではあるが、利用者の滞在時間を短くしている図書館も多く、電子図書館を早急に導入したい図書館が多数ある状況である。学校については、生徒への学習環境の提供が課題という事での問い合わせが多かった。企業については、特に労働組合からの問い合わせが増えた。全国的に在宅勤務が進んだため、組合員への福利厚生として実施している紙の書籍の貸し出しができなくなり、電子図書館のニーズが急激に高まった

＜問合せ例＞
・非来館型サービスを至急導入したい
・2020 年 4 月から実施されている新学習指導要領への新しい学びの手法として、英語学習支援として電子図書館を使いたい
・福利厚生として電子書籍の貸し出しを行いたい

3) 電子図書館サービスについて、コロナ禍期間中（2020 年 2 月以降）に行った特別な対応（コンテンツの無償提供等）について
・2020 年 5 月から、「電子図書館緊急導入支援キャンペーン」を学校および公共図書館を対象として実施。キャンペーン内容は、導入に係る初期費用と 2020 年度内の月額運用費を

無料にするものである。募集期間は 2020 年 5 月 27 日〜2021 年 3 月 31 日

・2021 年 4 月 1 日より、上記「電子図書館緊急導入支援キャンペーン」の期間を延長し、現在も継続している。さらに、月額運用費の無料期間を年度内から 1 年間へとアップグレードした。物理的に図書館を訪れることが困難な状況下において、費用をコンテンツ購入費のみとする事で、各学校・自治体の図書館サービスの実現を図るものである

・出版社との協力企画として、少年画報社 75 周年企画を開催。電子図書館で少年画報社様の名作コミック・レジェンドタイトルについて 2 か月間の読み放題を実施した。また、少年画報社様より「漫画の描き方」を紹介するデータをご提供いただき、イベント参加者への配布を行った

・上記企画が人気を博し、第 2 弾として、「漫画について全力で語り合う会 with 図書館」をオンラインにて開催（2021 年 8 月 27 日）。「漫画」に対する理解、「出版社と図書館」の相互理解を促進するものとして、少年画報社代表取締役社長戸田利吉郎様による講演、および図書館とのディスカッションを実施した

・OverDrive も同様に、世界の出版社から協力を得て、新型コロナウイルス感染症への出版社によるサポートとして、複数人同時利用モデルのコンテンツを無償提供している

4）その他、コロナ禍で生じた課題、対応について

・直接訪問してのデモンストレーションが難しくなったため、オンラインツールを活用したデモンストレーションに切り替えた

会社概要

　　　会社名　　株式会社メディアドゥ
　　　URL　　　https://mediado.jp/
　　　所在地　　東京都千代田区一ツ橋 1-1-1
　　　設立　　　1999 年 4 月
　　　資本金　　5,883 百万円（2021 年 5 月末日現在）
　　　代表者　　代表取締役社長 CEO　藤田 恭嗣
　　　　　　　　取締役副社長 COO　新名 新
　　　社員数　　385 名（2021 年 5 月末日現在）
　　　連絡先
　　　電子図書館専用お問合せ　HP　http://overdrivejapan.jp/contact/
　　　　　　　　メールアドレス　contact_odj@mediado.jp
　　　　　　　　電話　03-6551-2826
　　　　　　　　（電子図書館事業部　直通）

4.4　丸善雄松堂

① 運営主体　　　　　丸善雄松堂株式会社

　　　　　　　　　　　（URL）https://elib.maruzen.co.jp/

② サービス名　　　　Maruzen eBook Library

③ 図書館向け電子書籍サービス開始年月

　2012 年 2 月よりサービス開始

④ 概要・特徴・コンセプト

・300 社を超える学術専門出版社より約 120,000 点の書籍・雑誌の電子書籍を提供中

・和書の専門書・研究書・レファレンス・学術雑誌バックナンバーの他に、多読用リーダー、PC 教材・IT 資格、教養書、旅行ガイド、就活支援本などの学生用図書も充実し、サービス開始から 900 機関以上の導入実績

・日本国内で最大級の機関向け電子書籍サービス

・全文横断検索やシリーズ内検索などの利便性が高く、いつでもどこでも閲覧や学修が可能で、図書館の利活用拡大に貢献している。必要な部分を PDF にダウンロードすることも可能。指定のページの URL をメールで知らせることも可能で、事前に閲覧・学修することで授業への効果も期待できる。研究や学修に役立つ豊富なコンテンツは全分野を網羅しており、学修環境の向上をはかるコンセプトのもとに提供中。2018 年 7 月より、スマホ対応のコンテンツや動画コンテンツをリリース。サブスクリプションパッケージなどの新たな購入モデルもスタート。2018 年 12 月には音声付きコンテンツをリリース

　2019 年 6 月：リクエスト機能を強化

　2019 年 8 月：人社系雑誌バックナンバー「ざっさくプラス」とのリンクを開始

　2020 年 4 月：新型コロナウイルス（COVID-19）対応

　　　　　　　　外部アクセス用共通 ID/PW 発行（期間限定）

　　　　　　　　アクセス数拡大キャンペーン実施

　　　　　　　　電子復刻（イースト）との連携スタート

　2021 年 2 月：電子書籍化リクエスト WEB サイト開設

　2021 年 6 月：米国議会図書館（Library of Congress、LC）へ提供開始

　2021 年 8 月：リファラ認証対応および機能改善（コンテンツ種別の検索項目を追加）

⑤ 沿革

　2012 年 2 月：サービス開始

　2013 年度：搭載点数 11,000 タイトル

　2014 年度：搭載点数 19,000 タイトル。学術書の最新刊を冊子と電子のセットで年間を通じて継続的に提供する新サービス「新刊ハイブリッドモデル：人文社会編」をスタ

ート。人文社会系出版社 6 社が参加した画期的な新サービスとしてメディアにも取り上げられる。国内主要の人文社会系出版社 6 社が参加。海外の大学でも Maruzen eBook Library の導入がスタート

2015 年度：搭載点数 25,000 タイトル。「新刊ハイブリッドモデル：自然科学編」をスタート。理工系出版社 7 社が参加した。また、一定期間の試読後に利用ログを参考に選書できる「試読サービス」も提供開始。学認への認証対応を開始

2016 年度：搭載点数 40,000 タイトル。医学系出版社 2 社が参加した「新刊ハイブリッドモデル： 医学編」がスタート。私立大学の研究設備補助金採択事業では、採択件数多数。日本電子出版協会の「電子出版アワード 2016」にてデジタル・インフラ賞を受賞

2018 年度：搭載点数 60,000 タイトル。スマホ対応（読上機能）と動画コンテンツ、及びサブスクリプションパッケージをリリース

　　・スマホ対応、読み上げ機能、動画コンテンツ、サブスクリプションパッケージのリリース

2019 年度：搭載点数 70,000 タイトル

　　リクエスト機能を強化

　　人社系雑誌バックナンバー「ざっさくプラス」とのリンク開始

2020 年度：搭載点数 80,000 タイトル

2021 年度：搭載点数 120,000 タイトル（予定）

⑥ 最近（2021 年 4 月～）のトピック

　　・リファラ認証に対応

　　・販売コンテンツ数 120,000 タイトル到達

　　・機能改善（コンテンツ種別の検索項目を追加）

　　・新型コロナウイルス（COVID-19）対応 外部アクセス用共通 ID/PW 発行（期間限定）

　　・2021 年度アクセス数拡大キャンペーン実施

　　・オーディオブック リリース

⑦ ターゲット

　　・大学、短大、専門学校、高等学校、研究機関、その他（企業・病院等）

⑧ 取り扱いジャンル

　　・人文社会、理工、医学の全分野

⑨ 売れ筋ジャンル

　　・専門書・レファレンス・学生用図書・多読用リーダー・雑誌バックナンバー・読上げ・動画・音声付き

⑩ 売れ筋傾向

　　同上

⑪ 電子書籍タイトル数（2021 年 8 月現在）
- ・120,000 タイトル
- ・全分野を網羅。和書の専門書・研究書・レファレンス・学術雑誌バックナンバーの他に、多読用リーダー、PC 教材・IT 資格、教養書、旅行ガイド、就活支援本などの学生用図書も多数揃えている
- ・2018 年にはスマホ対応、読み上げ機能、動画コンテンツ、音声付きコンテンツ、サブスクリプションパッケージをリリース
- ・2019 年には電子復刻タイトルをリリース
- ・2021 年にはオーディオブックをリリース

⑫ 2020 年度の新刊タイトル数
- ・約 10,000 タイトル

⑬ 売上動向

⑭ システムの利用提供モデル・サービスプラン
- ・初期導入費や維持管理費は一切不要。冊子と同様に 1 点から買い切り（一次払い）で契約が可能
- ・同時アクセス数による価格設定で同時アクセス 1 または同時アクセス 3 の価格をタイトル毎に設定
- ・IP アドレスの認証方式により複数キャンパスの利用も追加費用の発生が無く可能（ID/PW 認証も可）
- ・購入タイトルには無償で CATP に準拠した MARC データも提供

⑮ コンテンツの利用提供モデル
- ・DRM（利用制限）ポリシー
- ・同時アクセス 1 または 3 による利用。また、同時アクセス 4 以上もご希望により提供可
- ・ダウンロードした PDF には DRM をかけ著作権者に配慮（著作権保護のための制限として、ダウンロードしたページには、"注記"と"すかし"が入っている）。あくまで学術利用を前提とした利用ポリシーによる

⑯ ユーザー数（2021 年 8 月現在）
- ・900 機関以上

⑰ 海外展開
- ・海外の導入実績多数

⑱ 課題

⑲ 将来展望

⑳ 2020 年以降のコロナ禍における市場の変化
- ・アクセス数が昨年の 5 倍増（当社比）

会社概要

会社名	丸善雄松堂株式会社
URL	https://yushodo.maruzen.co.jp
所在地	東京都港区海岸 1 丁目 9 番 18 号 国際浜松町ビル
設立	1869（明治 2）年 1 月 1 日
資本金	1 億円
代表者	代表取締役社長　矢野　正也
社員数	正社員：359 名、臨時職員：3,212 名（2021 年 1 月時点）
連絡先	丸善雄松堂株式会社 学術情報ソリューション事業部 Maruzen eBook Library 担当 e-mail　ebook-i@maruzen.co.jp 電話 03-6367-6099 受付時間：9:00～17:30（土・日・祝日、年末年始を除く）

4.5　京セラコミュニケーションシステム

① 　運営主体　京セラコミュニケーションシステム株式会社
② 　サービス名　公共図書館システム「ELCIELO（エルシエロ）」でのオーディオブック配信サービス
③ 　図書館向け電子書籍サービス開始年月

2020 年 2 月

概要・特徴・コンセプト

・日本最大級のオーディオブック配信サービス「audiobook.jp」（オトバンク社）と連携し、公共図書館向けにオーディオブックを提供
・公共図書館システム ELCIELO の Web OPAC 上で、紙書籍と同じようにオーディオブックの検索ができ、そのまますぐに視聴が可能。来館の必要はもちろんなく、専用アプリや特別なプラグインのインストールも不要
・電子図書館貸出用に一冊一冊購入する形式ではなく、定額聴き放題型のサービス提供。サービス開始すぐから数千タイトルの配信が行えるため、導入時の初期費用の負担を軽減。（2021 年 8 月時点約 6000 タイトルを配信済み）
・全てのタイトルが人気声優やナレーターによる読み上げのため、機械の音声合成が苦手な方や、オーディオブックを初めて利用される方にも聞きやすい
⑤ 沿革

1980 年代より、丸善株式会社にて図書館システムを開発・販売開始

2004 年：M&A を実施し、京セラコミュニケーションシステムグループが事業譲受

2019 年 11 月：オトバンク社「audiobook.jp」との連携を発表

2020 年 2 月〜：オーディオブック配信サービス開始。（5 月奈良市、6 月八王子市）

2020 年 7 月〜：30 件以上の自治体でトライアルを実施

2021 年 4 月〜：7 自治体でサービス稼動中

⑥ 最近（2020 年 9 月〜）のトピック

現在、オーディオブック配信サービスを単独で提供可能なサービスにすることを検討中

⑦ ターゲット

・その他（公共図書館）

⑧ 取り扱いジャンル

・文芸書、教養書、ビジネス書、語学書など。著名人の講演会や落語などもあり

⑨ 売れ筋ジャンル

・文芸書、ビジネス書、童話（子ども向け書籍）

（聴き放題定額サービスのため、売れ筋ではなく利用状況より抽出）

⑩ 売れ筋傾向

・文芸書、ビジネス書、童話（子ども向け書籍）

（聴き放題定額サービスのため、売れ筋ではなく利用状況より抽出）

⑪ 電子書籍タイトル数、品揃え（2021 年 8 月現在）

・2020 年時点で 6,000 タイトル。以降、適時追加していく予定

⑫ 2020 年度の新刊タイトル数

・2020 年開始サービスのため割愛

⑬ 売上動向

・2019 年 11 月のプレスリリース以後、問い合わせは毎月増加。コロナ以後、より増えている。2020 年夏には 30 以上の自治体でトライアルを実施。現在、7 自治体でサービスを開始済み。2021 年度も増加する見込み

⑭ システムの利用提供モデル・サービスプラン

・初期費用：30 万円〜（お客様のシステムの状況により変動）

・月額利用料：7.5 万円〜（配信対象の利用者区分、自治体の人口に応じて変動。利用料内にオーディオブック配信用システムとコンテンツ両方の利用料を含む。）

※（注意事項）2020 年時点、ELCIELO 導入済の自治体のみサービスの利用が可能。2021 年度以降、ELCIELO 以外のシステムへの提供を検討中

⑮ コンテンツの利用提供モデル

・契約した公共図書館の登録者が図書館システムにログインすることで利用可能
台数制限はなし

・DRM 機能などセキュリティ面の詳細は非公開

⑯ ユーザー数

・正式サービスイン機関数：7 自治体

・トライアル申込機関数：41 自治体、2 機関

⑰ 海外展開

・現在のところ予定なし

⑱ 課題

・コンテンツのさらなる拡充、利用者向けインターフェースの強化など

⑲ 将来展望

・電子図書館導入ユーザーに向けてもオーディオブック導入を促進する

・スマートスピーカーを活用した障がい者サービスの展開

⑳ 2020 年以降のコロナ禍における市場の変化（2021 年新規項目）

　 2020 年以降も同様に、非来館サービスを求める声が多い

会社概要

会社名	京セラコミュニケーションシステム株式会社
URL	https://www.kccs.co.jp
所在地	京都府京都市伏見区竹田鳥羽殿町 6（京セラ本社ビル内）
設立	1995 年 9 月 22 日
資本金	29 億 8,594 万 6,900 円
代表者	代表取締役会長 山口 悟郎
	代表取締役社長 黒瀬 善仁
従業員数	3,910 名（連結：2021 年 3 月末現在）
連絡先	KCCS カスタマーサポートセンター
	Web ： https://www.kccs.co.jp/contact/
	電話：0120-911-901（フリーコール）
	050-2018-1827（携帯電話・IP 電話など）
	メール ： kccs-support@kccs.co.jp

4.6　紀伊國屋書店

① 運営主体　株式会社　紀伊國屋書店

　　　　　　　　（URL）http://www.kinokuniya.co.jp/03f/ebook/kinoden/index.html
② サービス名　　　　KinoDen（キノデン）— Kinokuniya Digital Library—
③ 図書館向け電子書籍サービス開始年月

　2018 年 1 月
④ 概要・特徴・コンセプト

　・図書館・機関向け学術和書電子書籍サービス

　・インターネットブラウザを通じてコンテンツにアクセス、デバイスに応じて最適な利用
　　を可能にするレスポンシブデザインを採用。フォーマットも PDF に加えて EPUB に対
　　応

　・未購入の電子書籍の試し読みと利用者による図書館へのリクエスト機能を提供

　・購入・未購入の電子書籍全点を対象に本文を含む書籍情報を横断検索が可能なため、図
　　書館の利用者向けレファレンスツールとしても活用できる

　・冊子体と電子書籍の横断検索、選択収書を可能にする WEB 選書支援システム Smart
　　PLATON をセットで無償提供

　・iOS,Android 向けアプリ bREADER Cloud をリリース。本への書き込み、しおり、ブ
　　ックマーク、快適な閲覧が可能に

　・ブラウザでの音声読み上げに対応（EPUB リフロー形式で、且つ出版社により許諾され
　　たタイトルのみ）。アプリでの読み上げにも近日対応予定
⑤ 沿革

　2018 年 1 月：サービス開始

　2019 年 3 月：アプリ「bREADER Cloud」リリース

　2019 年 11 月：5 分間全文試し読みプラン「KinoDenDDA」開始
⑥ 最近（2020 年〜）のトピック

　・導入館 360 館　到達（2021 年 8 月）

　・搭載コンテンツ数　40,000 点　到達（2021 年 8 月）

　・導入図書館アンケートを実施（2021 年 3 月）

　・ビューワー操作性の大幅改善（2021 年 8 月）
⑦ ターゲット

　・大学、短大、専門学校、公共図書館、研究機関、団体、
⑧ 取り扱いジャンル

　・人文社会、自然科学、医学等の学術書・一般教養書全般

⑨ 売れ筋ジャンル
・上記分野全般

⑩ 売れ筋傾向
・各分野で定番・基本とされる書籍や、電子書籍のメリットが高いレファレンス・辞典類はよく売れる傾向にある。生涯学習・ビジネス支援目的で利用される語学学習書やライティング支援書籍、ビジネス、パソコン・IT、就職活動、資格試験関係の書籍もよく売れている
・総じて新刊に近い書籍がよく売れているが、既刊書についても定番・古典となっている単行書やシリーズ、海外の翻訳書籍もよく売れている。

⑪ 電子書籍タイトル数、品揃え（2021年8月現在）
・和書：約40,000点（2021年8月現在）。
今後も参加出版社・コンテンツ数を積極的に増やしていく。

⑫ 2020年度の新刊タイトル数
・約10,000点（2020年4月～2021年3月）

⑬ 売上動向
・非公表

⑭ システムの利用提供モデル・サービスプラン
・コンテンツ単品完全買切型　（＊セット販売、シリーズ継続販売を含む）
・サブスクリプション型（パッケージ販売）
・コンテンツ代金以外に、プラットフォーム年間利用料・維持費等は不要

⑮ コンテンツの利用提供モデル
・契約機関内ネットワーク・利用者限定のオンラインアクセスを許可
・リモートアクセスも原則許可
・本文同時オンラインアクセス制限方式（同時 1,2,3）
・出版社が許諾した範囲でページの印刷・ダウンロードが可能

⑯ ユーザー数
・約360館（2021年8月時点。大学、企業、官公庁、公共図書館で実績あり。内訳は非公表）

⑰ 海外展開
・北米、台湾、ヨーロッパ等で約40機関実績あり（2021年8月時点）

⑱ 課題
・出版社の協力を得ながら新刊を中心としたコンテンツラインナップを増やしていくこと
・利用者の使い勝手・学修支援ニーズをプラットフォーム・機能・販売モデルに反映させていくこと

⑲ 将来展望

・今後加速していく学術書の電子化と高等教育の ICT 化の流れの中で出版社・図書館・利用者にそれぞれ本当に支持され、本当に使われるプラットフォームを目指す。

⑳ 2020 年以降のコロナ禍における市場の変化（2021 年新規項目）

・2020 年 4 月より新規導入館が大幅に増えている。売上も 2019 年度と 2020 年度を比較すると、3 倍以上に増加した。

・新規搭載コンテンツについても、2019 年度末時点の約 25,000 点から 2021 年度は 40,000 点以上に伸長し、出版社の意識にも変化が見られた。

会社概要

会社名	株式会社紀伊國屋書店
URL	https://www.kinokuniya.co.jp/
所在地	東京都新宿区新宿 3-17-7
設立	1946 年 1 月 16 日
資本金	36,000 千円
代表者	代表取締役会長兼社長　高井　昌史
社員数	5,000 名
連絡先	電子書籍営業部
	（メール）ict_ebook@kinokuniya.co.jp
	（電話）03-5719-2501

4.7　日本電子図書館サービス（JDLS）

① 運営主体　　　　株式会社日本電子図書館サービス
　　　　　　　　　　（URL）https://www.jdls.co.jp/

② サービス名　　　LibrariE（ライブラリエ）

③ 図書館向け電子書籍サービス開始年月
　2015 年 4 月

④ 概要・特徴・コンセプト

・LibrariE は、公共図書館、大学・学校など教育機関の図書館、その他法人の図書館向けに電子図書館のプラットフォームを提供し、電子書籍を配信するクラウド型トータルサービス

・図書館は、購入した電子書籍の利用ライセンスに基づいて利用者への貸出を行う。電子書籍は利用者の端末にストリーミング配信される

・電子図書館の機能としては、独自に開発した「選書オーダリングシステム」により、図書館担当者が「新着コンテンツ」や「ランキング」を参照しながらオンラインで随時、検索・選書・発注処理が行える。契約管理、予算管理の機能も備えている。利用者用ポータルのデザイン変更はフレキシブルに行え、図書館ごとの特色を活かしたポータル画面を提供できる

・図書館の独自資料のポータルとしても一体的に機能させることができる

・LibrariE のシステムはクラウドコンピューティングで構築されており、図書館内に専用サーバ等の設置は不要。ネット環境があれば簡単な手続きですぐにも導入が可能なためシステム導入〜運用の労力や費用の低減が図れ、安全で安定した利用者サービスを提供できる

・図書館向け電子書籍の利用ライセンスは、有期限（2 年、5 年等）が多いが、無期限のコンテンツもある。有期限ライセンスには貸出回数制限のあるものとないものがあり、都度課金制（*）への移行が可能なものもある。各ライセンスは複数購入も可能

・公共図書館・大学・学校等幅広い利用を前提に収集しているコンテンツは、2021年 8 月 10 日時点で約 74,000 点。順調に増加を続けており、参加出版社は 300 社を超えている。国内の電子図書館として質量ともに「日本語コンテンツ No.1」規模を謳っている

　　　　（*）都度課金制：貸出の都度、少額の請求が図書館に課金されるモデル。有期限でかつ貸出回数制限のあるライセンスの消尽するタイミングで、都度課金への移行が可能なモデル

⑤ 沿革

2013 年 10 月：KADOKAWA、紀伊國屋書店、講談社の 3 社を株主として会社設立

2014 年 10 月：実証実験開始

2015 年 4 月：「LibrariE（ライブラリエ）」販売開始

2016 年 11 月：大日本印刷株式会社、株式会社図書館流通センターが資本参加

2018 年 4 月：取扱いコンテンツ数 30,000 点、参加出版社が 65 社を超える

2018 年 10 月：第 20 回図書館総合展でフォーラム「広がる電子図書館　LibrariE（ライブラリエ）の最新活用法」を開催

2019 年 3 月：導入館が 100 館に到達。

2019 年 7 月：取扱いコンテンツ数が 50,000 点を超える。

2019 年 11 月：第 21 回図書館総合展でフォーラム「電子図書館ライブラリエの新たなチャレンジ」を開催

2020 年 3 月：新型コロナウイルス感染拡大に伴う図書館支援対策として、「角川つばさ文庫」ほか 100 点を無料公開（約 1 か月）

2020 年 6 月：　導入館が 200 館に到達

⑥ 最近（2020 年 9 月〜）のトピック

2020 年 11 月：第 22 回図書館総合展（オンライン開催）で、動画「LibrariE:電子図書館サービスの現況と目指すもの」を公開

2020 年 11 月：導入館が 300 館に到達

2021 年 3 月：　導入館が 400 館に到達

2021 年 7 月：　導入館が 450 館に到達

⑦ ターゲット

・大学、短大、高専、高等学校、小・中学校、公共図書館、研究機関、企業、団体

⑧ 取り扱いジャンル

・図書館向けとして許諾を受けた電子書籍（一部雑誌もあり）

・コミックは一部例外を除いて取り扱っていない

・英語コンテンツもあり

⑨ 売れ筋ジャンル

・文芸書・生活実用書・語学関連書・新書・児童書・就活関連本　など

⑩ 売れ筋傾向

・新刊の話題書、ベストセラーは紙本同様に売れ行き良好。人気作家の文芸作品、ライトノベルズも強い。生活実用書、児童書は公共図書館で、就活関連本は大学での定番となっている。また教育機関では学習参考書、英語多読本の購入も多い。

⑪ 電子書籍タイトル数、品揃え（2021 年 8 月現在）

2021 年 8 月 15 日現在で約 74,000 タイトル

図書館向けであることから「文字もの」を中心に、分野のバランスと全体的な質を意識して収集している。2020 年 6 月以降、取り扱いライセンスの拡大を進め、従来の期間限定（貸出回数限定）のライセンスに加えて期間限定（回数限定なし）や無期限のライセンスも増加している

⑫ 2020 年度の新刊タイトル数

約 11,000 タイトル

⑬ 売上動向

2016 年度のサービス本格化から毎年販売額は増加。2020 年度は新型コロナウイルス感染拡大防止によるリアル図書館閉鎖の影響もあり新規導入館数、コンテンツ販売数ともに大きく増加し、前年度比 6.7 倍の売上となった

⑭ システムの利用提供モデル・サービスプラン

ライセンス・モデルはコンテンツごとに設定。現在下記の種類がある

・ライセンス販売型

・期間限定型
・期間限定型（回数限定）
・期間限定型（マルチユーザー）
・期間内読み放題型
　サービス導入の初期費用等は代理店へ問合せ

⑮ コンテンツの利用提供モデル
・クラウド型電子図書館サービスで PC・スマホ・タブレットなどの WEB ブラウザだけで読書可能

⑯ ユーザー数
　2021 年 8 月 15 日現在導入館数
　大学図書館　　128 館
　学校図書館　　122 館
　公共図書館　　199 館
　企業図書館　　 8 館　　　　　合計 457 館

⑰ 海外展開
・現在のところ、未定

⑱ 課題
・多様なライセンス形態と利用館の館種に対応し、種々の供給方法を選択可能とする、より柔軟なシステムへの進化
・サブスクリプション販売、セット販売など、単品販売以外のメニューの提供
・文芸系のベストセラー、英語多読コンテンツなど売れ筋タイトルの獲得
・音声読上げ可能なコンテンツの増大と、よりアクセシブルなシステムの研究開発
・大学のネットワーク認証システムとの連携の推進
・官公庁・企業内図書館などさまざまな図書館の需要に対応した諸対策

⑳ 将来展望
・導入館 1,000 館の達成を目指す
・コンテンツ点数 10 万点の早期達成を目指す
・導入のしやすさ、使いやすさ、パフォーマンスの良さを一層向上させ、教育機関、公共図書館、団体・企業内図書館などあらゆる館種において最も選ばれる電子図書館システムを目指す
・電子図書館サービスの普及を通じて日本の出版文化、読書文化の発展に寄与してゆく

⑳ 2020 年以降のコロナ禍における市場の変化（2021 年新規項目）
・初期の段階ではリアル図書館閉鎖に対する代替サービスとして紙の延長線上での利用だったが、リアル図書館の地理的な不便さ時間帯の制約などを解消できる電子ならではの

利便性を見出すようになった

・更に紙の本と比べ移動・配架・貸出返却処理・省スペースなど管理面での省力化が実感され導入に向け予算の制約を乗り越えようとする動きが始まった

会社概要

会社名	株式会社日本電子図書館サービス
URL	https//www.jdls.co.jp
所在地	東京都品川区西五反田３－７－９　平澤三陽ビル９階
設立	2013 年 10 月 15 日
資本金	280,000 千円
代表者	代表取締役社長　二俣富士雄
社員数	7 名
連絡先	E-mail　info@jdls.co.jp
	電話 03-6420-0826　　FAX03-6420-0827

4.8　学研プラス

① 運営主体　　　　　株式会社学研プラス
　　　　　　　　　　（URL）https://gakken-plus.co.jp/
② サービス名　　　　学研図書ライブラリー
　　　　　　　　　　（URL）https://bpub.jp/gakken_tosho
③ 図書館向け電子書籍サービス開始年月
　2020 年 11 月
④ 概要・特徴・コンセプト

・児童、生徒に人気の株式会社学研プラスが発行する書籍を、「探す、借りる・返す、読む」ことができる

・各児童、生徒に専用のアカウントを発行。アプリ不要でネット環境があればすぐに利用することができる。スマホ・タブレット・PC などマルチデバイスに対応。自宅での利用もできる

・教科書と同じく、全員が同じ本を読むことができるので、授業や宿題、協働学習、朝読書など、幅広い学習が可能

・本ライブラリーでは 1,000 冊以上の読み物、絵本、学習まんが、図鑑などを配信。さら

に毎月新規タイトルを追加配信
・児童・生徒は 1 人 10 冊まで同時に本を借りられる。冊数の上限をつけることで借りた
　本を読みきる習慣を促す
⑤ 沿革
　2016 年 10 月：サービス開始
　2017 年 8 月：「第 11 回キッズデザイン賞」の『子どもたちの創造性と未来を拓くデザイ
　　　　　　　ン部門』を受賞
⑥ 最近（2020 年 9 月〜）のトピック
　　・2020 年 11 月　海外 3 ヶ国 4 校の日本人学校で採用
　https://prtimes.jp/main/html/rd/p/000003117.000002535.html
　　・2021 年 6 月　トヨタ自動車労働組合に、組合員への福利厚生を目的として採用
　https://prtimes.jp/main/html/rd/p/000003432.000002535.html
　　・2021 年 7 月ウォンテッドリー（株）が提供する福利厚生サービス Perk に提供開始
　https://prtimes.jp/main/html/rd/p/000003490.000002535.html
　　・2021 年 7 月　夏休みの読書感想文＆自由研究応援キャンペーン開始
　https://prtimes.jp/main/html/rd/p/000003458.000002535.html
⑦ ターゲット
　・個人、企業、中学校、小学校、日本人学校、塾
⑧ 取り扱いジャンル
　・児童書（読み物、絵本、学習まんが、図鑑など）
⑨ 売れ筋ジャンル
　同上
⑩ 売れ筋傾向
　同上
⑪ 電子書籍タイトル数、品揃え
　・和書（電子書籍）　約 1,000 点（2021 年 10 月現在）
⑫ 2020 年度の新刊タイトル数
　100 点
⑬ 売上動向
　非公開
⑭ システムの利用提供の料金モデル・サービスプラン
　・料金モデル：個人利用は月額 500 円(税別)、その他のモデルは非公開
　・サービスプラン：読み放題
⑮ コンテンツの利用提供モデル
　・ブラウザビューアによる閲覧、サブスクリプションモデル（2021 年 8 月現在）

⑯ ユーザー数

　　・非公開

⑰ 海外展開

　　・展開中

⑱ 利用可能台数・DRM（利用制限）ポリシー

　　・非公開、ID あたり 5 アクセスの利用制限（2021 年 8 月現在）

⑲ 課題

　　・コンテンツ数の確保

⑲ 将来展望

　　・全国の小中学校の GIGA スクール構想にあわせた広がり

⑳ 2020 年以降のコロナ禍における市場の変化（2021 年新規項目）

　　・巣ごもりによる需要の拡大。

㉑ その他

　・自治体への導入促進をおこなっている

会社概要

　　　　会社名　　　株式会社学研プラス
　　　　URL　　　　https://gakken-plus.co.jp/
　　　　所在地　　　東京都品川区西五反田 2-11-8
　　　　設立　　　　2009 年 10 月
　　　　資本金　　　50,000 千円
　　　　代表者　　　南條達也
　　　　社員数　　　510 名
　　　　連絡先　　　電話 03-6431-1240

4.9　ネットアドバンス

① 運営主体　　　株式会社ネットアドバンス
　　　　　　　　（URL）https://japanknowledge.com/
② サービス名　　ジャパンナレッジ（JapanKnowledge）
③ 図書館向け電子書籍サービス開始年月
　　2001 年 4 月 16 日
④ 概要・特徴・コンセプト

・ジャパンナレッジは、インターネット上で利用できる、膨大な知識情報を収録したデータベースである。調べたい言葉を入力すると、90 以上の百科事典や辞書、叢書類を一括検索して、信頼できる知識情報を提供。検索対象コンテンツや検索条件等の絞り込み機能により、より適切な情報を得ることもできる

⑤ 沿革

2000 年 10 月：株式会社ネットアドバンス設立

2001 年 4 月：ジャパンナレッジ（JapanKnowledge）サービス開始

2003 年 8 月：小学館コーパスネットワーク（SCN）サービス開始

2004 年 9 月：JK モバイルサービス開始

2005 年 3 月：JK セレクトシリーズ「字通」（平凡社）サービス開始

2006 年 10 月：JK セレクトシリーズ「日本歴史地名大系」（平凡社）サービス開始

2007 年 7 月：JK セレクトシリーズ「日国オンライン」（小学館）サービス開始

2008 年 5 月：JK セレクトシリーズ「Web 版日本近代文学館」（八木書店）サービス開始

2009 年 4 月：法人向け新サービス「ジャパンナレッジ・プラス（現・Lib）」サービス開始

2010 年 9 月：JK セレクトシリーズ「国史大辞典」（吉川弘文館）サービス開始

2013 年 4 月：法人向け学術電子書籍プラットフォーム「JKBooks」サービス開始

2014 年 10 月：「ジャパンナレッジ Lib」と「JKBooks」をシステム統合し横断検索が可能に

2014 年 10 月：JKBooks「群書類従（正・続・続々）」（八木書店）サービス開始

2016 年 3 月：JK セレクトシリーズ「世界大百科事典」（平凡社）サービス開始

2016 年 7 月：JKBooks「弘文荘待賈古書目」（八木書店）サービス開始

2016 年 11 月：JKBooks「人物叢書」（吉川弘文館）サービス開始

2017 年 2 月：JKBooks「週刊東洋経済デジタルアーカイブズ」（東洋経済新報社）サービス開始

2017 年 6 月：JKBooks「The ORIENTAL ECONOMIST デジタルアーカイブズ」（東洋経済新報社）サービス開始

2018 年 2 月：JK Lib 追加コンテンツ（旧・JK セレクトシリーズ　以下同）「角川古語大辞典」（KADOKAWA）サービス開始

2018 年 4 月：JK Lib 追加コンテンツ「新編国歌大観」（KADOKAWA）サービス開始

2018 年 4 月：JK Lib 追加コンテンツ「新版　角川日本地名大辞典（KADOKAWA）サービス開始

2018 年 12 月：JKBooks「鎌倉遺文」（東京堂出版）サービス開始

2019 年 7 月　：株式会社紀伊國屋書店と販売総代理店契約締結

2019 年 8 月：JKBooks「文藝春秋アーカイブズ」（文藝春秋）サービス開始
⑥ 最近（2020 年 9 月〜）のトピック
2020 年 10 月：新サービス「ジャパンナレッジ School」トライアル版公開
2021 年 4 月：JK Lib 追加コンテンツ「大漢和辞典」（大修館書店）サービス開始
2021 年 4 月：新サービス「ジャパンナレッジ School」サービス開始
⑦ ターゲット
・大学、短大、専門学校、高等学校、中学校、研究機関、団体
⑧ 取り扱いジャンル
・法人会員向け事典辞書検索サービス（ジャパンナレッジ Lib）
・法人会員向け学術電子書籍・データベース提供サービス（JKBooks）
・個人向け事典辞書検索サービス（ジャパンナレッジ Personarl）
・中高生向け学習総合学習支援ツール（ジャパンナレッジ School）
⑨ 売れ筋ジャンル
・新サービス「ジャパンナレッジ School」が出足好調。
・大学図書館を中心に「ジャパンナレッジ Lib」を販売。契約期間数、契約規模ともに増
加傾向
⑩ 売れ筋傾向
・ジャパンナレッジ School
・ジャパンナレッジ Lib 追加コンテンツ「大漢和辞典」（大修館書店）
・JKBooks「文藝春秋アーカイブズ」（文藝春秋）
⑪ 電子書籍タイトル数、品揃え
・ジャパンナレッジ（Lib／Personarl）搭載コンテンツ数：78
・JKBooks 搭載コンテンツ数：13
・ジャパンナレッジ School 搭載コンテンツ数：41
　※2021 年 8 月時点
⑫ 2020 年度の新刊タイトル数
・ジャパンナレッジ Lib／Personarl、JKBooks コンテンツ：5 タイトル
⑬ 売上動向
・導入機関、契約規模ともに前年対比増
⑭ システムの利用提供モデル・サービスプラン
・ジャパンナレッジ Lib：購読（サブスクリプション）型
・法人会員料金：年額 250,800 円（税別）〜
・入会費：入会費：15,000 円（税別／登録、初期設定費用。初回契約時のみ必要）
※新サービス「ジャパンナレッジ School」は学校単位の契約で、利用料金は利用者である
生徒数に応じて変動。1 生徒につき年間 3,000 円（税別）

⑮ コンテンツの利用提供モデル
・導入機関ごとのアクセス数による制限（端末制限なし）
⑯ ユーザー数
・大学：382、公共図書館：140、中高：166（ジャパンナレッジ School：43 校〈末端利用者数約 2 万人〉を含む）、団体企業その他：30
⑰ 海外展開
・北米、欧州の大学図書館を中心に 114 機関
⑱ 課題
・利用促進
・検索、閲覧サービス機能向上
・他検索サービスとの連携等利便性の向上
⑲ 将来展望
・中高生向け新サービス「ジャパンナレッジ School」の拡販に注力し、中心商材にそだてる
⑳ 2020 年以降のコロナ禍における市場の変化（2021 年新規項目）
・在宅勤務・学習などの影響で利用が増え、アクセス数アップが見られた。

会社概要

会社名	株式会社ネットアドバンス
所在地	東京都千代田区神田神保町 2-30
設立	2000 年 10 月 18 日
資本金	100,000 千円
代表者	相賀昌宏
社員数	23 名
連絡先	電話 03-5213-0875

4.10　EBSCO Information Services Japan

① 運営主体　　EBSCO Information Services Japan 株式会社
　　　　　　　（URL）https://www.ebsco.com/ja-jp
② サービス名　EBSCO eBooks & Audiobooks
③ コンテンツ配信ビジネス開始年月　　2005 年 12 月
④ 概要・特徴・コンセプト

EBSCO eBooks は、海外の主要出版社および大学出版局の電子書籍・オーディオブックを取り扱っている。購読可能タイトルは 240 万件以上におよび、個別タイトルのほか、学術・フィクション・ビジネス・医療などの分野ごとにベストセラー、新書、受賞タイトル等をまとめたサブジェクトセット、お客様のご希望の予算と分野に合わせたカスタムパッケージも提供している

⑤ 沿革

2010 年 3 月：EBSCO 社　OCLC から NetLibrary を買収
　　　　　　　販売代理店は引き続き紀伊國屋書店が担当
2017 年 3 月末日：紀伊國屋書店との販売総代理店契約を終了
2017 年 4 月：EBSCO eBooks の直接販売を開始

⑥ 最近（2020 年 9 月～）のトピック

・洋書 COVID19 コレクションリリース
・EBSCO eBooks™ Open Access Monograph Collection を新しくリリース
　このコレクションは DRM （著作権管理）フリーであり、EBSCOhost® プラットフォーム上で無料で利用頂けるほか、EBSCO Discovery Service の検索対象としても組み込みが可能
・EBSCO eBooks 専用のモバイルアプリをリリース。 iTunes や Google Play ストアからアプリをダウンロードして、iPhone・iPad やアンドロイド携帯でも利用可能

⑦ ターゲット

・大学、短大、専門学校、高等学校、中学校、小学校、研究機関、団体、その他（公共図書館、医療機関）

⑧ 取り扱いジャンル

・国内外で出版された電子書籍、オーディオブック

⑨ 売れ筋ジャンル

・電子書籍

⑩ 売れ筋傾向

・社会科学、自然科学分野の学術専門書から一般教養書まで引き合いは幅広い。最近は、英語学習の多読用書籍も人気がある

⑪ 電子書籍タイトル数、品揃え

・国内外 1,500 以上の出版社の eBooks 240 万タイトル以上、Audiobooks 17 万タイトル以上を販売。うち、和書（電子書籍）は 13,000 タイトル以上

⑫ 2020 年度の新刊タイトル数

洋書：N/A
和書：N/A

⑬ 売上動向

・高等教育機関、研究機関を中心に順調に販売が伸びている最近では公共図書館での販売実績が増えつつある

⑭　システムの利用提供モデル・サービスプラン

・買い切り型：1user、3users、無制限アクセス

・年間購読型：無制限アクセス（※洋書のみ）

⑮　コンテンツの利用提供モデル

・1user、3users、無制限アクセスの購読モデル

・サブスクリプションモデルのコレクションについては、全タイトル同時アクセス無制限

・2018 年 5 月：DRM（デジタル著作権管理）フリーの洋書電子書籍の提供を開始。

・EBSCO 社提供の洋書電子書籍のうち、300,000 タイトル以上について、DRM フリー版の購入が可能

⑯　ユーザー数

・約 400 機関（学術機関 84%、企業 7%、研究機関/政府 7%、その他 2%）

⑰　海外展開

・米国ボストン近郊に本社を置き、世界 30 カ国以上に支店・事務所を展開

・EBSCO eBooks も北米を中心に欧州、アジア等世界中で導入が進んでいる

⑱　課題

・音声読み上げ機能対応

・EPUB3 の拡張機能対応

⑲　将来展望

・国内出版社とのライセンス契約を更に進め、和書 eBook コンテンツのより一層の充実を目指す

⑳　2020 年以降のコロナ禍における市場の変化（2021 年新規項目）

　特に公共図書館様からの問い合わせが増えました

　リモートアクセス（学外アクセス）の問い合わせが増えた

㉑　その他

・和書 eBook と洋書 eBook を一つのインターフェースで利用できることが特徴の一つ

会社概要

会社名	EBSCO Information Services Japan 株式会社
URL	https://www.ebsco.com/ja-jp
所在地	東京都中野区中野 2-19-2 中野第 I OS ビル 3 階
設立	2015 年 9 月（日本法人）、1944 年（アメリカ本社）
資本金	100 千円

代表者　　ジェームス・デビッド・ウォーカー

社員数　　21 名

連絡先　　（メール）jp-ebook@ebsco.com

　　　　　（電話）03-4540-7196

4.11　ポプラ社

① 運営主体　　株式会社ポプラ社

　　　　　　　（URL）https://mottosokka.jp/lp/ym

② サービス名　Yomokka!（よもっか！）

③ コンテンツ配信ビジネス開始年月　　2021 年 4 月（全国の小・中学校向けサービスとして提供開始）

④ 概要・特徴・コンセプト

　1）概要

　　　急速にデジタル化する環境のなかで、新たな興味の発芽を促し、こどもたちひとりひとりが自分の関心に沿った「読書体験」や「探究体験」が得られることをめざした＜本と学びのプラットフォーム＞「MottoSokka!（もっとそっか!）」の第一弾サービス。小・中学校 1 人 1 台の GIGA スクール端末に対応した、電子書籍読み放題サービス

　2）コンセプト

　　　「いつでも　どこでも　好きなだけ！」。本が大好きなこどものためにも、本に興味が持てないこどものためにも、すべてのこどもたちに新しい読書体験を届けたいという、出版社の想いが込められている。

　3）想定される活用シーン

　　　「朝の読書」の時間、授業中の並行読書、すき間時間や自習の時間、端末を持ち帰って家庭で、など。読み放題のサブスクリプションサービスならではの「冊数制限なし」「同時に何人でも」「繰り返し」読める読書環境を提供。

　4）主な機能

　　・ポプラ社の電子書籍の閲覧（冊数制限なし）（2021 年 9 月 1 日現在で約 800 作品、2022 年度からは他の出版社の作品も掲載）

　　・読書した感想や自分の作った書籍のランキングを他のユーザーに共有できる機能

　　・「きょうの 1 さつ」（ガチャを回して新しい本と出会う機能）

　　・「自分の本だな」（自分だけの本棚を管理し、読んだ本の履歴を残していける機

　　　　能）

　　　　・朝日小学生新聞の「1 面 TOP」と「ニュースあれこれ」の閲覧

　　　　・こどもたちの読書の傾向や利用状況を把握する機能（先生など管理者用の画面）

⑤ 沿革

　　2021 年 4 月：サービス開始

　　（3 カ月間　児童・生徒向け機能が無料で試せるデモ ID を発行開始）

　　2021 年 7 月：小学校からの「無料トライアルキャンペーン」※申込受付開始

　　2021 年 10 月：中学校からの「無料トライアルキャンペーン」申込受付開始予定

　　2021 年 11 月：一部の作品（リフロー型）で音声読み上げ機能対応予定

　　2022 年 4 月～：本サービス（有料サービス）開始予定

　　高等学校からの申込受付開始予定

　　※「無料トライアルキャンペーン」は、「MottoSokka!」第一弾サービス「Yomokka!」
　　　のローンチ記念として、2022 年 3 月末までの期間限定で、学校単位・自治体単位での
　　　お申込みで全てのユーザーが（管理者用の機能も含めて）無料で利用できるキャンペ
　　　ーン

⑥ 最近（2020 年 9 月～）のトピック

　　・ポプラ社の本を 800 冊掲載（2021 年 9 月現在）

　　・「無料トライアルキャンペーン」の申込数は自治体経由、単校申込みをあわせて 113
　　　校、発行 ID 数は約 43,000ID（2021 年 9 月 10 日現在)

⑦ ターゲット

　　・高等学校、中学校、小学校、その他（特別支援学校、フリースクールなど）

　　　※高等学校からの申込は、2022 年 4 月からを予定

⑧ 取り扱いジャンル

　　・絵本、幼年童話から YA、一般文芸まで　小学校低学年～中学生の読書ニーズ・グレ
　　　ードに対応

　　・エンターテインメント作品から名作まで幅広い読み物作品を掲載（課題図書に選定さ
　　　れた作品、国語の教科書に掲載されている作品も含む）

　　・さまざまなテーマのノンフィクションから自然科学分野の写真絵本まで多彩なライン
　　　ナップを掲載。学習資料も順次掲載していく予定

⑨ 売れ筋ジャンル

　　非公開

⑩ 売れ筋傾向

　　非公開

⑪ 電子書籍タイトル数、品揃え（2021 年 8 月現在）

　　ポプラ社の本を 800 冊掲載（2021 年 9 月現在）

2021 年度中に 1,000 冊掲載予定。2022 年度からは他の出版社の作品も掲載

⑫ 売上動向

　非公開

⑬「システム」の利用提供モデル・サービスプラン

　　・読み放題（サブスクリプション）型

　　・ウェブアプリケーションサービス

⑭ コンテンツの提供モデル

　1 人 1ID での提供

⑮ ユーザー数

　「無料トライアルキャンペーン」の申込数は自治体経由、単校申込みをあわせて 113 校、発行 ID 数は約 43,000ID（2021 年 9 月 10 日現在）

⑯ 海外展開

　海外の日本人学校へのサービス提供を検討中

⑰ 課題

　　・端末と通信環境の整備、授業支援サービスの導入やデジタルドリルなどの副教材に予算が割かれている状態で、自治体のソフトウェア予算が無い、あるいは優先順位が低いこと

　　・学校現場のニーズに合わせたサービスの改修や販売モデルの検討

　　・他の出版社の協力を得ながらコンテンツラインナップを増やしていくこと

⑱ 将来展望

　　・掲載コンテンツ（掲載作品）を充実させ、学校へのサービスの浸透をはかり、こどもたちに新たな読書環境を提供することで、読書習慣を支える。

　　加速化する学校教育の ICT 化により学校現場の「学び」のかたちが変化していく中で、デジタルサービスとしてこどもたち一人ひとりの関心に沿った「読書体験」を提供ことで、こどもたちの読解力、ひいては「生きる力」の醸成に寄与する

　　・デジタルサービスの強みを生かし、都市部と地方との読書格差、教育格差をなくす

⑲ 2020 年以降のコロナ禍における市場の変化（2021 年新規項目）

　　・コロナ禍により、安心して自宅学習で使えるコンテンツを探している学校・自治体が増えている

　　・学校図書館の利用が制限されるなど子どもたちの読書環境が損なわれる中、インターネットで本が読めるサービスを探している学校・自治体が増えている

会社概要

　会社名　　　株式会社　ポプラ社

URL　　　　https://www.poplar.co.jp/
所在地　　　東京都千代田区麹町 4-2-6　住友不動産麹町ファーストビル 8・9 階
設立　　　　1948 年 6 月 2 日
資本金　　　3,050 万円
代表者　　　代表取締役社長　千葉 均
社員数　　　275 名
連絡先　　　※ホームページご参照ください※

資料編

[資料 A]　　公共図書館アンケート質問と集計結果

　電子出版制作・流通協議会が、国立国会図書館、日本図書館協会の協力を得て、2021 年 6 月〜8 月に行ったアンケート調査の回答結果、回答記載項目の全文である。

　全国の自治体が設置するすべての公共図書館の中央館 1,385 館（2019 年日本図書館協会調べ）と、図書館はもっていないが電子書籍貸出サービスを実施している自治体 9 館の計 1,394 館を対象とし、メールで連絡できる 971 館、郵便 106 館から、メールで戻ってきた 73 館、郵送で戻ってきた 6 館を除く計 998 館にアンケート回答の依頼を行い、回答を得た 554 館の結果を集計したものである。その他の記載については、個別の図書館名は、地方名／図書館設立自治体区別に置き換えて掲載している。

　　※　　％は小数点下二桁以下を四捨五入とした

[資料 A.1]　　回答図書館のプロフィール記載

質問 1-1〜1-6、1-8 …… 省略

質問 1−7　図書館所在の自治体区分について選択肢からご選択ください

▼質問（一つ選択）　　　　　　　　　▷集計結果（n=554）	回答数	/554
（1）都道府県図書館	40	7.2%
（2）政令市図書館	15	2.7%
（3）特別区（東京都）立図書館	14	2.5%
（4）市町村図書館	485	87.5%
合計	554	

[資料 A.2]　電子図書館サービスで導入・検討しているサービスについて

質問 2－1　「電子図書館サービス」として導入しているものがありましたら、選択肢からご選択ください。

▼質問（複数回答あり）　　　　　　　　　　　　▷集計結果（n=554）	回答数	/554
（1）電子書籍貸出サービス	149	26.9%
（2）国立国会図書館　図書館向けデジタル化資料送信サービス	247	44.6%
（3）データベース提供サービス	272	49.1%
（4）デジタルアーカイブの提供	121	21.8%
（5）音楽・音声情報配信サービス	108	19.5%
（6）その他〔記載〕	36	6.5%
無回答	167	30.1%
合計	1100	

※その他〔記載〕：36 件

自治体	地域	記載内容
都道府県	中部	当館オリジナルのデータベース提供サービス（越後佐渡デジタルライブラリー、郷土人物／雑誌記事索引データベース）
都道府県	中部	サピエ図書館
都道府県	近畿	サピエ図書館、国立国会図書館 視覚障害者等用データ送信サービス
政令市	北海道・東北	当館ＨＰに国文学研究資料館:新日本古典籍総合データベースを閲覧できるようにリンクを貼っている。
特別区	関東	（1）は 2021 年 7 月 20 日導入
特別区	関東	（4）デジタルアーカイブについては、独自開発した葛飾区の地域資料を集めたデジタルアーカイブ「かつしかデジタルライブラリー」を提供しています。
市町村	北海道・東北	視聴覚ソフトの提供
市町村	北海道・東北	サピエ図書館
市町村	北海道・東北	町営有線テレビによる 38 年間に及ぶ放映番組の録画テープの DVD 化により、館内視聴が可能になった。
市町村	北海道・東北	わいわい文庫、真崎文庫
市町村	北海道・東北	「自治体デジタルアーカイブ」の提供
市町村	北海道・東北	当館所有の「手づくり絵本コンクール」入賞作品を電子書籍として無料公開しています（3 年間限定）
市町村	関東	ADEAC を今年度導入予定
市町村	関東	サピエ図書館
市町村	関東	令和 3 年 8 月 3 日よりスタート予定
市町村	関東	（2）、（3）、（4）について、「電子図書館サービス」という名称では提供していません。通常の図書館サービス、インターネット利用という形です。
市町村	関東	D1-Law、官報情報検索サービス
市町村	関東	DB，第一法規　法情報総合データベース
市町村	関東	電子書籍貸出サービスについては、2021 年 8 月 1 日から開始。
市町村	関東	マルチメディアデイジー
市町村	中部	HP 上で古地図、薬関係資料、和書の画像公開
市町村	中部	自館で画像を作成し、簡単な解説を掲載しているデジタルアーカイブの提供はＨＰ上でしている。
市町村	中部	（4）のデジタルアーカイブは「TRC-DL」の機能を利用している
市町村	近畿	電子図書館サービスを導入していない
市町村	近畿	フライヤー（ビジネス書要約サービス）
市町村	近畿	電子図書館サービスは導入していない
市町村	近畿	官報、法情報総合データベース
市町村	中国・四国	デジタルアーカイブは、自館で作成・提供しています。

市町村	中国・四国	放送ライブラリー

なし（ない、利用なし、導入していない）7件

質問2−2　前問 質問2−1で（1）「電子書籍貸出サービスを導入している」を選択した図書館について、電子書籍貸出サービスの外部事業者を、選択肢からご選択ください（複数選択可）

▼質問（複数回答あり）　　　　　　　▷集計結果（n=149）	回答数	/149
（1）LibrariE＆TRC-DL（TRC）	130	87.2%
（2）OverDrive（メディアドゥ）	15	10.1%
（3）エルシエロ・オーディオブック（京セラCCS・オトバンク）	3	2.0%
（4）Kinokuniya Digital Library（KinoDen）（紀伊國屋書店）	5	3.4%
（5）EBSCO eBooks（EBSCO Japan）	1	0.7%
（6）その他、自由にご記入ください	2	1.3%
無回答	0	0.0%
合計	156	

※その他〔記載〕：2件

自治体	地域	記載内容
都道府県	中国・四国	Kono Libraries（Kono Japan 株式会社）2022 年 3 月末までお試し利用、以降の運用は未定
市町村	中部	LibrariE & TRC-DL を導入しているが、商用コンテンツとしての電子書籍は提供しておらず、ふるさとアーカイブにて郷土資料や調べる学習コンクール入賞作品等を提供している。そのため貸出手続きはなく、自由に閲覧が可能である。電子書籍貸出サービスに関する以下の設問については貸出を閲覧に読み替えて回答している

質問2−3　電子図書館サービスで、今後導入を検討しているサービスいついて、選択肢からご選択ください（複数回答可）
※すでに導入しているサービス（質問2−1で選択したサービス）は除きます

▼質問（複数回答あり）　　　　　　　▷集計結果（n=554）	回答数	/554
（1）電子書籍貸出サービス	176	31.8%
（2）国立国会図書館　図書館向けデジタル化資料送信サービス	66	11.9%
（3）オンラインデータベース提供サービス	17	3.1%
（4）デジタルアーカイブの提供	45	8.1%
（5）音楽・音声情報配信サービス	20	3.6%
（6）その他、自由にご記入ください	30	5.4%
無回答	278	50.2%
合計	632	

※その他〔記載〕：30件

自治体	地域	記載内容
都道府県	北海道・東北	次回システム更新（令和 6 年度予定）に向けて導入や改修を要する部分を検討していく
都道府県	近畿	現時点で導入する予定はないが、（1）電子書籍貸出サービスについて、引き続き業界動向等の情報収集を行っている
都道府県	近畿	具体的に検討しているものはない
都道府県	中国・四国	電子書籍貸出サービスについて、情報収集を行っている
都道府県	中国・四国	ディスカバリーサービス
政令市	九州・沖縄	障害者向け電子図書（サピエ）の提供
市町村	関東	電子書籍貸出サービスについて検討しているが、導入の予定は未定
市町村	関東	デジタル化した地域資料等の提供

市町村	近畿	（2）については、著作権法の改正（5 月）にともなう制度（公衆送信）の整備、普及状況に応じ導入を考える
市町村	九州・沖縄	今後も電子書籍貸出サービスのみで、他のサービスは予算化が厳しい状況です
市町村	九州・沖縄	他自治体の利用状況を踏まえ検討したい

特になし（検討していない、該当なし、ない　等）19 件

[資料 A.3]　　「電子書籍貸出サービス」について

質問 3－1　貴館の「電子書籍貸出サービス」の状況について、選択肢からご選択ください（一つ選択）

▼質問（一つ選択）　　　　　　　　　　　▷集計結果（n=554）	回答数	/554
（1）電子書籍貸出サービスを 2019 年度以前に導入している（2020 年 3 月以前に導入）	57	10.3%
（2）電子書籍貸出サービスを 2020 年度以降に導入している（2020 年 4 月以降に導入）	90	16.2%
（3）電子書籍貸出サービスを実施する予定が具体的にある	32	5.8%
（4）電子書籍貸出サービスの実施を検討中（現時点では電子図書館サービスを導入検討の結論に至らないが、引き続き業界動向等の情報収集を行っている）	201	36.3%
（5）電子書籍貸出サービスを導入する予定はない	155	28.0%
（6）その他、自由にご記入ください	12	2.2%
無回答	7	1.3%
合計	554	

※その他〔記載〕：12 件

自治体	地域	記載内容
都道府県	北海道・東北	平成 24 年 10 月〜平成 30 年 12 月まで電子書籍貸出サービスを行っていたが、現在中止している。再度導入は検討中である
都道府県	近畿	現時点で導入する予定はないが、引き続き業界動向等の情報収集を行っている
特別区	関東	2021 年 7 月 20 日導入
市町村	北海道・東北	予定はないが、業界動向等の情報は気にかけている。
市町村	関東	電子書籍貸出サービスの実施は未定だが、調査研究を行っている
市町村	関東	指定管理期間中に導入の予定はございません
市町村	中部	県で検討中
市町村	近畿	但し、障がい者サービスは別とする
市町村	中国・四国	図書館を共同運営している県立図書館が実施
市町村	九州・沖縄	広域市町村圏において、導入を進めるかどうかを検討開始見込み
市町村	九州・沖縄	県の公共図書館長会議において、電子図書貸出サービスの導入について検討していくことになった
市町村	九州・沖縄	他自治体の利用状況を踏まえ検討したい

質問 3－2　利用者の「電子書籍貸出サービス」のメリットについて、選択肢からご選択ください（複数選択可）

▼質問（複数回答あり）　　　　　　　　　▷集計結果（n=554）	回答数	/554
（1）図書館に来館しなくても電子書籍が借りられる機能	511	92.2%
（2）文字のテキスト読み上げ機能（TTS 機能）	398	71.8%
（3）音声電子書籍の提供（オーディオブック、リードアロング等）	269	48.6%
（4）文字拡大機能	442	79.8%
（5）外国語（多言語）電子書籍の提供	243	43.9%

		回答数	
（6）文字と地の色の反転機能（読書障害等への対応）		310	56.0%
（7）マルチメディア機能（映像や音声、文字などのリッチコンテンツ提供）		214	38.6%
（8）電子書籍の紙出力による提供機能（コンテンツのプリントアウト）		48	8.7%
（9）必要な情報発見の検索機能（電子書籍・コンテンツ検索等）		173	31.2%
（10）その他、自由にご記入ください		17	3.1%
無回答		15	2.7%
	合計	2640	

※その他〔記載〕：17 件

自治体	地域	記載内容
政令市	近畿	本市の独自資料を電子化してサイトに掲載できる機能
政令市	九州・沖縄	全ての本が上記メリットを満たしているわけではないので選書時に確認が必要
特別区	関東	貸出延滞がないためスムーズに資料を受け取ることができる　行方不明資料がないため確実に資料を確保できる　機器があればどこでも読書ができる
市町村	北海道・東北	スマートフォンでの閲覧によるポータビリティの向上
市町村	北海道・東北	本を持ち歩かなくても、スマートフォンなどで読むことができること
市町村	北海道・東北	同時貸出
市町村	関東	24 時間 365 日いつでも、どこにいてもネット接続環境で利用できる
市町村	関東	書き込み欄のある図書も購入できること
市町村	関東	市民（市内在住、在勤、在学）サービスの向上
市町村	中部	書き込み式テキストも選書対象にできる
市町村	近畿	書籍の収納スペースが不要
市町村	近畿	独自コンテンツの配信
市町村	近畿	新たな利用者の利用が見込める
市町村	近畿	本を持つ、ページをめくるといった動作が困難な状況でも読書可能。図書館の休館日や開館時間を気にせず読書可能
市町村	近畿	著作権の切れた資料の利用
市町村	九州・沖縄	24 時間利用できる。自動返却。汚損・破損がない。GIGA スクールと連携でき、学校でも利用できる

記載なし 1 件

質問 3－3　図書館運営管理する場合の「電子書籍貸出サービス」のメリットについて、選択肢からご選択ください（複数選択可）

▼質問（複数回答あり）　　　　　　　　▷集計結果（n=554）		回答数	/554
（1）貸出・返却・予約業務の自動化		421	76.0%
（2）図書館サービスのアクセシビリティ対応（障害者差別解消法、読書バリアフリー法等への対応）		462	83.4%
（3）書架スペース問題の解消		279	50.4%
（4）汚破損・紛失の回避		383	69.1%
（5）その他、自由にご記入ください		50	9.0%
無回答		11	2.0%
	合計	1606	

※その他〔記載〕：50 件

自治体	地域	記載内容
北海道・東北	都道府県	遠隔地へのサービス提供
関東	都道府県	来館しなくても利用できるサービス
中国・四国	都道府県	非来館サービスの提供
中国・四国	都道府県	来館が容易でない地域へも非来館型サービスが提供できる
九州・沖縄	都道府県	紙の劣化等により利用困難となった資料の代替

中部	政令市	外国語資料の選書が省力化でき、多文化共生の推進に寄与できる。／広報紙などの行政発行資料を独自資料として登録し、発信できる
近畿	政令市	地域資料電子書籍化による情報発信
関東	特別区	電子だと、コロナ等感染症の際、接触感染予防になる。督促業務、弁償業務が発生しない
北海道・東北	市町村	督促業務が不要になる。経年劣化により紙媒体での保存が困難な郷土資料の保存。医学、税金、雑誌等の情報の鮮度が求められる分野は電子書籍に切替え、常に最新の情報を提供できる
北海道・東北	市町村	新型コロナウイルス感染拡大防止のため、図書館が休館となった際、図書館の所蔵資料(紙媒体)の貸出は不可となったが、電子書籍であれば自宅からも利用できる点がよかった
北海道・東北	市町村	電子書籍の導入による紙の本の貸出サービス廃止は想定していないため、業務の自動化や書架スペースについては大きなメリットだとは思わない
関東	市町村	休館・休校時のサービス提供の充実や学習支援
関東	市町村	非来館型の機能
関東	市町村	非来館型のサービスとして今後必要と考える。GIGA スクールに対応した学習用タブレットの活用ができる。延滞の回避
関東	市町村	非来館型サービスの提供
関東	市町村	遠方の利用者にも負担なく貸出ができる。棚づくりがしやすい。
関東	市町村	開館時間、休館日の制約がない
関東	市町村	消毒や一時隔離の必要がない（コロナ対策・衛生面）
関東	市町村	システム更新等における付加価値・付加機能としてのアピール力
関東	市町村	利用者の利便性の向上
関東	市町村	利用者が来館できなくても提供できる図書館サービス
中部	市町村	図書館の開館状況に関係なく利用できる
中部	市町村	図書館へ直接来館を呼びかけにくい世代（高齢者・中学生〜大学生世代）の読書推進
中部	市町村	休館日・開館時間外でも図書館の本が利用できる
中部	市町村	督促業務・返本業務なし、除菌業務なし
近畿	市町村	休館時の図書館サービスの継続
近畿	市町村	新型コロナ対応で臨時休館していてもサービスの提供ができる
近畿	市町村	永久保存の郷土資料を今よりも手軽に利用してもらえる。図書館休館日（定期休館日、年末年始、蔵書点検）でも利用してもらえる
中国・四国	市町村	居場所や時間などの制約がない状況で貸出・返却ができる点
中国・四国	市町村	被来館により利用が拡大
九州・沖縄	市町村	感染症対策として非来館による貸し出しサービスが可能となる
九州・沖縄	市町村	新たな利用者層への働きかけ
九州・沖縄	市町村	新規利用者の獲得
九州・沖縄	市町村	基本的に窓口での申し込みが必要。・ネット環境、PC 等が必要。

督促連絡（業務）が不要14件　、無記入　1件

質問 3－4　2020 年からの新型コロナ問題で、図書館利用者（登録者・住民）や、自治体（首長、議員等）から、図書館にどのような問い合わせがありましたか、選択肢からご選択ください　（複数選択可）

▼質問（複数回答あり）　　　　　　　　　▷集計結果（n=554）	回答数	/554
（1）資料貸出サービスの実施について	431	77.8%
（2）図書館施設の利用について	498	89.9%
（3）図書館サービスの再開について	475	85.7%
（4）電子図書館サービス（電子書籍貸出サービス等）の実施について	267	48.2%
（5）特に問い合わせはない	14	2.5%
（6）その他、自由にご記入ください	32	5.8%

		無回答	5	0.9%
		合計	1722	

※その他〔記載〕：32 件

自治体	地域	記載内容
都道府県	関東	他の図書館の開館状況
都道府県	中部	図書館でのコロナ感染予防対策
都道府県	中部	オンライン利用者登録について
都道府県	近畿	貸出中資料の返却期限や予約資料の取置期限について
都道府県	近畿	非接触サービスの一つとして、貸出時のマイナンバーカード併用
都道府県	近畿	イベントの実施について
都道府県	中国・四国	図書館のコロナ対策について。資料の郵送貸出サービスについて
市町村	北海道・東北	市民から導入予定について数件問合せがありました
市町村	北海道・東北	他の図書館の動向について
市町村	北海道・東北	感染拡大防止対策について
市町村	北海道・東北	おはなし会などイベントの実施について　・本の消毒器について
市町村	北海道・東北	利用者から、郵送貸出の要望、貸出期間延長・冊数無制限の要望があった
市町村	北海道・東北	感染拡大防止対策について
市町村	関東	感染対策方法について
市町村	関東	臨時休館時の有料宅配貸出事業について
市町村	関東	閉館すべきだ
市町村	関東	図書館での感染症対策について（館内の対応、資料の消毒等）　・休館中に行っていた業務について。ホームページ閉鎖とその再開について
市町村	関東	資料の消毒について
市町村	関東	施設内の新型コロナウイルス感染防止の対策について
市町村	中部	駅など最寄りの場所で返却したい、自動貸出機の導入
市町村	中部	学習室の利用再開希望のご意見を頂戴した（閉鎖していたとき）。また、どのような感染症対策をしているかなど
市町村	中部	図書除菌機の導入について
市町村	中部	有料宅配サービスについて（障害者郵送貸出ではなくて）
市町村	近畿	図書消毒機
市町村	近畿	図書館行事のやイベントについて
市町村	近畿	図書館の新型コロナウイルス感染症対策について
市町村	中国・四国	ＷＥＢからの仮利用者登録について
市町村	中国・四国	図書館資料の衛生管理について
市町村	中国・四国	本の滅菌器設置について
市町村	九州・沖縄	資料の郵送（宅配）について

無記入 2 件

質問 3－5　質問 3-1 で（1）「電子書籍貸出サービスを 2019 年度以前に導入」を選択した図書館について、「令和 2 年度新型コロナ助成金」を活用して、電子書籍貸出サービスにおける電子書籍コンテンツ数を増やすことを行いましたか、選択肢からご選択ください（複数選択可）

▼質問（複数回答あり）　　　　　　　　　▷集計結果（n=57)	回答数	/57
（1）新型コロナ補助金で契約する電子書籍の数を増やした	23	40.4%
（2）電子書籍はこれまでの契約数と同じ	22	38.6%
（3）電子書籍の契約数を減らした	0	0.0%
（4）その他、自由にご記入ください	14	24.6%
無回答	0	0.0%
合計	59	

※その他〔記載〕：14 件

自治体	地域	記載内容
都道府県	関東	補助金は申請していない。通常の予算で電子書籍を契約した
都道府県	中国・四国	令和2年度新型コロナ補助金は活用していないが、電子書籍コンテンツ数を増やした（補助金による電子書籍増とバーターで紙資料予算が減らされそうになったため）
政令市	関東	補助金を利用していない。
政令市	近畿	通常の資料費を使って契約する電子書籍の数を増やした。また、地元のライオンズクラブからの寄付金を利用して電子書籍を購入。
市町村	北海道・東北	補助金は利用していないが、電子書籍をこの機会に追加購入した。
市町村	関東	市の新型コロナウイルス対策事業で，電子書籍の数を増やした。
市町村	関東	指定管理者による提案事業
市町村	関東	パーテーションや消毒液などの物品購入
市町村	関東	令和2年度新型コロナ補助金を電子図書館には活用していない。通常どおり、定められた予算内で電子書籍を購入している
市町村	中部	交付金の活用は無し
市町村	中部	電子書籍に関しては、新型コロナ補助金を活用していない
市町村	中部	閲覧のみのため、コンテンツ数に関する契約は発生しない
市町村	中部	令和2年度新型コロナ補助金を活用せずに電子書籍の数を増やした
市町村	近畿	当初予算額の範囲内で購入した

質問3-6　質問3-1で（1）（2）「電子書籍貸出サービスを導入している」を選択した図書館について、年間の「電子書籍貸出サービスの運営費と電子書籍コンテンツ」の費用の合計を、選択肢からご選択ください（一つ選択）

▼質問（一つ選択）　　　　　　　　　　　　　　　▷集計結果（n=147）	回答数	/147
（1）100万円未満	11	7.5%
（2）100万円以上～500万円未満	88	59.9%
（3）500万円以上～1,000万円未満	21	14.3%
（4）1,000万円以上～2,000万未満	9	6.1%
（5）2,000万円以上	2	1.4%
（6）その他　記載	21	14.3%
無回答	6	4.1%
合計	158	

※その他〔記載〕：21件

自治体	地域	記載内容
都道府県	中部	買切型のため運営費は発生していない。「令和2年度新型コロナ補助金」を活用した（4,400万円）が、今年度の予算はなし
都道府県	九州・沖縄	導入初年度（令和2年度）及び今年度は新型コロナウイルス対策で予算が付いたためそれぞれ（4）・（5）だが、次年度（令和4年度）以降は未定
政令市	北海道・東北	電子図書館システム単体にかかる費用は算出できないため、コンテンツ購入費用のみの回答となります
政令市	九州・沖縄	導入年度（令和2年度）に5年間の経費を支出（1,400万）
市町村	北海道・東北	導入時:500万円以上1,000万円未満、次年度以降:100万円以上500万円未満
市町村	関東	指定管理者による提案事業
市町村	関東	コロナ関連交付金の予算がついた。（令和2年度300万円、3年度500万円）
市町村	関東	指定管理者による実施
市町村	関東	初期経費は約300万円
市町村	関東	導入時（4）・今年度（2）
市町村	関東	電子書籍貸出サービスの運営費は図書館システム賃借料に含み、電子書籍コンテンツ費は利用料として495万
市町村	関東	導入経費を含む
市町村	関東	図書館システム利用料を含んだ契約金額のため、不明

市町村	中部	運営費のみ
市町村	近畿	2,000 万円以上。2021 年度の初年度のみ 6,000 冊の電子書籍購入費。次年度からは検討中
市町村	近畿	電子書籍購入費用は年間 80 万円程度。運営費は不明。
市町村	近畿	2021 年 4 月 1 日サービス開始　2020 年度中に契約　導入時のコンテンツ費用は 2020 年度に支払
市町村	近畿	今年度から導入したが、来年度のからのコンテンツ費用は未定
市町村	近畿	初年度は約 490 万円、今年度は 76 万円
市町村	中国・四国	PFI 事業契約のため不明
市町村	九州・沖縄	昨年度約 880 万円（初期導入費 77 万円、月クラウド利用料 5 万 5 千円、初年度コンテンツ料 780 万円）、今年度約 140 万円

質問 3 − 7　質問 3-1 で（1）（2）「電子書籍貸出サービスを導入している」を選択された、図書館について、電子図書館の電子書籍（コンテンツ）費用について、選択肢からご選択ください

▼質問　　　　　　　　　　　　　　　　　▷集計結果（n=147）	回答数	/147
（1）50 万円未満	12	8.2%
（2）50 万円以上〜100 万円未満	20	13.6%
（3）100 万円以上〜300 万円未満	45	30.6%
（4）300 万円以上〜500 万円未満	29	19.7%
（5）500 万円以上〜1,000 万円未満	14	9.5%
（6）1,000 万円以上	10	6.8%
（7）その他　記載	14	9.5%
合計	150	

※その他〔記載〕：14 件

自治体	地域	記載内容
政令市	近畿	初期費用としてのコンテンツ費 16,176 千円（R2 年度）、3 年度の電子図書館コンテンツ費の予算措置なし（紙資料予算に含む）
政令市	九州・沖縄	導入年度（令和 2 年度）に 5 年間分の電子書籍（コンテンツ）費用を支出（289 万円）
市町村	北海道・東北	導入時:500 万円以上 1,000 万円未満、次年度以降:50 万円未満
市町村	関東	指定管理者による実施
市町村	関東	導入時のみ
市町村	関東	年度により異なる。令和 2、3 年度はコロナ関連交付金があり予算がかなりもらえた
市町村	中部	郷土資料を自館で電子書籍化。委託事業として、約 540 万円（4 年間）
市町村	近畿	2,000 万円以上。2021 年度の初年度のみ 6,000 冊の電子書籍購入費。次年度からは検討中
市町村	近畿	今年度のみの予算
市町村	中国・四国	PFI 事業契約のため不明
市町村	中国・四国	初年度 2021 年（4）、次年度（3）
市町村	九州・沖縄	昨年度約 780 万円、今年度 70 万円
市町村	九州・沖縄	2020 年度（導入年度）:15,068,000 円（臨時交付金）、2021 年度:0 円
市町村	九州・沖縄	単予算　440,000 円、補助金　12,900,000 円

質問3-8　質問 3-1 で（2）「電子書籍貸出サービスを 2020 年 4 月以降に導入」した図書館について、電子図書館サービスの導入した予算（2020 年度）について、選択肢からご選択ください（一つ選択）

▼質問　　　　　　　　　　　　　▷集計結果（n=90）	回答数	/90
（1）200 万円未満	11	12.2%
（2）200 万円以上～500 万円未満	20	22.2%
（3）500 万円以上～1,000 万円未満	28	31.1%
（4）1,000 万円以上～2,000 万円未満	17	18.9%
（5）2,000 万円以上	7	7.8%
（6）その他　記載	9	10.0%
無回答	2	2.2%
合計	94	

※その他〔記載〕：9 件

自治体	地域	記載内容
特別区	関東	2021 年 7 月 20 日導入のため上記（3）は 2021 年度予算額
市町村	関東	2021 年度予算で導入。2021 年度予算額は（3）500 万円以上～1,000 万円未満
市町村	関東	指定管理者により実施
市町村	関東	導入年度費用（繰越予算を含む）
市町村	近畿	2021 年 7 月サービス開始なので、2021 年度予算は 2,000 万円以上
市町村	近畿	2021 年（令和 3 年）度に導入した。予算 500 万～1000 万円未満
市町村	近畿	2021 年 4 月 1 日サービス開始だが、導入費用及び導入時のコンテンツ費用は 2020 年度中に契約
市町村	九州・沖縄	システム構築費＋電子書籍購入費＋月額クラウド使用料

未記入 1 件

質問3-9　質問 3-1 で（1）（2）「電子書籍貸出サービスを導入している」を選択した図書館について、「電子書籍貸出サービス」を実施する場合の課題について、懸念される事項がありましたら、選択肢からご選択ください　（複数回答可）

▼質問（複数回答あり）　　　　　　▷集計結果（n=147）	回答数	/147
（1）電子図書館導入予算の確保	81	55.1%
（2）担当部署、担当者の問題	23	15.6%
（3）図書館利用者からのニーズ	74	50.3%
（4）電子書籍貸出サービスの導入に対する、費用対効果	103	70.1%
（5）電子書籍貸出サービスで提供される「コンテンツ」についての課題	125	85.0%
（6）電子書籍貸出サービスが継続されるかどうか（サービス中止に対する不安）	46	31.3%
（7）図書館の電子資料を他の図書館へ貸し出すための方法や基準	5	3.4%
（8）電子書籍貸出サービスを実施するための十分な知識（経験）がない	30	20.4%
（9）電子書籍貸出サービスを選択する場合の基準や方法がわからない	9	6.1%
（10）利用者に対する電子書籍貸出サービスの説明	33	22.4%
（11）その他、自由にご記入ください	14	9.5%
無回答	2	1.4%
合計	545	

※その他〔記載〕：14 件

自治体	地域	記載内容
都道府県	中国・四国	情報機器を使いこなせていない人の利用ニーズへの対応。情報機器は使えるが、読書そのものをしない人へのアプローチ・電子書籍等予算増とバーターで紙資料の予算が削減されること
政令市	北海道・東北	学校図書館との連携

政令市	九州・沖縄	コンテンツを維持するための予算の確保
市町村	北海道・東北	PR の仕方
市町村	北海道・東北	米国の会社が運営しているため、操作性が悪い。（検索機能・管理画面・ページのデザインなど）
市町村	北海道・東北	継続して利用してもらうための工夫が難しい。通常の図書と異なり、初期導入コンテンツの数やサービスの利用環境によって読書体験が左右される為、継続して利用していただくためのハードルが通常の図書よりも高く感じと感じる。
市町村	関東	コンテンツを増やさないと、いずれ陳腐化すること
市町村	関東	サービスを開始するための規則等の整備
市町村	中部	YA 世代への PR 方法がわからない
市町村	中部	一般図書館利用者への周知
市町村	中部	電子図書館の広報・周知
市町村	近畿	期限付きコンテンツ、貸出回数上限付きコンテンツ、読みたい図書がコンテンツにない。著作権の問題
市町村	九州・沖縄	サービスの内容及び利用についての周知
市町村	九州・沖縄	広報・周知の方法

質問 3-10 質問 3-1 で（1）（2）「電子書籍貸出サービスを導入している」を選択した図書館について、Q20 質問 3-9 で（5）「コンテンツについての課題」を選択した図書館におかれまして、電子書籍コンテンツ（以下、コンテンツ）について懸念することを選択肢からご選択ください（複数選択可）

▼質問（複数回答あり）　　　　　　　　　▷集計結果（n=147）	回答数	/147
（1）提供されているコンテンツのタイトル数が少ない	110	74.8%
（2）新刊のコンテンツが提供されにくい	116	78.9%
（3）ベストセラーが電子書籍貸出向けに提供されない	109	74.1%
（4）電子書籍貸出案内ページが、目が不自由な人や外国人住人への対応が不十分	32	21.8%
（5）コンテンツの規格がわかりにくい	23	15.6%
（6）コンテンツの価格	102	69.4%
（7）コンテンツ購入（提供）費用の会計処理の基準	17	11.6%
（8）コンテンツを閲覧するビューアが自由に選べない	19	12.9%
（9）その他、自由にご記入ください	17	11.6%
無回答	6	4.1%
合計	551	

※その他〔記載〕：17 件

自治体	地域	記載内容
都道府県	中部	版元が利益の出にくい図書館への電子書籍の提供に消極的になる気持ちは理解する。版元、ベンダー、図書館、利用者が満足できる仕組みを考えていく必要があると思う
都道府県	中国・四国	使用料及び賃借料の予算確保が困難
都道府県	中国・四国	コンテンツが継続して提供されるかどうかが分からない。価格の高さというよりも価格設定の透明性がないこと
政令市	九州・沖縄	制限有のコンテンツは、制限に近づいても知らせる機能がないため、常にチェックせねばならず、人手がかかる
特別区	関東	質問の趣旨から逸れるかもしれないが、上記選択肢にある「提供されているタイトル数」・「新刊コンテンツ数」よりも、販売店より提供されているコンテンツ＝販売リストの「中身」の乏しさが問題視されるべきであり、運用上の悩みである。具体的には、基本書・入門書がなく、中・上級者向け内容のコンテンツしか販売されていないジャンルがある。また、スポーツ分野でバドミントンの本がない、芸術分野で書道の手習い本がない、など「中身」に偏りがあり（一般書に比べ児童書はより顕著）、現状の販売リストでは、公共図書館として最低限の蔵書構成を構築することが難しい。今後、コンテンツ販売業者においては、「数」を増やすことに加え、その「中身」も重視し、コンテンツの充実化を図ってほしい
市町村	北海道・東北	期限あり・期限なしの本があり、新しくて人気な本はほとんど期限ありになっていること

市町村	関東	児童書が少ない（和書）
市町村	関東	利用期限、利用回数が設定されているコンテンツについて上限が低い
市町村	関東	・購入選書時、利用時とも検索がしにくい。電子書籍として出版された年月日ではなく初出の出版年月日をソートしたい。・音声コンテンツではない音声付電子書籍（紙書籍時に CD-ROM がついていたような書籍）の使い方がわかりにくい。・紙書籍時にデータダウンロード用 CD-ROM が付属している電子書籍の使い方がわかりにくい。・児童のライセンス購入型コンテンツが少ない
市町村	関東	選書がしにくい。ライセンス（使用期限）の管理が困難である。ストリーミング形式のため使い勝手が悪い。システムの検索機能が不足している。メンテナンス停止の時間・回数が多い
市町村	中部	利用期間の制限や貸出回数の制限が出版社ごとに違っていてわかりにくい
市町村	近畿	コンテンツの種類、フィックス型が多い
市町村	近畿	コンテンツの有効期限、残利用回数の管理がしづらい
市町村	近畿	コンテンツの選書ツールがない
市町村	近畿	期間限定型や貸出回数制限付きのコンテンツは、期日や上限が来ると利用不可能になり、蔵書が減る。外部から問い合わせがあると、電子書籍コンテンツは何人でもアクセス可能であると思われていることが多い
市町村	近畿	期限付きコンテンツ、貸出回数上限付きコンテンツ、全部買取にして欲しい。読みたい図書がコンテンツにない。著作権の問題
市町村	中国・四国	コンテンツに制限があり、図書館の蔵書として増減があり把握しにくい

質問3－11　質問 3-1 で（1）（2）「電子書籍貸出サービスを導入している」を選択した図書館について、Q21 質問 3-10 で（1）「提供されている電子書籍コンテンツのタイトル数が少ない」を選択した図書館について、どのようなジャンルのコンテンツが必要と考えますか、選択肢からご選択ください　（複数選択可）

▼質問（複数回答あり）　　　　　　　　　▷集計結果（n=147）	回答数	/147
（1）文芸書・小説	100	68.0%
（2）実用書	62	42.2%
（3）ビジネス書	45	30.6%
（4）専門書（ビジネス書以外）	23	15.6%
（5）学習参考書	32	21.8%
（6）児童書・絵本	93	63.3%
（7）図鑑、年鑑	52	35.4%
（8）辞書・辞典	31	21.1%
（9）マンガ（コミック）	14	9.5%
（10）雑誌	25	17.0%
（11）新聞	8	5.4%
（12）地元関係の書籍	39	26.5%
（13）その他、自由にご記入ください	6	4.1%
無回答	31	21.1%
合計	561	

※その他〔記載〕：6 件

自治体	地域	記載内容
政令市	近畿	ガイドブックや資格問題集
市町村	関東	文芸書は新刊、絵本は定番の絵本が必要。実用書は分野に偏りがある
市町村	関東	特に児童書が少なく感じる
市町村	近畿	語学書
市町村	九州・沖縄	多くの利用が見込めるベストセラーがなかなか電子書籍にならない
市町村	九州・沖縄	洋書

質問3−12 質問3-1で（1）（2）「電子書籍貸出サービスを導入している」を選択した図書館について、「電子書籍貸出サービス」の利用実績の多い世代について、主な世代を、選択肢から3つご選択ください（わかる範囲で、3つ以下でも結構です）

▼質問	▷集計結果（n=147）	回答数	/147
（1）12歳未満		11	7.5%
（2）12歳〜19歳		9	6.1%
（3）20代		7	4.8%
（4）30代		51	34.7%
（5）40代		89	60.5%
（6）50代		79	53.7%
（7）60代		38	25.9%
（8）70代		6	4.1%
（9）80歳以上		0	0.0%
（10）その他、自由にご記入ください		36	24.5%
無回答		11	7.5%
	合計	337	

※その他〔記載〕：36件

自治体	地域	記載内容
市町村	北海道・東北	現在は市内小中学校に通う児童生徒に限定しているため
市町村	関東	2021年7月20日導入のため、十分な利用実績がない
市町村	関東	利用実績は分からないが、昨年度（2020年度）までの利用登録者で一番多いのは40代、二番目は50代、三番目は30代

不明（統計をとっていない、分析ができない等）　33件

質問3−13 質問3-1で（1）（2）「電子書籍貸出サービスを実施している」を選択した図書館について、貴館の「資料収集方針（選書基準）」において、電子書籍の選書する基準はありますか。もしある場合は概要をご記載ください（記載）

※その他〔記載〕：81件

自治体	地域	記載内容
都道府県立	関東	情報の内容、検索の利便性・多様性・使い易さ等に留意して評価し、評価の高いものを収集する
都道府県立	中部	利便性や実用性に留意して、調査研究に役立ち、長期に使用できるものを収集する。（「図書館資料選択基準」）
都道府県立	九州・沖縄	「図書館電子図書館資料収集要項」で電子書籍の収集範囲、収集方法について定めています
都道府県立	九州・沖縄	館外貸し出しができない辞書・事典・沖縄関係資料を中心に選書 ・おもに調査・研究に資する資料
政令市立	近畿	「図書館資料選定基準」 電子書籍の収集・保存に関しては、図書に準じ、さまざまな分野の資料を収集する。 特に紙媒体では購入対象としない、書き込み、切り取り式の資料が電子書籍化されたものや、音声データ付き、マルチメディア対応などを考慮して収集する
政令市立	近畿	電子図書館用資料については「図書館資料収集基準」に置いて下記の通り定めている。 電子図書館に必要な電子資料等の収集は、原則図書資料に準じ、以下に留意して行う。ア　読書に対して障害のある視覚障害者等が利用できるように音声データを含んだ資料を 選択的に収集する。イ　電子資料の特性を生かし、紙媒体では提供が難しい資料も選択的に収集する。ウ　郷土資料・行政資料に関しては、保存対象資料の中から選択的にデジタル化し提供に努める
政令市立	九州・沖縄	従来の図書館にはない新しい機能を最大限に生かして、普段、図書館に来館しない人にも、身近な課題の解決に役立て、良質で魅力がある本を選ぶ
政令市立	九州・沖縄	電子書籍で、子どもたちの学習支援に役立つ資料を中心に収集する（図書館資料収集要綱）

特別区立	関東	「千代田区立図書館図書館資料選定基準」の図書資料の選定基準に準拠するとともに、電子書籍の特徴を生かせるコンテンツや区関係資料を中心に選定する。なお、図書資料における選定外資料（マンガなど評価の定まっていないもの）や図書資料との重複タイトルはできるだけ避ける
市町村立	北海道・東北	貸出の利用状況をみて選書している
市町村立	北海道・東北	利用率の見込めそうな資料の購入
市町村立	北海道・東北	「図書館資料収集方針」電子資料（1）電子書籍　図書資料との重複に留意しながら、市民の知的関心に応える資料を収集する
市町村立	北海道・東北	現時点で電子図書館向けの基準は無い
市町村立	関東	電子書籍の収集・保存に関しては、図書に準ずる。・視覚障がい者等、読書に対し障害を持つ利用者に対応できるように音声データを含んだタイトルを考慮して収集する。・来館困難な利用者に配慮して、さまざまな分野の資料を収集する。・地域資料・貴重資料に関しては、利活用と保存を両立させるためにデジタル化を行う
市町村立	関東	（1）基本的には、紙媒体の一般書や児童書の選定基準を踏まえた上で、以下のような電子書籍の特性を活用できるものを選定する。（2）視覚障がい者や高齢者の読書を支援するため、文字の拡大や読み上げ機能がついた資料は積極的に収集する。（3）情報の変化が激しい、通信・法律・政治経済等の資料は、期間限定コンテンツでの購入を優先し、文学書や歴史書、趣味に関する資料等は、買い切り型のコンテンツでの購入を基本とする。（4）児童書の選定基準（4）で収集しないこととしている学習参考書・各種問題集について、電子書籍においては、書き込みの恐れがないため、購入を可とする
市町村立	関東	「収集方針」　第3　資料の種類　収集する資料は次のとおりとする。資料の選定については別に定める。・デジタルコンテンツ（電子書籍、データベース等）　「選定基準」・デジタルコンテンツ ① 電子書籍　電子書籍は、利用者の要求等に留意して、ハウツー本など電子書籍の特徴を 生かした資料を中心に、ベストセラー本や児童書なども選定する
市町村立	関東	高年者や障がい者等の読書支援のため、バリアフリー機能のついたものを中心に、主題毎のバランスに配慮して収集する
市町村立	関東	電子書籍も、紙の書籍の選書基準（木更津市立図書館情報収集要綱）に準ずるものとする
市町村立	関東	なし（今年度中に作成予定）
市町村立	関東	紙の資料の収集基準に準じている。今後、電子書籍の収集基準も整理していく
市町村立	関東	選書基準に記載はないが、「図書館電子図書館サービス実施要項」を別に設け、電子書籍の収集について、図書館図書収集要領及び図書館図書選定基準を準用することを規定している。
市町村立	中部	『日本十進分類法第10版』網目表による。収集の重要度は高いものから順にA(収集する)、B（集める）、C（いれる）とする。　例 0 類　総記〔図書館〕　　Ａ 等　　（以下省略）
市町村立	中部	「資料選択基準」に「9. 電子資料」として掲出。（1）から（4）の基準を設ける
市町村立	中部	通常の書籍の購入の基準と同じ。英語関係の書籍を多く導入
市町村立	中部	明確な基準は現在、作成中であるが、指針はある。電子書籍の利便性を生かせるように、料理本、健康、子育て、ビジネス等の実用書を充実させる。小さな子どもたちに本への興味を持ってもらうため「うごく絵本シリーズ」をすべて購入する。など
市町村立	中部	小説、語学や資格関係の参考書、問題集、絵本、紙芝居など、その特性を生かせるコンテンツを選定する。
市町村立	近畿	「図書館資料収集方針」に電子資料の収集上の留意点を明記
市町村立	近畿	ビジネス書、中高生向け小説、子ども向け調べ学習書、語学書、外国語絵本
市町村立	近畿	紙の「資料収集方針」に電子書籍の項目はありますが、電子書籍のみの収集方針は特にありません
市町村立	中国・四国	幅広い世代のニーズに応えられる選書
市町村立	中国・四国	選書基準として文書化したものはない。・紙の本では購入していない問題集　・語学学習に役立つ資料　・授業で使える調べ学習に役立つ資料　・動画で楽しめる資料等 これらを選定基準として選書している
市町村立	九州・沖縄	基準は設けていませんが、児童書や調べ学習に使用できる書籍を優先して購入しています

自治体	地域	
市町村立	九州・沖縄	市民の教養、調査研究、レクリエーション等に資する資料を幅広く収集する
市町村立	九州・沖縄	子育て・教育・健康づくりを考慮したもの。あらゆる年齢や様々な状況を考慮したもの。町民の要望や社会の要請を的確に把握したもの
市町村立	九州・沖縄	図書を補う資料を選定する
市町村立	九州・沖縄	紙媒体の資料収集方針を準拠し、選書会議を経て電子書籍を選書している
市町村立	九州・沖縄	利用ニーズの高い書籍　　　新刊書籍　学校図書館との連携を含め調べ学習関連書籍等々・・

紙の図書（図書収集方針等）に準じる 16 件
なし（特になし、ありません）27 件

質問3−14　質問 3-1 で（1）（2）「電子書籍貸出サービスを実施している」を選択した図書館について、昨年度（2020 年度）の貸出可能な電子書籍コンテンツの数（タイトル数）をご記入ください

※その他〔記載〕：137 件

自治体	地域	タイトル数
市町村立	中国・四国	32,909
市町村立	関東	28,741
政令市立	九州・沖縄	21,330
市町村立	関東	16,206
市町村立	関東	15,932
市町村立	関東	12,195
市町村立	中部	11,615
市町村立	中国・四国	11,045
市町村立	北海道・東北	10,468
政令市立	近畿	10,174
市町村立	関東	10,000
市町村立	関東	9,916
市町村立	九州・沖縄	9,892
市町村立	九州・沖縄	9,891
特別区立	関東	9,838
市町村立	近畿	9,668
市町村立	関東	9,664
市町村立	関東	9,498
市町村立	北海道・東北	9,384
市町村立	関東	9,347
市町村立	関東	9,291
市町村立	近畿	9,169
市町村立	近畿	9,098
市町村立	近畿	9,000
市町村立	中国・四国	8,970
特別区立	関東	8,740
市町村立	九州・沖縄	8,711
政令市立	北海道・東北	8,561
市町村立	中部	8,500
市町村立	近畿	8,420
特別区立	関東	8,343
市町村立	関東	8,329
市町村立	近畿	8,240
市町村立	関東	8,215
市町村立	関東	8,184
市町村立	近畿	8,183
市町村立	関東	8,179

市町村立	関東		7,937
市町村立	近畿		7,918
市町村立	九州・沖縄		7,830
都道府県立	中国・四国		7,726
政令市立	九州・沖縄		7,549
市町村立	関東		7,492
市町村立	九州・沖縄		7,392
市町村立	関東		7,000
市町村立	関東		6,800
市町村立	中国・四国		6,593
市町村立	近畿		6,488
市町村立	中部		6,326
市町村立	近畿		6,262
市町村立	関東		6,174
政令市立	関東		6,110
市町村立	九州・沖縄		5,800
市町村立	中部		5,537
都道府県立	中部		5,529
市町村立	近畿		5,304
都道府県立	中国・四国		5,277
市町村立	九州・沖縄		5,033
都道府県立	中部		4,697
市町村立	関東		4,637
市町村立	関東		4,591
市町村立	近畿		4,490
市町村立	関東		4,062
市町村立	九州・沖縄		4,001
市町村立	九州・沖縄		3,830
市町村立	近畿		3,799
市町村立	関東		3,686
市町村立	北海道・東北		3,640
市町村立	中部		3,520
政令市立	近畿		3,481
市町村立	九州・沖縄		3,416
市町村立	九州・沖縄		3,151
市町村立	九州・沖縄		3,142
市町村立	中国・四国		3,000
市町村立	近畿		2,977
市町村立	近畿		2,918
市町村立	関東		2,914
市町村立	九州・沖縄		2,811
市町村立	九州・沖縄		2,729
市町村立	中国・四国		2,700
市町村立	関東		2,671
都道府県立	関東		2,630
市町村立	近畿		2,419
市町村立	中部		2,406
政令市立	中部		2,308
市町村立	中国・四国		2,032
市町村立	関東		2,000
都道府県立	中国・四国		1,959
市町村立	北海道・東北		1936
市町村立	中国・四国		1,921

市町村立	関東	1,893
市町村立	関東	1,891
市町村立	中国・四国	1,860
市町村立	中部	1,767
市町村立	関東	1,766
市町村立	九州・沖縄	1,700
市町村立	九州・沖縄	1,650
市町村立	関東	1,568
市町村立	近畿	1,466
市町村立	北海道・東北	1,448
市町村立	九州・沖縄	1,357
市町村立	関東	1,300
市町村立	関東	1,267
政令市立	九州・沖縄	1,258
市町村立	近畿	1,230
市町村立	近畿	1,185
市町村立	関東	1,173
市町村立	九州・沖縄	1,040
市町村立	近畿	1,011
市町村立	中国・四国	1,007
市町村立	近畿	1,000
市町村立	九州・沖縄	1,000
市町村立	中部	987
市町村立	中国・四国	919
市町村立	近畿	870
市町村立	中国・四国	850
市町村立	中部	832
市町村立	中部	800
市町村立	近畿	781
都道府県立	九州・沖縄	776
市町村立	北海道・東北	752
市町村立	近畿	741
市町村立	北海道・東北	710
都道府県立	九州・沖縄	663
市町村立	北海道・東北	637
市町村立	関東	573
市町村立	中部	470
市町村立	中国・四国	456
市町村立	北海道・東北	263
市町村立	中部	209
市町村立	中部	172
市町村立	関東	114

市町村立	関東	約12,500 （青空文庫含む）
市町村立	近畿	今年度の7月からの導入
市町村立	関東	なし（2021年7月20日導入のため）
市町村立	九州・沖縄	2020年度未導入のため、回答なし
市町村立	関東	2020年度は未実施

質問3−15　質問3-1で（1）（2）「電子書籍貸出サービスを実施している」を選択した図書館について、昨年度（サービス開始から1年未満の場合はこれまでの合計）の電子書籍の貸出件数をご記入ください。

※その他〔記載〕：133件

自治体	地域	タイトル数
政令市	九州・沖縄	82,865
政令市	北海道・東北	71,632
政令市	関東	68,976
市町村	関東	54,857
政令市	近畿	30,167
政令市	近畿	26,773
特別区	関東	21,981
市町村	関東	20,777
政令市	九州・沖縄	18,101
市町村	関東	16,469
市町村	近畿	14,310
市町村	中部	14,286
市町村	近畿	13,831
市町村	関東	12,931
特別区	関東	11,231
市町村	関東	9,854
市町村	近畿	9,662
政令市	九州・沖縄	9,601
市町村	関東	9,393
都道府県	中国・四国	9,358
市町村	近畿	9,139
市町村	中部	9,080
市町村	関東	8,296
市町村	関東	8,218
市町村	関東	6,938
市町村	関東	6,915
市町村	九州・沖縄	6,883
市町村	中国・四国	6,419
市町村	中部	6,385
市町村	関東	6,193
市町村	関東	6,040
市町村	中部	5,972
市町村	九州・沖縄	5,890
都道府県	中国・四国	5,794
市町村	近畿	5,324
市町村	近畿	5,262
市町村	近畿	5,206
市町村	近畿	5,174
市町村	中国・四国	5,043
都道府県	九州・沖縄	4,680
都道府県	中国・四国	4,587
市町村	関東	4,572
市町村	近畿	4,492
市町村	中部	4,318
市町村	九州・沖縄	4,297
市町村	関東	4,200

市町村	関東		4,198
政令市	中部		3,999
市町村	九州・沖縄		3,941
市町村	関東		3,913
市町村	九州・沖縄		3,700
市町村	中部		3,608
市町村	中国・四国		3,149
市町村	関東		3,085
市町村	関東		3,061
市町村	関東		3,057
市町村	関東		2,931
市町村	北海道・東北		2,891
市町村	九州・沖縄		2,858
市町村	関東		2,789
市町村	九州・沖縄		2,727
市町村	近畿		2,709
市町村	九州・沖縄		2,627
市町村	近畿		2,594
市町村	関東		2,485
市町村	近畿		2,441
都道府県	中部		2,375
市町村	中国・四国		2,251
市町村	関東		2,222
市町村	中国・四国		2,222
市町村	関東		2,103
市町村	中部		2,062
市町村	中部		2,043
市町村	近畿		2,026
市町村	中国・四国		2,005
市町村	関東		2,000
市町村	関東		2,000
市町村	北海道・東北		1,976
市町村	九州・沖縄		1,770
市町村	中国・四国		1,667
市町村	関東		1,615
市町村	九州・沖縄		1,610
市町村	関東		1,603
市町村	中国・四国		1,599
市町村	中部		1,583
市町村	北海道・東北		1,521
市町村	近畿		1,509
市町村	北海道・東北		1,502
市町村	中国・四国		1,480
市町村	近畿		1,431
市町村	九州・沖縄		1,417
市町村	九州・沖縄		1,406
市町村	近畿		1,391
市町村	近畿		1,240
市町村	中部		1,230
市町村	関東		1,053
市町村	中部		1,039
市町村	北海道・東北		1009
市町村	関東		933

市町村	近畿		829
市町村	九州・沖縄		821
市町村	九州・沖縄		809
市町村	関東		709
市町村	九州・沖縄		676
市町村	北海道・東北		675
市町村	近畿		674
市町村	九州・沖縄		669
市町村	九州・沖縄		645
市町村	九州・沖縄		640
市町村	九州・沖縄		603
市町村	近畿		599
市町村	関東		576
市町村	中部		565
市町村	近畿		526
市町村	関東		500
市町村	関東		491
市町村	中国・四国		491
市町村	近畿		469
市町村	関東		451
市町村	関東		440
市町村	北海道・東北		332
市町村	中部		324
市町村	中国・四国		321
市町村	関東		291
市町村	中国・四国		237
市町村	九州・沖縄		200
市町村	中国・四国		193
市町村	北海道・東北		165
市町村	中国・四国		159
市町村	関東		72

特別区立	関東	2021 年 7 月 20 日導入のため不明
市町村立	九州・沖縄	2020 年度未導入のため、回答なし
市町村立	関東	なし（2021 年 7 月 20 日導入のため）

質問 3−16　質問 3-1 で（1）（2）の「電子書籍貸出サービスを導入している」を選択した図書館について、「電子書籍貸出サービス」を導入後の感想を、選択肢からご選択ください（複数選択可）

▼質問（複数回答あり）　　　　▷集計結果（n=147）	回答数	/147
（1）計画（予想）よりも、利用（利用者）が多い	23	15.6%
（2）計画（予想）通りの利用数である	36	24.5%
（3）計画（予想）よりも、利用（利用者）が少ない	59	40.1%
（4）その他、自由にご記入ください	30	20.4%
無回答	5	3.4%
合計	153	

※その他〔記載〕：30 件

自治体	地域	記載内容
都道府県	中部	H30 年度以降は利用が増加傾向にあったが、R2 年度はコロナ禍（交付金によるコンテンツ像、非接触推奨）の影響を受けてか大幅増となった
都道府県	中国・四国	新型コロナウイルス感染症の影響により、登録・利用ともに増えたが、現在の利用は横ばい

政令市	近畿	2011 年度に導入してからスマホ等のデバイスの普及とともに利用は増加。2020 年度はコロナ禍の影響で大幅に利用が増え、更なるコンテンツの充実が必要と考えている
政令市	近畿	2020 年 12 月まで試行実施していた OverDrive のシステムによるサービスよりも、貸出者数・冊数ともに増加した
政令市	九州・沖縄	当初は予想を上回ったが、最近は減少気味である
特別区	関東	2021 年 7 月 20 日導入のため不明
特別区	関東	導入当時、利用統計に関する計画（予想）値を設定した記録がないため、回答しかねる
市町村	北海道・東北	月ごとにみると利用数に大きな波がある
市町村	北海道・東北	主な利用者層として 20 代〜30 代を想定していたが、導入後は 40 代〜60 代の利用者が多く、70 代以上の高齢の方の利用もみられた。図書館が閉館している夜間〜朝の時間帯の貸出が 52％あり、また長期休館期間に利用が増えるなど、「いつでもどこでも本を借りられる」という利点を活かしたサービスを実施できている手応えがある
市町村	関東	2021 年 7 月 20 日導入のため、現時点では不明
市町村	関東	30 代から 50 代の利用者は多いが、10 代から 20 代の利用者は少ない
市町村	関東	コロナの影響で休館していた期間は貸出数が多かったが、通常開館後は減少した
市町村	関東	予測数値を立てにくい
市町村	関東	計画（予想）の数値を設定してない
市町村	関東	導入直後は多くのアクセスおよび貸出があったが、その後減少している。少なくとも、導入直後の貸出数には戻したい
市町村	中部	開館して間もないため、今後、さらに多くの利用者に周知していくことが課題である
市町村	近畿	導入時に利用の予測値を出していない
市町村	近畿	利用数の予想はしていなかったが、通常の書籍の蔵書数に比べ利用される割合（数）は多い
市町村	近畿	新型コロナウイルスの影響で、昨年度から登録者数、利用数が急増した
市町村	近畿	導入当初で不明
市町村	近畿	まだ一ヶ月も経っていないので、分析できない
市町村	近畿	市内小中学校の全児童生徒に ID 付与しているので、利用統計上は数値を伸ばしているが、公共図書館（一般）の利用者がまだまだ少ないので、障がい者や高齢者への利用促進にも努める必要がある
市町村	近畿	小中学校の児童・生徒にタブレット端末が配布されたことに合わせ、全児童・生徒に ID、パスワードを付与し、朝読などでも利用できるようにした。そのため、この年齢の利用が増加した
市町村	近畿	導入当初は予想より利用が少なかったが、新型コロナウイルス感染症の影響で令和 2 年度からは利用が多くなっている
市町村	中国・四国	固定の利用者が多く、新規利用者の利用促進が今後の課題である
市町村	中国・四国	老眼の中高年の利用・要望が多い
市町村	九州・沖縄	始まったばかりなので様子をみているところです
市町村	九州・沖縄	自信をもってすすめられるコンテンツの了が少ないので広報しづらい
市町村	九州・沖縄	導入して間もないため、実績が分からない。
市町村	九州・沖縄	情報の周知の工夫が必要である。現在は図書館ＨＰ，市ＨＰ、図書館ブログ、広報誌等にて発信しているがあまり浸透していない状況である

質問 3−17 質問 3-1 で（1）（2）「電子書籍貸出サービスを導入している」を選択した図書館について、「電子書籍貸出サービス」を導入の運営管理について、選択肢からご選択ください（複数選択可）

▼質問（複数回答あり）　　　　　　　　　　　▷集計結果（n=554）	回答数	/554
（1）運用・管理は予定通りである	85	57.8%
（2）運用・管理が煩雑で負担が大きい	32	21.8%
（3）利用者（利用希望者）からの説明希望が少ない	42	28.6%
（4）利用者（利用希望者）からの説明希望が多い	8	5.4%
（5）その他、自由にご記入ください	15	10.2%

		4	2.7%
無回答		4	2.7%
	合計	186	

※その他〔記載〕：15 件

自治体	地域	記載内容
都道府県	中国・四国	資料選定が重複のチェックやリストの提供方法の点から難しく、選定をする職員が限られてしまっている
都道府県	九州・沖縄	サイト設計や管理機能面において図書館の自由度が低い
特別区	関東	2021 年 7 月 20 日導入のため不明
市町村	関東	運営管理は指定管理者が行っている
市町村	関東	選書の負担は大きいと感じている
市町村	関東	選書ツールが整備されておらず、効率的に選書できていない
市町村	関東	選書が難しい
市町村	中部	アメリカの業者だからなのか、日本十進分類法に基づいた電子書籍の統計がとれない
市町村	中部	予想していたよりも、苦情や問い合わせが少ない。
市町村	近畿	図書館システムと連携していないため、コンテンツの検索や利用統計に不便を生じている
市町村	近畿	独自資料の登録や利用者サイトの管理に労力がかかり、負担が大きい
市町村	近畿	コンテンツについて、複本の管理が難しい
市町村	近畿	基本的な管理作業についてはさほど煩雑ではないが、利用を促進するためには頻繁な更新作業が必要となるため負担は大きくなる
市町村	九州・沖縄	電子図書館統計管理が稚拙で使いづらい
市町村	九州・沖縄	導入して間もないため、実績が分からない

質問 3−18　質問 3-1 で（1）（2）「電子書籍貸出サービスを実施している」の図書館について、「電子図書館サービスの電子書籍（コンテンツ）の費用をどのような予算項目としていますか、選択肢からご選択ください（複数選択可）

▼質問（複数回答あり）　　　　　　　　　　▷集計結果（n=147）	回答数	/147
（1）資料費	39	26.5%
（2）使用役務	56	38.1%
（3）業務委託料	18	12.2%
（4）その他記載	43	29.3%
無回答	1	0.7%
合計	157	

※その他〔記載〕：43 件

自治体	地域	記載内容
市町村	中部	業務委託による郷土資料の電子書籍化を実施
市町村	関東	指定管理料
市町村	関東	紙の図書資料費とは別に電子書籍購入の予算がある（消耗品扱い）
特別区	関東	資料費 ＞ その他資料費 ＞ デジタルコンテンツ費
市町村	中部	需要費（書誌データ・有期限ライセンス）、備品購入費（永久ライセンス）
市町村	中部	図書購入費
市町村	九州・沖縄	電子図書館システム使用料
市町村	九州・沖縄	予算科目　消耗品費

使用料及び賃借料　14 件、備品購入費　8 件、使用料　7 件、事業費　2 件、借損料　2 件、未記入　2 件

質問 3-19 質問 3-1 で（3）（4）の「電子書籍貸出サービスを導入する予定がある（検討中）」の図書館について、「電子書籍貸出サービス」導入開始時期が公表できれば、選択肢からご選択ください（一つ選択）

▼質問（一つ選択）　　　　　　　　　　　　▷集計結果（n=233）	回答数	/233
（1）令和 3 年度中（2021 年）	23	9.9%
（2）令和 4 年度（2022 年）	4	1.7%
（3）その他	127	54.5%
無回答	79	33.9%
合計	233	

※その他〔記載〕：127 件

自治体	地域	記載内容
都道府県	九州・沖縄	明確な導入開始時期は設定してない。
政令市	中部	情報収集のみ
特別区	関東	導入の予定をしているが、具体的な検討まで至っていない
市町村	北海道・東北	具体的な導入予定はないが、情報収集はしています
市町村	北海道・東北	公表できる段階にない
市町村	北海道・東北	公表できない
市町村	関東	検討中のため導入するか不明である
市町村	関東	著作権、書籍の権利（2 年）が少しでも緩やかになれば導入ができる
市町村	関東	導入年度も含めて検討中
市町村	関東	導入開始時期を検討するまでに至っていない
市町村	中部	現時点では電子図書館サービスを導入検討の結論に至らないが、引き続き業界動向等の情報収集を行っている
市町村	近畿	予算措置ができれば（令和 4 年度目標）
市町村	中国・四国	電子図書館の普及は時代の流れであり、GIGA スクールによる学校授業での活用や、新しい生活様式の定着により市民ニーズが高まった際には、導入に向けた前向きな検討に入りたいと考えております
市町村	九州・沖縄	導入時期の目途はたっていない
市町村	九州・沖縄	令和 4 年度に青空文庫を導入予定
市町村	九州・沖縄	導入を行うかどうか検討している段階であり、導入開始時期は未定

未定　87 件、令和 5 年度（2023 年）以降　8 件、（具体的に）決まっていない　8 件、検討中　5 件、不明　2 件、なし　1 件

質問 3-20 質問 3-1 で（5）の「電子書籍貸出サービスを実施する予定はない」を選択した図書館について理由を、選択肢からご選択ください（複数選択可）

▼質問（複数回答あり）　　　　　　　　　　　▷集計結果（n=155）	回答数	/155
（1）図書館を利用できる住民からのニーズがない	71	45.8%
（2）予算問題	135	87.1%
（3）電子書籍貸出サービス担当者の問題	22	14.2%
（4）首長（市長・町村長等）や議会からの要望がない	41	26.5%
（5）その他、自由にご記入ください	18	11.6%
無回答	5	3.2%
合計	292	

※その他〔記載〕：18 件

自治体	地域	記載内容
都道府県	近畿	図書館の資料として保存ができない
都道府県	近畿	課題の検討が必要
都道府県	中国・四国	図書館用の電子書籍貸出サービスでは、ベストセラー等、魅力的なコンテンツが提供されない

都道府県	九州・沖縄	資料収集の方針に対応する資料が少ない
市町村	北海道・東北	タイトル数が少ない
市町村	北海道・東北	コンテンツも少なくサービスを利用できる市民が限定されるため。費用対効果
市町村	北海道・東北	一番の利用者層（児童生徒及び高齢者）におけるニーズの低さ。
市町村	関東	町ではアウトメディアの推進を図っているため
市町村	関東	契約が2年間という縛りのため、紙の書籍購入のような保存がなく、当館で賄えない資料の貸し借りが困難になる。従って資料費がかさむ傾向にあるのではないかと思われる
市町村	中部	電子書籍は来館せずに貸し出されることから来館者の減少を招くものとも考えられ、まちづくりに貢献する当館の意図に反するものである。
市町村	中部	利用者ニーズについても不透明
市町村	近畿	・買い切りではなく利用契約が基本であり、継続利用が困難　・価格が業者の言い値に近く購入する側にとって不利　・魅力的なコンテンツが少ない
市町村	近畿	提供コンテンツが少ない
市町村	近畿	提供可能な電子書籍のコンテンツのタイトル数、分野にばらつきがあること
市町村	近畿	貸出できるコンテンツの大部分に制限があり（冊数や回数・年数での制限など）、首長部局や利用者への説明が難しい
市町村	中国・四国	検討する段階に至っていない
市町村	中国・四国	図書館を共同運営している県立図書館で実施済のため
市町村	九州・沖縄	利用できるコンテンツが少なく、費用に見合うメリットが少ない

質問3－21　電子書籍貸出サービスを未導入の図書館について、「電子書籍貸出サービス」を新規に導入する場合の課題について、懸念される事項がありましたら、選択肢からご選択ください（複数回答可）

▼質問（複数回答あり）　　　　　　　　　　　▷集計結果（n=405）	回答数	/405
(1) 電子図書館導入予算の確保	358	88.4%
(2) 担当部署、担当者の問題	91	22.5%
(3) 図書館利用者からのニーズ	190	46.9%
(4) 電子書籍貸出サービスの導入に対する、費用対効果	332	82.0%
(5) 電子書籍貸出サービスで提供されるコンテンツ	287	70.9%
(6) 電子書籍貸出サービスが継続されるかどうか（サービス中止に対する不安）	180	44.4%
(7) 図書館の電子資料を他の図書館へ貸し出すための方法や基準	66	16.3%
(8) 電子書籍貸出サービスを実施するための十分な知識（経験）がない	142	35.1%
(9) 電子書籍貸出サービスを選択する場合の基準や方法がわからない	91	22.5%
(10) 利用者に対する電子書籍貸出サービスの説明	89	22.0%
(11) その他、自由にご記入ください	23	5.7%
無回答	7	1.7%
合計	1856	

※その他〔記載〕：23件

自治体	地域	記載内容
都道府県	北海道・東北	永続的な使用料予算の確保
都道府県	近畿	1資料内容　2業者の選択
都道府県	中国・四国	電子書籍貸出サービスは奉仕対象人口が多くなるほど高くなる料金体系のため、県立図書館での導入は割高感がある
政令市	北海道・東北	図書館システムとの連携について
政令市	中国・四国	導入後の運用コスト
市町村	北海道・東北	導入後経費の確保
市町村	北海道・東北	様々な課題があるかと思いますが、現段階では、詳細の回答ができるまで、協議されていません
市町村	関東	アウトメディアとの整合性のとり方

市町村	関東	高齢者層が多い町のため、利用者層の確保が厳しいのではないかと考える。また、電子図書館導入したことによる資料費削減の懸念
市町村	関東	図書館システムと非連携のため、利用者管理など運用面で懸念がある
市町村	関東	電子図書館利用のランニングコスト、コンテンツ購入費用の問題
市町村	関東	電子書籍を閲覧する機器（パソコン・スマホなど）を自分で持っていない利用者から機器を貸して欲しいといわれた時の対応
市町村	関東	高齢利用者の利用障壁の高さ
市町村	関東	選書にかかる負荷
市町村	中部	利用できる人、できない人のサービスの格差
市町村	中部	機器を所持していない利用者への対応
市町村	近畿	料来の価格高騰に対する不安（定価販売でないため、大学図書館のオンラインジャーナルのようにならないか懸念している）
市町村	近畿	契約方法による資料利用回数の制限等で将来にわたる保存の不安
市町村	近畿	コンテンツに利用期間があり、図書のように一度購入すればいつまでも利用できるものではないこと。デジタル資料を利用できない利用者のために、図書も必要であること。図書館システム更新の際に、電子書籍貸出サービスも継続して使用できるのか
市町村	中国・四国	コンテンツ不足と新刊書蔵書の制約
市町村	中国・四国	特になし。
市町村	九州・沖縄	維持費・保守費用等の確保
市町村	九州・沖縄	動向や実績をみて総合的に判断したい

質問3－22 電子書籍貸出サービスを未導入の図書館について、Q32 質問3-21で（5）「電子書籍貸出サービスで提供されるコンテンツ」を選択した図書館におかれまして、懸念することについて、選択肢から選択ください　　（複数選択可）

▼質問（複数回答あり）　　　　　　　　　　　　▷集計結果（n=287）	回答数	／287
（1）提供されている電子書籍コンテンツのタイトル数が少ない	235	81.9%
（2）新刊のコンテンツが提供されにくい	177	61.7%
（3）コンテンツの規格がわかりにくい	65	22.6%
（4）コンテンツの価格	216	75.3%
（5）コンテンツ購入（提供）費用の会計処理の基準	63	22.0%
（6）コンテンツを閲覧するビューアが自由に選べない	40	13.9%
（7）その他、自由にご記入ください	22	7.7%
無回答	4	1.4%
合計	822	

※その他〔記載〕：22件

自治体	地域	記載内容
都道府県	北海道・東北	必要なコンテンツが無い（選べない）、不要なコンテンツを抱き合わせで契約させられるのではないかという懸念がある
都道府県	近畿	一度利用者に提供していたコンテンツが、契約の満了、出版社の倒産、著作者の事情など提供できなくなるいこと。「買い切り」であっても次の業者に引き継げない。また、読書バリアフリーに対応した音声読み上げの資料数が少ないのではと懸念している
都道府県	近畿	専門書（市町図書館と専門図書館の中間くらい）にあたるコンテンツがどの程度存在するのか
都道府県	中国・四国	ベストセラー等、利用が見込めるコンテンツが提供されない
特別区	関東	使用期限が切れた際の取り扱い
市町村	北海道・東北	電子書籍は写真や絵、図などが使用されている資料の表示に適していないと考えているが、購入して内容を見てみないとその資料が「適していない」かどうかわからないこと
市町村	北海道・東北	買い切り型ライセンス資料が少ない
市町村	北海道・東北	回数制限があり、データが消滅する（所蔵資料とならない）こと
市町村	関東	コンテンツ選定のシステムが使いにくい。利用回数・期間に制限があるものが

		多い
市町村	関東	マルチメディア機能に偏ったコンテンツを図書館で提供することの是非
市町村	関東	導入後2年ごとにさらにライセンス料が必要なコンテンツがある
市町村	関東	一つのコンテンツについて、貸出回数や利用年数に制限があり、資料として蓄積することができない
市町村	関東	一定の貸し出し回数または期間でコンテンツが消えてしまうというライセンス形態
市町村	関東	通信環境の整備
市町村	関東	導入していないので、Q33の質問内容が不明
市町村	中部	市として認可されるかどうかが心配
市町村	中部	電子書籍貸出導入＝人気の新刊がすぐに読めると思っている利用者が多い
市町村	近畿	コンテンツそのものがよくわからない
市町村	近畿	契約会社が倒産または撤退した場合、データがすべて使用できなくなる可能性があるため
市町村	近畿	青空文庫のような無料コンテンツもパッケージに入っている配給会社もあるとのこと
市町村	近畿	市販の電子図書コンテンツの量と比べると圧倒的に少ないため、利用者が期待するサービスと図書館で行えるサービスのイメージが大きく離れている
自治体	九州・沖縄	コンテンツの利用回数や利用期間に制限がある

[資料 A.4]　「国立国会図書館 図書館向けデジタル化資料送信サービス」に対する対応について

※「国立国会図書館 図書館向けデジタル化資料送信サービス」（以下、図書館向けデジタル化資料送信サービス）とは、国立国会図書館がデジタル化した資料のうち、絶版等の理由で入手困難な資料を全国の公共・大学図書館等の館内で利用できるサービスのことを言います

質問 4-1　「図書館向けデジタル化資料送信サービス」の対応について、選択肢からご選択ください（一つ選択）

▼質問（一つ選択）　　　　　　　　　　　　　　▷集計結果（n=554）	回答数	/554
（1）申し込んで、閲覧・複写サービスを開始している	226	40.8%
（2）申し込んで、閲覧サービスのみ開始している	29	5.2%
（3）令和3年度（2021年）中に申し込みをする予定で検討している	26	4.7%
（4）令和4年度（2022年）以降に申し込みをする予定で検討している	47	8.5%
（5）現在のところ申し込む予定はない（差し支えなければ（6）に理由をご記入ください）	193	34.8%
（6）その他（記載）	99	17.9%
無回答	13	2.3%
合計	633	

※その他〔記載〕：99件

自治体	地域	記載内容
政令市	中国・四国	中央図書館に加え令和3年度中に地区図書館でも開始予定
政令市	九州・沖縄	今後の検討とするもので、時期としては未定のため
市町村	北海道・東北	ニーズが確認できれば今後検討する
市町村	北海道・東北	現在検討中
市町村	北海道・東北	指定管理事業者との協議が必要である
市町村	北海道・東北	導入検討について、まだ始めてもいない
市町村	北海道・東北	市内大学図書館にて導入されており、当館利用者も利用できるため
市町村	北海道・東北	（5）理由：聞いたことはあるが、詳細を承知していないため
市町村	北海道・東北	状況をみて
市町村	北海道・東北	申込みをしたいところだが、指定管理者のため決定権がない

市町村	北海道・東北	予算確保が困難
市町村	関東	今後協議する予定のため
市町村	関東	登録に必要な条件を満たしていないため
市町村	関東	未検討のため
市町村	関東	IP アドレスを持っていないため
市町村	関東	次期システム再構築にともない検討予定である
市町村	関東	よくわからないため
市町村	関東	人件費削減のため1人勤務になりそちらまで手がまわらないから
市町村	中部	いずれ申込みしたいが、コロナ禍により国会図書館サービスのインターネット対応が変化してきたため、対個人向けサービスの拡大を期待している
市町村	中部	利用者からの要望があれば申し込みたい
市町村	中部	令和3年度（2021年）に参加申請を行い参加承認を得た
市町村	近畿	申し込み検討中（時期未定）
市町村	近畿	5月の著作権法改正にともなう公衆送信の制度の整備等の動向に応じて対応を考える
市町村	近畿	以前、申込しようとしたら、IP アドレスを調べるところでつまずいてしまったため。いずれは申込希望
市町村	近畿	近隣の実施している図書館に聞き取りをしたところ、利用が少ないとのこと。複写にも制限が多い。利用者向けネット環境が必要なこと
市町村	近畿	現時点で利用者からのニーズがなく、県内図書館所蔵資料でカバーできるため
市町村	近畿	送信量が大きい。一般のインターネット利用が多い上に、利用できるネット端末が少数で、規定の時間内に閲覧できない。また、複写についても印刷を行う人手がない
市町村	近畿	利用者から絶版の資料を要求されることがあまりないため。今後増加するようであれば検討する
市町村	近畿	利用方法を教えて頂きたい
市町村	近畿	サービス申し込み未定
市町村	近畿	県立図書館が当該サービスに対応しているため
市町村	中国・四国	利用があれば申し込む
市町村	中国・四国	申し込みたいが、時期未定
市町村	中国・四国	利用したい気持ちはあるが、現時点で予算がつかない
市町村	中国・四国	現在申請中で、国立国会図書館の承認待ちである
市町村	中国・四国	利用者からの要求があった場合に検討したい
市町村	中国・四国	図書館を共同運営している県立図書館が実施している
市町村	中国・四国	ニーズも少ないが、県立図書館が比較的近く、必要な際にはそちらで対応できるため
市町村	九州・沖縄	現時点で、県内の相互貸借サービスのみで事足りている
市町村	九州・沖縄	人員が足りない
市町村	九州・沖縄	利用者の閲覧が困難なため
市町村	九州・沖縄	県立図書館で利用可能であり、導入費用も必要なことから、現時点では導入予定はない
市町村	九州・沖縄	図書館員との相談で検討したい。担当も人事異動等で変動があるので即答はできません
市町村	九州・沖縄	利用者からの要望等があれば検討対象とする

利用者からのニーズ（需要）がない　30件
機器・設備の問題　25件

質問 4−2　質問 4-1 で（1）（2）を選択した方について、サービスを開始して感じる利点を、選択肢からご選択ください（複数選択可）

▼質問（複数回答あり）　　　　　　　　　　　　　　▷集計結果（n=255）	回答数	/255
（1）より多くの資料を提供できるようになった	212	83.1%
（2）新たな図書館利用者の開拓につながった	77	30.2%
（3）図書館利用者のニーズに即した資料をより適切に提供できるようになった	185	72.5%

（4）より迅速に資料を提供できるようになった	129	50.6%
（5）相互貸借を減らすことができた	72	28.2%
（6）利用者端末の有効活用につながった	51	20.0%
（7）その他（記載）	7	2.7%
無回答	0	0.0%
合計	733	

※その他〔記載〕：7件

自治体	地域	記載内容
都道府県	中部	コロナ禍において、非来館・非接触での資料提供ができる
市町村	関東	レファレンス対応に役立つことが増えた
政令市	関東	職員が調査をする際、利用できる資料が多くなり、情報提供ができるようになった
政令市	中国・四国	対応可能なレファレンスの幅が広がった
市町村	中部	複写の申し込みをしなくて良い
市町村	関東	複写料金が安くなった
市町村	近畿	利用が殆んどなく、利点が感じられない

質問 4－3　質問 4-1 で（1）（2）を選択した方について、図書館で「国立国会図書館　図書館向けデジタル化資料送信サービス」を開始して感じる課題を以下の選択肢からご選択ください（複数選択可）

▼質問（複数回答あり）　　　　　　　　　　　　▷集計結果（n=255）	回答数	/255
（1）利用が少ない	124	48.6%
（2）必要な資料・魅力的な資料が少ない	13	5.1%
（3）操作方法に工夫・改良の余地がある	58	22.7%
（4）運用・管理が煩雑である	51	20.0%
（5）設備や要員に係る負担が大きい	47	18.4%
（6）複写物の提供に係る判断が難しい	53	20.8%
（7）利用者への広報の仕方がわからない	29	11.4%
（8）特に課題はない	26	10.2%
（9）その他（記載）	20	7.8%
無回答	0	0.0%
合計	421	

※その他〔記載〕：20件

自治体	地域	記載内容
都道府県	北海道・東北	図書館向けコンテンツの一般向けが可能なものに切り換えてほしい。あわせて、国会図書館館内限定コンテンツの図書館向け開放も加速させてほしい
都道府県	北海道・東北	特になし
都道府県	関東	導入までの手続き、作業が煩雑である
都道府県	関東	タイトル数を増やしてほしい
都道府県	中部	資料によってスキャニングの質に差があり、読むことが困難な資料が存在する
都道府県	近畿	来館者によるプリントアウトを認めていただきたい
都道府県	近畿	登録利用者のみが利用対象となっていること。（遠方からの来館者は登録できない。）　・提供していた資料が出版者等の申出により削除されることがあること
政令市	関東	大量複写の対応に負担を感じる
政令市	中部	印刷可能なコンテンツの表示が分かりづらい
政令市	中国・四国	印刷に係る職員の負担が大きい
政令市	九州・沖縄	（3）50 コマずつしか PDF 化できない（4）印刷を職員が行う必要がある（5）専用端末を「印刷用」「閲覧用」で2台備えている
政令市	九州・沖縄	図書館でデータの複写の場合、画像の色の濃淡等をデータと同じように出すことを利用者は希望されるが、図書館のプリンターでは限界がある

特別区	関東	固定 IP でないと利用できないため、区内の図書館すべてに導入したくても、プロバイダによっては申し込みができない
市町村	関東	文字や画像が不鮮明なことがある（複写時）
市町村	中部	新型コロナウイルス感染症拡大防止のため、利用者用ＤＢＰＣの使用を停止しているので、利用が少ない
市町村	中部	利用者が資料を入手するまでに時間がかかる
市町村	近畿	大量の複写希望があったときの対応
市町村	近畿	資料1ページ毎に細かな印刷設定をしなければ文字が読みづらくなる場合があり、通常の複写よりも手間と時間がかかる時がある
市町村	中国・四国	画像の鮮明さ
市町村	中国・四国	共同運営している県立図書館が実施している
市町村	九州・沖縄	端末の設置場所と端末（画面のサイズが小さくて見えづらい）

［資料 A.5］　その他

質問5−1　貴館の自治体の総合計画の ICT 活用について、「電子図書館」の導入活用がありますか

▼質問　　　　　　　　　　　▷集計結果（n=554）	回答数	/554
（1）自治体総合計画の ICT 活用に「電子図書館」が明記されている	19	3.4%
（2）自治体総合計画の ICT 活用に「電子図書館」は明記されていない	489	88.3%
（3）その他（記載）	20	3.6%
無回答	28	5.1%
合計	556	

※その他〔記載〕：20 件

自治体	地域	記載内容
都道府県	中部	DX 推進事業にエントリー・採択
都道府県	近畿	「県データ利活用プラン」を見る限り、「電子図書館」は見当たらない
政令市	北海道・東北	今後策定される DX 推進計画に学校図書館と電子図書館の連携を明記してもらうように打診中
特別区	関東	自治体情報戦略計画に「図書館情報サービスの充実（電子書籍などの活用推進）」を明記
市町村	北海道・東北	わからない
市町村	北海道・東北	総合計画ではなく、「デジタル化推進計画」に電子書籍導入が明記されている
市町村	北海道・東北	第三次市の子ども読書活動推進計画において読書や学習のための環境整備の取り組みとして「電子図書等の調査・研究及び導入」が明記されている
市町村	関東	総合計画に ICT 活用がない
市町村	関東	教育振興基本計画のＩＣＴ活用に「電子図書館」が明記されている。
市町村	関東	総合計画に明記されているが、ICT 活用ではなく、「読書環境の整備と充実」という項目
市町村	関東	未確認
市町村	関東	「電子図書館」という用語の記載はないが、「電子書籍」の記載はあり、ほぼ同義であると考える
市町村	関東	『第5次自治体基本構想・基本計画』の「第4章文化を育てるまち」にある「図書館機能及び施設の充実」の「施策の展開」において「電子書籍の導入を検討します」と記載しています
市町村	中部	「データベース導入・資料のデジタル化について検討」の記載がある
市町村	中部	総合計画の基本施策「学習機会の充実」に「電子図書館」が明記されている
市町村	中部	「自治体総合計画」の「分野別施策」生涯学習で図書館サービスの充実に電子書籍の記載あり
市町村	近畿	「電子図書館」の明記はないが、郷土資料のデジタル化を進める等の記載はある

市町村	近畿	「図書館の活用」として「電子図書館の整備に向けた検討」が入る予定
市町村	近畿	「電子書籍の導入を検討」とある
市町村	九州・沖縄	市立図書館は、県立図書館と一体型の図書館運営という特殊性から「電子図書館」については「県立・市立一体型図書館及び郷土資料センター（仮称）整備基本計画」に明記されている

質問５−２　図書館の運営は、指定管理業者が行っていますか

▼質問　　　　　　　　　　　　　▷集計結果（n=554）	回答数	／554
（1）すべての図書館について指定管理業者が運営している	74	13.4%
（2）その他（記載）	411	74.2%
無回答	69	12.5%
合計	554	

※その他〔記載〕：411件

地域	自治体	記載内容
市町村	東北・北海道	一部の配本所のみ指定管理者が運営（指定管理者運営施設内に配本所を設置のため）
市町村	東北・北海道	検討中
市町村	東北・北海道	市の直営、カウンター業務は業者へ委託
政令市	関東	委託業者
政令市	関東	区立図書館10館中8館を指定管理者が運営している
特別区	関東	中央図書館以外の地域館すべての図書館について指定管理業者が運営している
特別区	関東	中央のみ一部委託。地域館は全て指定管理。
特別区	関東	中央図書館はで一部業務委託、地域館は指定管理で運営している
特別区	関東	中央図書館は窓口業務のみ委託。その他の図書館はすべて直営
特別区	関東	直営館2館（委託あり）　指定管理者館11館（内分室1館）
市町村	関東	2016年度から2018年度までは指定管理による運営
市町村	関東	市役所が運営。窓口業務など一部業務を委託している
市町村	関東	運営を委託している
市町村	関東	市内4館のうち、3館は直営、1館は公益社団法人シルバー人材センターに一部委託している
市町村	関東	図書館のサービスポイントとなっている公民館図書室の運営を指定管理業者が行っている
市町村	関東	正職員と会計年度任用職員で運営している
市町村	関東	ＰＦＩ手法導入により、図書館運営の一部をＰＦＩ事業者が担っている
市町村	関東	一部の分室について業務委託を行っている
市町村	関東	一部指定管理に移行する予定がある
市町村	関東	教育委員会直営方式
市町村	関東	現在は直営だが、来年度以降地区館のみ指定管理になる予定
市町村	関東	市の直営（4図書館のうち、3館は運営をNPO法人に委託）
市町村	関東	市直営及び窓口等委託
市町村	関東	令和4年度から一部の館で導入予定
都道府県	中部	指定管理業者の運営は施設管理のみ
都道府県	中部	施設管理のみ指定管理業者が行っている
政令市	中部	すべての図書館が直営で運営している。カウンター等の窓口業務のみ業務委託している図書館と図書室がある（4図書館、1図書室）
市町村	中部	運営一部業務委託（包括的委託）
市町村	中部	建物管理業務のみ指定管理業者
市町村	中部	市の直営（本の装備や図書館管理については一部委託）
市町村	中部	図書館運営業務委託

都道府県	近畿	施設等の維持管理及び修繕に関する業務について、指定管理者が行っている。
都道府県	近畿	施設管理等で一部導入している
政令市	近畿	外郭団体への委託及び直営
市町村	近畿	ＢＭ及び５分館の窓口業務委託（本館のみ直営）
市町村	近畿	一部の図書館について、指定管理者が運営している
市町村	近畿	教育委員会直営の中央図書館が運営、管理している
市町村	近畿	会計年度任用職員が行っている
市町村	近畿	市が直営で運営しているが、一部業務委託している
都道府県	中国・四国	一部カウンター業務等を指定管理者に委託している
都道府県	中国・四国	カウンター業務を民間企業に委託している
市町村	中国・四国	マーク作成、装備など一部業務を委託
市町村	中国・四国	司書と派遣職員による運営
市町村	中国・四国	業務委託
市町村	中国・四国	業務委託
市町村	中国・四国	PFI事業契約に基づきSPCから委託
市町村	中国・四国	一部の窓口等運営業務を民間業者へ委託している。
市町村	中国・四国	教育委員会　生涯学習班　図書館
市町村	中国・四国	県立図書館と市立図書館の共同運営（一部民間委託）
都道府県	九州沖縄	（県立図書館に関して）貸出・返却や利用者登録などの窓口対応および簡易なレファレンス対応については委託業者に一任している。そのほかレファレンス（調査）対応や館全体の運営は県職員が所掌している
政令市	九州沖縄	総合図書館（本館）の施設管理と、東図書館、11月に開館予定の早良図書館の運営を指定管理者が実施。その他9分館は直営
政令市	九州沖縄	一部の分館について指定管理業者が運営している
市町村	九州沖縄	民間会社の業務委託で運営している
市町村	九州沖縄	令和4年度より指定管理
市町村	九州沖縄	図書館業務（経理以外）のみ委託
市町村	九州沖縄	施設の維持管理は直営、運営については委託をしている。
市町村	九州沖縄	業務の一部を指定管理業者に委託している
市町村	九州沖縄	市の委託業者が行っている

直営273、直営・一部指定管理38、直営・一部業務委託10、一部営業委託6、窓口業務委託16、無記入9

質問5－3　貴館において、図書館内で利用者が使えるWi-Fiサービスを提供していますか、選択肢からご選択ください（一つ選択）

▼質問（一つ選択）　　　　　　　　　　　　　　▷集計結果（n=554)	回答数	/554
（1）利用者が使える無料のWi-Fiサービスがある	336	60.6%
（2）有料のWi-Fiサービスを案内している	3	0.5%
（3）Wi-Fiサービスは特に案内していない	145	26.2%
（4）その他（記載）	74	13.4%
無回答	6	1.1%
合計	554	

※その他〔記載〕：74件

地域	自治体	記載内容
都道府県立	北海道・東北	県内を訪れる観光客の利便性を高めるために，県で設置している公衆無線LANサービス『県Free Wi-Fi』が当館にも設置されている
都道府県立	北海道・東北	特定のキャリアに限定した無料のWi-Fiサービスがある
都道府県立	関東	特定のキャリアと契約している利用者のみ利用できるWi-Fiサービスがあ

		る
都道府県立	関東	利用者が使える無料の Wi-Fi サービスがある。有料の Wi-Fi サービスを案内している
都道府県立	関東	利用者が使える無料の Wi-Fi サービスはあるが、新型コロナウイルス感染拡大防止の観点から館内サービスを一部休止・縮小しており、その一環として現在は提供を休止している
都道府県立	中部	2021 年 8 月 1 日より無料の Wi-Fi サービス提供予定
都道府県立	九州・沖縄	令和 3 年 12 月〜運用開始予定
政令市立	北海道・東北	Free Wi-Fi の使用を案内している
市町村立	北海道・東北	図書館のみではなく、複合施設として無料の Wi-Fi サービスがある
市町村立	北海道・東北	提供予定
市町村立	北海道・東北	複合施設の中に図書館があり、施設自体（図書館外）では Wi-Fi サービスを提供している
市町村立	関東	（2）であるが、開架スペースでの利用を推奨
市町村立	関東	今年度中に Wi-Fi サービスを導入予定
市町村立	関東	市として災害時の通信手段の確保および通信環境の提供を目的に、通信事業者の公衆無線 LAN を設置しているため、それを案内している
市町村立	関東	一部の図書館で利用者が使える無料の Wi-Fi サービスがある
市町村立	関東	図書館が入る複合施設 1 階ロビーで無料の Wi-Fi サービスを提供している
市町村立	関東	図書館の学習室（自習室）にのみ Wi-Fi あり
市町村立	関東	設置されているキャリアの Wi-Fi サービスを案内している
市町村立	関東	貸出用ノート PC 用の無料 Wi-Fi が、持ち込み PC で利用できる状態。使おうと思えば使えるが積極的に案内はしていない。
市町村立	関東	通信事業者（NTT ドコモ・ソフトバンク）の設置した Wi-Fi の利用は可能となっている
市町村立	関東	令和 3 年度中に利用者が使える無料の Wi-Fi サービスを導入予定
市町村立	関東	au、softbank の Wi-Fi スポットがある
市町村立	関東	Wi-Fi はあるがあまり接続状況は良くない
市町村立	関東	館内の一部のスペースに限定して、利用者が無料で使える Wi-Fi サービスがある
市町村立	中部	市内の一部の図書館に利用者が使える無料の Wi-Fi サービスがある。
市町村立	中部	施設が都市公園内にあるため、観光客向けの無料の Wi-Fi サービスがあり、それを施設の一部で利用できる
市町村立	中部	中央図書館では今年度中に設置予定、分館については順次検討
市町村立	中部	併設施設にて利用者が使用できる無料の Wi-Fi サービスがある。
市町村立	中部	本館など一部の館のみ
市町村立	中部	無料の Wi-Fi サービスはあるが、現在停止中
市町村立	中部	無料の Wi-Fi サービスを今年度中に導入する予定あり
市町村立	近畿	複合施設のため、図書館内では無料の Wi-Fi のサービス提供はないが、施設内の一部スペースにて無料の Wi-Fi のサービスを提供している。
市町村立	近畿	令和 3 年度中にフリー Wi-Fi を提供予定（複合施設の館内一括）
市町村立	近畿	令和 3 年度中に本館・自習室において、利用者が使える無料の Wi-Fi サービス提供開始の予定
市町村立	近畿	7 分館のみ指定管理者が無料で提供している。（中央図書館・7 分室については未実施）
市町村立	近畿	サービス導入予定（2022 年 3 月）
市町村立	近畿	一部の図書館のみ（災害時の避難所指定のため）
市町村立	中国・四国	今後導入の予定がある（時期未定）
市町村立	中国・四国	町の防災ステーションとして Wi-Fi を提供
市町村立	中国・四国	無料の無線 LAN コーナーの貸出をしている
市町村立	中国・四国	au の Wi-Fi のみ
市町村立	中国・四国	フリースポットのサービスは行っている
市町村立	九州・沖縄	図書館に Wi-Fi 設備がない

市町村立	九州・沖縄	無料 Wi-Fi の提供を準備中
市町村立	九州・沖縄	令和 4 年度導入予定

Wi-Fi サービスは行っていない・無い　29 件

質問 7-3　その他、全体を通してご意見等ございましたら、ご記入ください（記載）

※〔記載〕：42 件

自治体	地域	記載内容
特別区	関東	近年、コロナ禍による外出自粛や学校教育における ICT 化の影響により、児童向けコンテンツの拡充を内外より強く求められているが、単にコンテンツ数を増やすだけでは、子供の読書活動の推進に結びつくとは考えられず、その対応に苦慮している。例えば、本の厚みや大きさ、装丁の魅力などは電子書籍から体感するのは難しい。大人世代では重視されない読破感など「読書の楽しさ」や「感性を高める」ことは、幼児～小学生世代における読書の意義として重要であり、物語作品を電子書籍で数多く読むだけで達成されるのか疑問に感じている。　今後、児童向けコンテンツの収集方針（例:小説コンテンツは多人数が使用する課題図書などを中心に限定的に収集、画像が多い実学関連のコンテンツを中心に収集するなど）や、紙の本と電子書籍の使い分け・活用例など幼児～小学生世代における電子書籍サービスのコンセプト・運営モデルを学べる機会（貴法人のセミナー等）があると有り難い
市町村	北海道・東北	蔵書管理・貸出業務システムの更新を検討しており、システムの更新に伴ってインターネット接続環境を整備したいと考えている
市町村	北海道・東北	市内図書館の書籍自体の利用も低調であり、電子書籍等の導入は今のところ必要性をあまり感じていない。新聞記事はデータベースを検討してもよいのではないかと個人的には思っているが、利用者の半数近くは 60 才以上の方であり、導入には色々と検討が必要である
市町村	関東	私共の図書館は、以下の問題で電子図書館の導入が停滞しています。　1 電子図書館の書籍で人気作品が著作権の問題で少ない　2 書籍の有効利用期限が 2 年
市町村	関東	図書室なので調査上不要な場合は無視してください
市町村	関東	電子書籍の利用方法として、一つのコンテンツについて貸出回数や利用年数の制限があるため、図書館資料として蓄積することができない。費用対効果の観点から見て、相当の費用をかけても数年でなくなってしまうことが税制的に資料費を縮減している自治体が多い中、大きな問題点と考えます
市町村	関東	電子書籍を導入する予算を確保することができない状況です。県立図書館で十分なコンテンツを用意してもらえるなら市民にそちらを紹介することになります。先々経済格差のほかに、住んでいる場所によってデジタル格差が生じていくことになると心配しています
市町村	関東	2021 年 6 月 24 日付けとしてアンケートの回答をしましたが、当自治体では 2021 年 7 月 7 日付けで電子図書館サービスを導入しています
市町村	近畿	一般に提供されているサブスクの書籍サービスがかなり安価で便利なので、図書館が行うサービスの限界を感じている。図書館で行うサービスとして何か付加価値があれば、良いのになぁと思う
市町村	近畿	電子図書館サービスの有効活用法を模索しています。一般利用者をはじめ、公共図書館と学校、また障がい者サービスとの連携事例をご紹介いただけるとありがたいです
市町村	中国・四国	町単体の運営は難しい、周辺自治体で合同運営（電子・通常）の利用（各自治体でシステムが異なるので難しいが）が行えるのであれば、利用者の利便性が向上してよいのではないかと思っている。県立図書館や無料の電子図書を案内している
市町村	中国・四国	導入当初は利用者（ログイン回数）も多く話題にもなったが、新刊や人気本などのコンテンツ不足からか、利用者が減少しつつある。公共図書館向けということで民間の電子書籍サービスのようにはいかないと思うが、今後提供できるコンテンツの充実に期待したい
市町村	中国・四国	電子書籍貸出サービスを検討中なので、導入にあたり課題等をアンケート結果により探ってみたいと思っています
市町村	中国・四国	電子図書館の必要性はだれもが認めていると思う。課題は現状のコンテンツ（価格が高い・種類が少ない）では費用対効果が見合わないことに尽きるのではないか
市町村	九州・沖縄	電子図書館は予算等のからみもあり、小さな町村での取り組みは厳しいと

		ころがある。しかしながら、学びの格差をなくすことは重要であり、できれば県や国レベルで電子図書館をつくり、安価で提供できるものにしてほしい。業者の囲い込みではなく、電子版国会図書館などを検討してほしい。過疎化の進む地域でも子どもたちの学びに格差をつけず ICT の見地からも重要な施策ではないかと思う
市町村	九州・沖縄	当館の電子図書館運用は他の自治体と合同で行っております。今回記載の数値は全て共同運営を合計したものです
市町村	九州・沖縄	田舎の小さな町の小さな図書館です。利用者層も高齢者が多く、あまりデジタルには馴染みがないようです。コロナ対策で「電子図書の導入」について議会に上がりましたが、予算とニーズに難がありボツになりました
市町村	九州・沖縄	現在、電子図書館・書籍のは、契約した業者からしかコンテンツの使用権を購入することができず、他社から購入できないし、財政難等で契約を終了したら、いままで購入したコンテンツは消えるシステムとなっている。これでは今後とても厳しいので、紙の本のように自由に購入でき、永久所有できるように動いてほしい。これからは、デジタルに移行していく時代なので出版社に最新の本も紙と同時に販売開始するように働きかけてほしい。価格も紙の本の 2〜3 倍するのが当たり前なのでこれも改善して欲しい。　電子図書館・書籍を普及させていくためには紙の本と同じような仕組みが必要

なし（特になし）計 15 件

[資料 B] 学校電子書籍サービスアンケート質問と集計結果

　電子出版制作・流通協議会では、今年（2021 年）初めて「学校電子書籍サービスアンケート」を実施した。

　アンケート実施の背景は、ICT 教育、GIGA スクール構想の実施の開始に伴い今後多くの学校（小学校・中学校・高等学校・高等専門学校・特別支援学校）の教育において「電子書籍等」電子資料の利活用をとらえ、より有効なサービスを検討することを考慮したためである。

　アンケート実施においては、すでに「電子書籍サービスを実施している 108 の学校（公立・私立）・教育委員会（公立）」を対象として実施した。

　アンケート対象の学校等、アンケート質問内容、アンケート実施方法については一般社団法人電子出版制作・流通協議会　電子図書館・コンテンツ教育部会委員の協力、検討いただいたものである。

　　※　％は小数点下二桁以下を四捨五入とした

[資料 B.1]　学校電子書籍サービスアンケート概要

【アンケート対象】
　電子書籍サービス導入・実施している学校（電流協電子図書館・コンテンツ教育利用部会委員各社から収集の、小学校・中学校・高等学校・高等専門学校・特別支援学校）108 学校（公立 25、私立 83）、公立学校は教育委員会含む
【アンケート方法】2021 年 6 月 24 日郵送による依頼
【アンケート期間】2021 年 6 月 24 日〜7 月 24 日（1 カ月）　Web で回答。ただし、都合により 8 月 4 日まで延長での回答あり。
【回答数】　回答数 32（学校・教育委員会）
【回収率】　29.6%（32/108）
公立学校（教育委員会）10（10/25:40.0%）
私立学校 22（22/83:26.5%）

[資料 B.2]　電子図書館サービスで導入・検討しているサービスについて

質問 1　貴校の学校の区分について以下からご選択ください（複数選択可）

▼質問（複数回答あり）　　　　　　　　▷集計結果（n=32）	回答数	/32
（1）小学校	3	9.4%
（2）中学校	20	62.5%
（3）高等学校	20	62.5%
（4）義務教育学校	0	0.0%
（5）中等教育学校	2	6.3%
（6）高等専門学校	2	6.3%
（7）特別支援学校	0	0.0%
（8）その他（記載）	2	6.3%
無回答	0	0.0%
合計	49	

※その他〔記載〕：2 件

公立・私立	学校種類	記載内容
公立	中学校	県内公立中学校（中等教育学校の前期課程及び特別支援学校の中学部を含む。ただし、政令市立を除く）

記載なし　1 件

質問 2　貴校で導入している電子書籍サービスについて、選択肢からご選択ください（複数選択可）
※　（　）内はサービス提供会社
※　「電子書籍サービス」では、「辞書・辞典サービス」及び「新聞データベースサービス」は含みません

▼質問（複数回答あり）　　　　　　　　▷集計結果（n=32）	回答数	/32
（1）LibrariE＆TRC-DL（図書館流通センター）	5	15.6%
（2）OverDrive（メディアドゥ）	3	9.4%
（3）エルシエロ・オーディオブック（京セラ CCS・オトバンク）	0	0.0%
（4）LibrariE（日本電子図書館サービス）	22	68.8%
（5）Kinokuniya Digital Library（KinoDen）（紀伊國屋書店）	2	6.3%
（6）スクール e ライブラリー（e ライブラリー有限責任事業組合）	3	9.4%
（7）丸善 e-Book library（丸善雄松堂）	1	3.1%
（8）その他（記載）	4	12.5%
無回答	0	0.0%
合計	40	

※その他〔記載〕：4 件

公立・私立	学校種類	記載内容
公立	高等専門学校	EBSCO eBooks，　ProQuest Ebook Central
公立	中学校	ジャパンナレッジ（トライアル）
私立	中学校	電子書籍サービスと類似するサービスで「ジャパンナレッジ School」
私立	高等学校	EBSCO eBooks

質問3 貴校において電子書籍サービスはいつから導入していますか　（導入年記載）導入した年（導入年を記載お願いします）

質問4 電子書籍サービス導入理由記載

※導入年順に記載

公立・私立	学校種類	導入年	導入理由
私立	高等専門学校	2012	電子書籍独自の機能（文字拡大）などがあり新しいサービス提供と保管・貸出管理の利点
私立	中学校・高等学校	2014	教員は利用しており、生徒にもニーズが生まれてくると考えたから
公立	高等専門学校	2016	図書館サービスの電子化の流れの一環として、また、図書館（資料）活用の多様性化を図ることを目指して導入
私立	中学校	2016	iPad を生徒一人一台導入するのを契機として
私立	中学校・高等学校	2016	実証実験への協力。また、辞書事典や新聞記事検索などの商用データベースを教材として長年利用してきたことから、電子書籍サービスの教材利用に関心があったため
私立	中学校・高等学校	2017	生徒に一人一台タブレットを導入したため
公立	小学校	2018	子どもの読書を推進し、読解力向上を目指して。　本に親しませる環境を整えるため
私立	中学校・高等学校	2018	中高生徒と教員全員に iPad が導入されていたため、24 時間どこでも利用可能な電子図書館の導入を決定
私立	中学校・高等学校	2018	生徒が一人一台 PC、タブレットを活用する環境が整っているため、いつでもどこでも読書を楽しむことができ、特に洋書で読み上げ機能がある本は、英語学習にも効果的であると考えたため
私立	中学校	2019	大学図書館の電子資料の充実、欧米図書館での電子書籍サービスの充実等の情報を知ったため
私立	中学校・高等学校	2019	本校の図書事業の目玉的トピックとして
公立	小学校・中学校	2020	子ども読書推進体制の整備と新型コロナウイルス感染症対応の両立のため
公立	高等学校	2020	感染症流行の影響を受け、図書室を開室できず、利用者にサービスを提供できなくなったため
公立	中学校	2020	臨時休校とコロナによる図書館の利用制限があり、少しでも生徒が本を読む機会を保障するため
公立	高等学校	2020	新型コロナウイルスの流行による休校への措置として
私立	中学校・高等学校	2020	コロナの影響で学校が休校期間中、生徒の読書機会を確保するため（コロナ前から電子書籍サービスの利用を検討していたが、「予算の出どころを事務室と協議する時間がない」などの理由で頓挫していた）
私立	中学校・高等学校	2020	非来館型サービスの充実に向けて
私立	中学校・高等学校	2020	これからの学校図書館の在り方の一つとして、場所にとらわれない電子書籍の提供を検討していた。　また英語科から英文多読資料導入の要望があがっていた。　コロナ禍と新図書館建築計画がきっかけとなり導入に至った
私立	中学校・高等学校	2020	リモート授業期間の読書したい気持ちに応えるため　数年後の移転に向けて導入を検討していたため
私立	中学校・高等学校	2020	・新型コロナウイルス感染症拡大防止による一斉臨時休校があったこと。　・学校全体の動きとして BYOD が始まるタイミングだったこと。　・さまざまな種類の資料の1つとして電子書籍を使う経験を提供すること
私立	中学校・高等学校	2020	ICT 機器を全生徒が所持している
私立	中学校・高等学校	2020	コロナ禍で資料が提供できなかったため

私立	中学校・高等学校	2020	学校としてのＩＣＴ化推進に対応するため
私立	中学校・高等学校	2020	コロナ感染症で休校期間が長かったため
私立	小学校	2020	新型コロナウイルス感染予防による全国一斉休校措置がとられたことがきっかけです
公立	高等学校	2021	休校時や欠席している生徒にも資料提供ができるため、授業における書籍の活用を促すため
公立	中学校	2021	2020年2月末の突然の休校で、学校図書館を利用できないことが今後もあり得るため導入した
公立	中学校	2021	コロナ禍における多様な読書の機会を確保するため
公立	高等学校	2021	電子書籍利用を通じて生徒に様々な情報活用スキルと教養を身につけさせたいと考えたから
私立	中学校・高等学校	2021	読書推進、遠隔授業になった場合の読書支援のため。
私立	中学校	2021	生徒一人1台タブレット端末配付となったため

記載なし　1件

質問5　貴校における電子書籍サービスの利用環境について、以下からご選択ください

▼質問（複数回答あり）　　　　　▷集計結果（n=32）	回答数	/32
（1）学校図書館内のみ	3	9.4%
（2）学校内のみ	3	9.4%
（3）自宅からもアクセス可能	28	87.5%
（4）その他（記載）	1	3.1%
無回答	0	0.0%
合計	35	

※その他〔記載〕：1件

公立・私立	学校種類	記載内容
私立	中学校・高等学校	インターネット接続環境があればどこでも利用可能

質問6　貴校における電子書籍サービスの担当分掌は、学校図書館の担当分掌と同一ですか
担当分掌について（1）または（2）をご選択ください。　また、その分掌名についても（3）にご記
載ください、またその分掌名についてもご記載ください

▼質問（複数回答あり）　　　　　▷集計結果（n=32）	回答数	/32
（1）学校図書館と同じ分掌で担当している	28	87.5%
（2）学校図書館とは違う分掌で担当している	3	9.4%
（3）電子書籍サービスの担当分掌名をご記載ください	6	18.8%
無回答	0	0.0%
合計	35	

※その他〔記載〕：6件

公立・私立	学校種類	記載内容
公立	高等専門学校	図書係
公立	小学校・中学校	図書担当が担当している学校と、ICT担当が担当している学校がある
公立	小学校	視聴覚主任
公立	中学校	教育庁生涯学習課
私立	中学校・高等学校	学園図書館
私立	中学校・高等学校	図書室

質問7 貴校において電子書籍サービス導入を検討する際（導入前）に課題となった点がありましたら、選択肢よりご選択ください（複数選択可）

▼質問（複数回答あり）　　　　　　　　　▷集計結果（n=32）	回答数	/32
(1) 学校向けのコンテンツ数が少ない	14	43.8%
(2) クラス単位での授業利用を考えたとき、コンテンツのライセンス数が少ない	12	37.5%
(3) コンテンツの契約予算が十分でない	19	59.4%
(4) 担当者の電子書籍についての知識やスキルが十分でない	8	25.0%
(5) 児童生徒の読書履歴がわかる機能がない	3	9.4%
(6) その他（記載）	4	12.5%
無回答	1	3.1%
合計	61	

※その他〔記載〕：4件

公立・私立	学校種類	記載内容
私立	中学校・高等学校	学校に限らず一般書のコンテンツ数が少ない
私立	中学校・高等学校	コンテンツが期限つきでの利用であること。紙の書籍に比べて、価格が高いことや新刊本の提供がおそいこと
私立	中学校	検索性や閲覧性の高さ，コンテンツの充実度合い

特になし　1件

質問8 貴校における電子書籍サービス導入後の運営上の課題について、選択肢よりご選択ください（複数選択可）

▼質問（複数回答あり）　　　　　　　　　▷集計結果（n=32）	回答数	/32
(1) 学校向けのコンテンツ数が少ない	17	53.1%
(2) クラス単位での授業利用にあたって、コンテンツのライセンス数が少ない	13	40.6%
(3) コンテンツの契約予算が十分でない	18	56.3%
(4) 担当者の電子書籍についての知識やスキルが十分でない	7	21.9%
(5) 児童生徒の利用が少ない	8	25.0%
(6) 授業等での利用が少ない	14	43.8%
(7) 児童生徒の読書履歴がわかる機能がない	5	15.6%
(8) その他（記載）	13	40.6%
無回答	1	3.1%
合計	96	

※その他〔記載〕：13件

公立・私立	学校種類	記載内容
公立	高等学校	電子書籍が高額
公立	高等学校	導入はしたが、環境を整えるにとどまっており、運用は始めていないため回答できません
公立	中学校	(1)　(2)以外は今後の検討課題
公立	小学校	業者の都合により契約できなかった
公立	高等学校	契約端末（スマホ）のギガ数に制限のある生徒が多い
私立	中学校・高等学校	絞り込み機能など選書に必要な機能が不足していて、選書に非常に時間がかかる。結果的に選書が後回しになる
私立	中学校・高等学校	1冊が高価、期限が短く感じる。番組録画と同じように10回まで同時利用可能とかして貰えると授業に導入しやすい

私立	中学校・高等学校	OverDrive 電子図書館はアメリカの電子図書館システムのためか、選書システムや利用者画面等の利便性および要望への対応が悪い。また利用状況の統計がとりにくい
私立	中学校・高等学校	2 年間という制限があるので資産としては購入できず、長期で利用・提供したい資料（学術的な資料）は電子書籍では購入できない。
私立	中学校	ログイントラブルの対応にもっとも手を取られます。（電子書籍サービス・オンラインデータベースに共通の課題）
私立	小学校	価格が高い
私立	高等専門学校	専門書のコンテンツ数が少ない

特になし　1 件

質問 9・10　貴校における電子書籍サービスについて、授業での利用状況を教科等ごとにご記入ください
（各教科等の代表的な例で結構です）

（1）国語：12 件

公立・私立	学校種類	記載内容
公立	小学校・中学校	読書の一環として利用
公立	中学校	電子図書で読んだ本を紹介する活動（利用促進のため）
公立	小学校	「本を紹介しよう」プレゼン練習
公立	中学校	授業での利用は想定していません。以下、同じ
私立	中学校・高等学校	教員からの推薦図書リスト提供
私立	中学校・高等学校	朝読書等，日常の読書指導
私立	中学校	古典で 1 冊の書籍をグループで分担して読解。新書を読む
私立	中学校・高等学校	授業でのビブリオバトルの選書のひとつとして活用
私立	小学校	読書の時間や本の貸し出しに活用している

とくになし、利用なし、あまりない　3 件

（2）外国語・英語：8 件

公立・私立	学校種類	記載内容
私立	中学校・高等学校	教科から英文多読資料の要望があり OverDrive 電子図書館を導入したが、利用は少ない
私立	中学校・高等学校	課題図書
私立	中学校・高等学校	多読指導
私立	中学校・高等学校	洋書読み上げ機能。読書
私立	中学校・高等学校	英語多読用のコンテンツを授業で紹介し、課題として取り組んでいる

とくになし、利用なし、あまりない　3 件

（3）算数・数学：4 件

公立・私立	学校種類	記載内容

とくになし、利用なし、あまりなし　4 件

（4）理科：4 件

公立・私立	学校種類	記載内容
私立	中学校・高等学校	資料検索

とくになし、利用なし、あまりない　3 件

（5）社会、地理歴史、公民：6件

公立・私立	学校種類	記載内容
私立	中学校・高等学校	教員からの推薦図書リスト提供
私立	中学校・高等学校	資料検索
私立	中学校・高等学校	中学校で実施する校外授業の事前・事後学習資料として利用している
私立	中学校・高等学校	レポート参考書籍の提示

とくになし、利用なし　2件

（6）図画工作、美術、音楽、芸術：4件

公立・私立	学校種類	記載内容
私立	中学校・高等学校	資料検索や作品鑑賞

あまりない、利用なし、とくになし　3件

（7）体育、保健体育：4件

公立・私立	学校種類	記載内容

あまりない、利用なし、特になし、とくにありません　4件

（8）家庭、技術・家庭：5件

公立・私立	学校種類	記載内容
私立	中学校・高等学校	教員からの課題図書
私立	中学校・高等学校	資料検索

とくにありません、利用なし、あまりない　3件

（9）情報：6件

公立・私立	学校種類	記載内容
公立	小学校	「本を紹介しよう」選んだ本について、パワーポイント等を使用して友だちに紹介する資料作り
私立	中学校・高等学校	情報検索の図書資料の一部として
私立	中学校・高等学校	電子図書館に学校の生徒会誌を独自資料として搭載。その資料を活用し、学校の歴史を調べることで探求授業の資料として活用している

とくにありません、利用なし、あまりない　3件

（10）専門教科、学校設定教科：5件

公立・私立	学校種類	記載内容
私立	中学校・高等学校	中学3年・高校2年、高校3年で履修する教科横断型の「教養総合」（学校設定教科目）では論文を執筆する。過去の論文を纏めた自校資料を掲載して教材として利用している
私立	中学校	読書科。電子書籍の概要、使いかたの説明等

あまりない、利用なし、特になし　3件

（11）道徳：4件

公立・私立	学校種類	記載内容

あまりない、利用なし、特になし、とくにありません　4件

（12）総合的な学習の時間、総合的な探究の時間：6 件

公立・私立	学校種類	記載内容
公立	中学校	調べ学習で用いた生徒もいたが数が多くはない
私立	中学校・高等学校	資料検索
私立	中学校・高等学校	中学校で実施する校外授業の事前・事後学習資料として利用している

あまりない、利用なし、とくにありません　3 件

（13）特別活動：5 件

公立・私立	学校種類	記載内容
私立	中学校・高等学校	図書委員会活動（電子図書館の選書とトップページの管理）

あまりない、利用なし、特になし、とくにありません　4 件

（14）その他：9 件

公立・私立	学校種類	記載内容
公立	小学校・中学校	特別支援学級では様々なジャンルの本を授業で活用している
公立	中学校	どの教科においても、授業で使えるような十分な蔵書がない。ただし、どの教科においても生徒の選択肢の 1 つに電子書籍があってもいいと考えている。（読書課題や資料を調べる際に）
私立	中学校・高等学校	中学国語ゼミで生徒の創作物を電子化して公開
私立	小学校	国語科にも記載したが、本校では読書の時間があり、そこで活用している
私立	中学校・高等学校	朝読書

とくにありません、利用なし、特になし、今のところ利用は考えていない　4 件

質問 11　導入している電子書籍サービスに新たに付加されたら利便性が向上すると思われる機能やサービスはありますか（複数選択可）

▼質問（複数回答あり）　　　　　　　　▷集計結果（n=32）	回答数	/32
（1）辞書や百科事典のデータベース	23	71.9%
（2）新聞記事のデータベース	18	56.3%
（3）各教科のデジタル教科書	13	40.6%
（4）映像教材のコンテンツ	17	53.1%
（5）音声・音楽教材のコンテンツ	16	50.0%
（6）自作教材等のデジタルアーカイブ	10	31.3%
（7）その他（記載）	7	21.9%
無回答	1	3.1%
合計	105	

※その他〔記載〕：7 件

公立・私立	学校種類	記載内容
公立	高等専門学校	機能やサービスではないが、紙媒体で発行されてから電子化になるまでの年数がさらに短くなるとよい
公立	中学校	現在、スクール for ヨミダスやジャパンナレッジ lib を契約しているが、電子書籍サービスとの関係性がどうなっていくのかも含めて考えていきたい
公立	中学校	児童書のコンテンツがより充実すること、ライセンス購入形態の多様化

公立・私立	学校種類	記載内容
公立	高等学校	本校が採用しているものが LibrariE であるため、利用が難しい（1 冊ずつの購入のため）。授業中だけでも 40 人が一斉に使えれば授業や学校教育活動下での利用は増えるのではないか
私立	中学校・高等学校	1 システムのブラッシュアップ。資料を選ぶために不必要な時間を取られると購入意欲が著しく低下する。絞り込み機能（毎回数千冊の不要な資料に目を通すのは現実的でない。新着資料を毎日チェックしないといけないレベルの新着機能は不便などなど）。2 人気作家のコンテンツ（東野圭吾や宮部みゆきなど）が無いので客寄せがしにくい。電子書籍は複本的な使い方をしたい
私立	中学校・高等学校	ラインやツイッター等を利用した、日々の発信ツールとの連携
私立	中学校・高等学校	読み上げ機能

質問 12　その他、全体を通してご意見等ございましたら、ご記入ください（記載）

公立・私立	学校種類	記載内容
公立	中学校	これから少しずつ蔵書を増やし、生徒の利用を進めたいと思ってはいるが、利用期限のある電子書籍をどう位置づけていくか検討中。デジタル情報にふれる時間の増え続けている中学生にとって、さらに読書もデジタルでとなると体に負担はないか心配だが、選択の幅は広げていきたいと考えている
公立	小学校	大阪市のシステムとして、毎年購入する本について 2 社以上から見積もりを取り、担当業者を決定しなければならないが、ライブラリエ扱いの 2 社について、見積り上、隔年で契約することになってしまった。そのことで、昨年度どちらも相手業者に遠慮したのか見積もり・契約を拒否され、入札が不調に終わった。システムを導入した最初の業者で継続して契約しなければならないのはわかるが、担当業者のしがらみなどにより、契約できないこととなったことから、今後購入しない
私立	中学校・高等学校	電子書籍は複本的な使い方をしたい。また、生徒がカウンターで借りにくい主題の資料（DV とかジェンダーとか性とか精神疾患や労働問題など）があると嬉しい。各分野の基礎的な語彙（雑学本など）があると非常にコンテンツとして魅力的
私立	中学校・高等学校	授業での活用を想定して導入したわけではないので、特に授業での活用を期待していません
私立	中学校・高等学校	便利なアイテムだと思いますが、広報が上手くできないと利用が伸びないところがあります。　またアクセスしてから本を読むまでに時間がかかることもネックになっています。　現在利用しているものはダウンロードできないので、予約者が多くなると不満の声が聞こえてきます。　図書館の開いていない時でも利用でき非接触ということは、このコロナ禍において利用価値があると思います
私立	中学校・高等学校	今後は授業に役立つコンテンツも増やしていきたい
私立	中学校	必要な資料の配信停止を経験し、教材利用として不安を感じている。長期的に利用する資料は、コンテンツの契約を継続的に行う必要があることから、学校レベルの予算規模では費用負担が増していく。そのため紙資料を選択せざる終えない状況である。　各社の配信資料を同じ閲覧システムから利用出来るようにして欲しい。　その上で、1 人 1 台端末配置から電子書籍サービスを生徒が利用できるベースは整いました。また、スマホなどの個人端末からも閲覧が可能など、電子書籍は日常的に利用できるコンテンツとなりました。学校教育における「教材」としての視点も配慮して頂き、電子書籍を誰もが活用できるよう普及を進めて欲しいと思います
私立	中学校・高等学校	電子書籍サービス 2 種とジャパンナレッジ school を入れていますが、重複するコンテンツがあります。ジャパンナレッジ School はログイン

		トラブルさえ解決すれば授業で使いやすいです。電子書籍サービス（LibrariE・School e-library）はさまざまな理由で授業で一斉に利用するには不便で、個人利用（読書サービスとしての利用）にとどまっています
私立	中学校	現在、導入している電子図書館は、出版社や、著作権の問題があるのか、独自資料以外は、一度に複数の人数の貸出ができない状況です。電子書籍という利点を生かせていないと思います。学校教育においては、授業活用を更に充実できるような電子図書館サービスになればよいかと思います
私立	中学校・高等学校	予算的な面もあり、電子書籍は今のところ「読み物」として位置づけ、探究などの目的には活用できていません
私立	中学校	同時に複数名借りることができないライセンスの問題は大きい

特になし　1件

［資料 C］　図書館の電子書籍に関する用語の解説

　今回の調査にあたり「図書館の電子書籍に関する用語」として、以下に解説する概念を前提とした。

　なお、本報告書・アンケートにおいては、図書館が提供するオンライン上及び館内での蔵書検索（OPAC）・貸出予約サービスは「電子図書館サービス」に含めていない。

① 電子書籍貸出サービス（電子書籍サービス）

　・ 電子書籍貸出サービスとは、著作権が有効な電子書籍を、ライセンス数（同時閲覧数や貸出回数）や、期間、場所を限定して、オンラインで提供するサービスをいう。

　・ 電子書籍には、音声電子書籍（オーディオブック、リードアロング等）を含む。

② 電子ジャーナルサービス

　・ 電子ジャーナルサービスとは、学術ジャーナルをオンラインで提供するサービスをいう。

③ 国立国会図書館「図書館向けデジタル化資料送信サービス」

　・ 図書館向けデジタル化資料送信サービスとは、国立国会図書館のデジタル化資料のうち、著作権の規定により、絶版等の理由で入手が困難な資料を全国の公共・大学図書館等の館内で利用できるサービスをいう。

　・ 参考「国立国会図書館ホームページ」
　　URL　https://www.ndl.go.jp/jp/library/service_digi/

④ データベース提供サービス

　・ データベース提供サービスとは、主に事典・辞書、専門情報、新聞、雑誌、統計情報などのデータをオンラインで提供するサービスをいう。

⑤ デジタルアーカイブの提供

　・ デジタルアーカイブの提供とは、図書館や自治体の所有する郷土資料、年鑑、自治体広報、貴重書、絵、写真、地図、映像資料、音声資料等を電子化してアーカイブし、提供することをいう。

⑥ 音楽・音声情報配信サービス

　・ 音楽・音声情報配信サービスとは、音楽情報や音声情報をオンラインで提供するサービスをいう。

⑦ パブリックドメイン作品

・ パブリックドメインとは、著作権が発生していない作品または、消滅した作品のことをいう。

⑧ 障害者向け電子書籍等の提供

・ 障害者向け電子書籍等の利用提供とは、視覚に障害がある人など読書をすることに障害がある人に対し電子書籍や電子書籍の音声情報等（DAISY を含む）を提供するサービスをいう。

⑨ 電子書籍コンテンツ

・ 電子書籍コンテンツとは、電子書籍サービスとしてスマートフォンやタブレット、パソコンなどに提供される電子版のコンテンツをいう。
・ 電子書籍コンテンツの提供サービスでは、電子書籍端末や電子書籍ビューアで閲覧できるように技術的な処理がされ、電子的提供ができるように著作権者との権利処理が行われている。また、電子的に検索ができるように書誌情報等が総合的に提供されている。
・電子書籍コンテンツは、主に本文（目次・奥付情報等含む）、書誌データ等（電子書籍メタデータ）、書影（表紙のデータ）から構成される。

⑩ 電子書籍端末

・ 電子書籍端末とは、電子書籍を読むことができる電子機器（電子デバイス）のことをいう。
・ 電子書籍を読むことができる電子情報端末には、スマートフォンやタブレット、パソコンなどの電子汎用端末を使い Web ブラウザやアプリ（アプリケーション）を使って読むことが主流となっている。
・ なお電子書籍専用端末（Amazon Kindle、kobo 等）では、端末に紐づいた電子書店の電子書籍コンテンツを読むことができる。

⑪ 電子書籍ビューア

・ 電子書籍ビューアとは、電子書籍を読むことができるソフトウェアのことをいう。
・ 前述の汎用の電子書籍端末上で動作し、電子書籍を読むために必要となるソフトウェアである。
・日本の公共図書館電子書籍貸出サービスの場合は、多くが Web ブラウザをビューアとして使用するものが多い。

■**資料 C.1**　電子図書館サービスの類型及びサービス例

	サービス名	サービス例（提供者）
①	電子書籍貸出サービス （電子書籍サービス）	・LibrariE＆TRC-DL（図書館流通センター） ・OverDrive（メディアドゥ） ・Maruzen eBook Library（丸善雄松堂） ・KinoDen（紀伊國屋書店） ・LibrariE（日本電子図書館サービス） ・Yomokka！（ポプラ社） ・エルシエロ・オーディオブック（京セラ CCS・オトバンク） ・EBSCO eBooks& Audiobooks（EBSCO 社） ・医書.jp（医書ジェーピー） ・Springer eBook（Springer 社） ・Wiley Online Library（Wiley 社）等
②	電子ジャーナルサービス	・Sience Direct（Elsevier 社） ・SpringerLINK（Springer 社） ・Wiley Interscience（Wiley 社）等
③	国立国会図書館　図書館向けデジタル化資料送信サービス等	・図書館向けデジタル化資料送信サービス（国立国会図書館）
④	データベース提供サービス	・ジャパンナレッジ（ネットアドバンス） ・官報検索情報サービス（国立印刷局） ・ポプラディアネット（ポプラ社） ・医中誌 Web（医学中央雑誌刊行会） ・日経テレコン 21（日本経済新聞社） ・日経 BP 記事検索サービス（日経 BP 社） ・ヨミダス（読売新聞） ・D1-Law.com（第一法規等） ・聞蔵Ⅱ等（朝日新聞） ・CiNii 機関認証サービス（国立情報学研究所）等
⑤	デジタルアーカイブの提供	・ADEAC（図書館流通センター） ・AMLAD（NTT データ）等
⑥	音楽配信サービス	・ナクソス・ミュージック・ライブラリー（ナクソスジャパン）等
⑦	パブリックドメイン電子書籍提供	・青空文庫 ・プロジェクト Gutenberg 等
⑧	障害者向け電子書籍等提供	・サピエ図書館 ・DAISY 図書の提供等

[資料 D]　　公共図書館の電子書籍貸出サービスの動向

1．2021 年の公共図書館の電子書籍貸出サービスの動向

　2021 年現在、日本国内で電子図書館の電子書籍貸出サービスを多くの公共図書館向けにしている主な事業者は、図書館流通センター（TRC）、メディアドゥ、京セラコミュニケーションシステム、紀伊國屋書店の 4 社である（第 4 章参照）。

2．公共図書館の電子書籍貸出サービスの実施館

　公共図書館における、2021 年 10 月 1 日現在の電子書籍貸出サービス実施自治体・電子図書館数は以下の通りである。
　・実施自治体　258 自治体（昨年同日 114 自治体で 144 自治体の増加）
　・電子図書館　251 館（昨年同日 111 館で 140 館の増加）
　（実施図書館は下記「資料 D.1」参照）
　（注）電子図書館数と実施自治体数の差分は、広域電子図書館 3 館（播磨科学公園都市（2市 2 町）、きくち圏域（1 市 1 町）、たまな圏域（1 市、3 町））による。
　電子出版制作・流通協議会（電流協）では、公共図書館の電子書籍貸出サービス実施館情報を 2018 年 7 月から Web 上で公開し、1 月 1 日、4 月 1 日、7 月 1 日、10 月 1 日付で実施している電子図書館（自治体）を更新している。
　（URL：https://aebs.or.jp/Electronic_library_introduction_record.html）

3．公共図書館の電子書籍貸出サービス導入数（年別）

　2007 年からの暦年（1 月 1 日〜12 月 31 日）でみた、自治体数における電子書籍貸出サービス導入の推移は資料 D.1 のようになる。
　このように、2020 年が 53 自治体、2021 年は 10 月現在で 115 自治体となっており、2020年の後半より、大幅に増加しているのがわかる。

■**資料 D.1**　公共図書館　電子図書館サービス（電子書籍貸出サービス）導入自治体数推移（2007 年〜2021
　　　　年（10 月 1 日まで））

年 （各年 1 月 1 日〜12 月 31 日）	増加数（自治体）	累計数（自治体）
2007 年	1	1
2011 年	4	5
2012 年	5	10

2013 年	9	19
2014 年	8	27
2015 年	8	35
2016 年	18	53
2017 年	11	64
2018 年	21	85
2019 年	5	90
2020 年	53	143
2021 年（10 月 1 日まで）	115	258

4. 公共図書館の電子書籍貸出サービスの実施館の推移

　全国の自治体ベースでみた場合 2021 年 10 月 1 日現在で「電子書籍貸出サービスの実施」の公表している図書館は、全国で 258 自治体、251 電子図書館となっている、これは前年の調査同時期比較で、144 自治体、140 電子図書館の大幅な増加となっている（資料 D.1 ）。

　図書館が採用している電子書籍貸出サービスは、LibrariE & TRC-DL（TRC-DL 含む）216、OverDrive 23、KinoDen 8、エルシエロ・オーディオブック 7、EBSCO eBooks 3、ヴィアックス電子図書館サービス 1、となっている。

　自治体普及率は 14.4%（自治体数合計 1788（都道府県 47、政令市 20、特別区 23、市 772、町 743、村 183：出典総務省ホームページ）。

5. 公共図書館の電子書籍貸出サービスの実施館、都道府県別の導入自治体数の状況

　2021 年 10 月 1 日現在全国の 258 自治体で導入している電子図書館であるが、これを各都道府県別でみると以下のようになる（資料 D.2 、D.3）。

　都道府県別でみると、多い順に東京都（21）、埼玉県（18）、大阪府（17）、兵庫県（15）、千葉県（14）、福岡県（14）、茨城県（12）、愛知県（12）、奈良県（12）、北海道（11）、神奈川県（9）であった。また、まだ 1 自治体も導入していない県は秋田県、福井県、鳥取県、岡山県、佐賀県、鹿児島県の 6 県であった。

　また、自治体に対する普及率をみると全国平均で 14.4%、都道府県別で普及率が高い順に大阪府（38.%）、兵庫県（35.7%）、東京都（33.3%）、広島県（33.3%）、大分県（31.6%）、栃木県（30.8%）、奈良県（30.0%）、山口県（30.0%）、埼玉県（28.1%）、茨城県（26.7%）、神奈川県（26.5%）、千葉県（25.5%）が 25％以上であった。

■**資料 D.2**　公共図書館　電子図書館サービス（電子書籍貸出サービス）都道府県別導入自治体数集計

番号	都道府県	2021 年 10 月 1 日	2020 年 10 月 1 日	増加数	終了数	自治体数 （都道府県含む）	2021 年 普及率
1	北海道	11	4	7		180	6.1%
2	青森県	2	1	1		41	4.9%
3	岩手県	3	2	1		34	8.8%
4	宮城県	0	0	0		36	0.0%
5	秋田県	0	0	0	1	26	0.0%
6	山形県	1	1	0		36	2.8%
7	福島県	2	1	1		60	3.3%
8	茨城県	12	7	5		45	26.7%
9	栃木県	8	5	3		26	30.8%
10	群馬県	3	0	3	1	36	8.3%
11	埼玉県	18	10	8		64	28.1%
12	千葉県	14	2	12		55	25.5%
13	東京都	21	8	13		63	33.3%
14	神奈川県	9	3	6		34	26.5%
15	新潟県	1	0	1		31	3.2%
16	富山県	3	1	2		16	18.8%
17	石川県	4	1	3		20	20.0%
18	福井県	0	0	0		18	0.0%
19	山梨県	2	1	1	1	28	7.1%
20	長野県	1	2	-1		78	1.3%
21	岐阜県	6	3	3		43	14.0%
22	静岡県	5	3	2		36	13.9%
23	愛知県	12	5	7		55	21.8%
24	三重県	2	2	0		30	6.7%
25	滋賀県	2	1	1		20	10.0%
26	京都府	1	0	1		27	3.7%
27	大阪府	17	8	9		44	38.6%
28	兵庫県	15	13	2		42	35.7%
29	奈良県	12	5	7		40	30.0%
30	和歌山県	3	1	2		31	9.7%
31	鳥取県	0	0	0		20	0.0%
32	島根県	1	1	0		20	5.0%
33	岡山県	0	0	0		28	0.0%
34	広島県	8	5	3		24	33.3%
35	山口県	6	1	5	1	20	30.0%
36	徳島県	3	3	0		25	12.0%
37	香川県	3	2	1		18	16.7%
38	愛媛県	5	1	4		21	23.8%

	都道府県						
39	高知県	1	1	0		35	2.9%
40	福岡県	14	4	10		61	23.0%
41	佐賀県	0	0	0	1	21	0.0%
42	長崎県	3	0	3		22	13.6%
43	熊本県	9	3	6	1	46	19.6%
44	大分県	6	2	4		19	31.6%
45	宮崎県	1	0	1		27	3.7%
46	鹿児島県	0	0	0		44	0.0%
47	沖縄県	8	1	7		42	19.0%
		258	114	144	6	1788	14.4%

■**資料 D.3**　公共図書館　電子図書館サービス（電子書籍貸出サービス）都道府県・自治体別一覧

※TRC（図書館流通センター）の図書館サービス「LibrariE&TRC-DL」と「TRC-DL」について、2016 年 11 月前は「TRC-DL」、2016 年 11 月以降は「LibrariE&TRC-DL」と表示

	都道府県	自治体	電子図書館名称	電子図書館サービス	サービス開始年月	備考
1	01:北海道	札幌市	札幌市電子図書館	TRC-DL	2014 年 10 月	実施中
2	01:北海道	紋別市	もんべつ電子図書館	LibrariE&TRC-DL	2021 年 10 月	実施中
3	01:北海道	苫小牧市	苫小牧市電子図書館	TRC-DL	2014 年 10 月	実施中
4	01:北海道	北見市	北見市立図書館電子分室	TRC-DL	2015 年 12 月	実施中
5	01:北海道	網走市	網走市電子図書館	OverDrive	2020 年 12 月	実施中
6	01:北海道	登別市	登別市立図書館デジタル分館	LibrariE&TRC-DL	2021 年 03 月	実施中
7	01:北海道	帯広市	帯広市電子図書館	OverDrive	2021 年 04 月	実施中
8	01:北海道	恵庭市	えにわ電子図書館	LibrariE&TRC-DL	2021 年 04 月	実施中
9	01:北海道	栗山町	栗山町電子図書館	OverDrive	2021 年 08 月	実施中
10	01:北海道	天塩町	天塩町電子図書館	OverDrive	2017 年 04 月	実施中
11	01:北海道	余市町	余市町電子図書館	OverDrive	2021 年 02 月	実施中
12	02:青森県	三沢市	三沢市電子図書館	LibrariE&TRC-DL	2021 年 05 月	実施中
13	02:青森県	おいらせ町	おいらせ町電子図書館	LibrariE&TRC-DL	2020 年 07 月	実施中
14	03:岩手県	久慈市	久慈市電子図書館	LibrariE&TRC-DL	2020 年 09 月	実施中
15	03:岩手県	一関市	いちのせき電子図書館	LibrariE&TRC-DL	2020 年 12 月	実施中
16	03:岩手県	矢巾町	やはばーく電子図書センター	OverDrive	2017 年 08 月	実施中
17	05:秋田県	秋田県	秋田県立図書館（終了）	経葉デジタルライブラリ	2012 年 10 月	終了
18	06:山形県	東根市	東根市電子図書館	LibrariE&TRC-DL	2016 年 11 月	実施中
19	07:福島県	郡山市	郡山市電子図書館	LibrariE&TRC-DL	2019 年 10 月	実施中
20	07:福島県	伊達市	伊達市電子図書館	LibrariE&TRC-DL	2021 年 03 月	実施中
21	08:茨城県	水戸市	水戸市電子図書館	TRC-DL	2016 年 06 月	実施中
22	08:茨城県	高萩市	高萩市電子図書館	LibrariE&TRC-DL	2021 年 10 月	実施中
23	08:茨城県	筑西市	筑西市電子図書館	TRC-DL	2014 年 10 月	実施中

24	08:茨城県	龍ケ崎市	龍ケ崎市立電子図書館	OverDrive	2015 年 07 月	実施中
25	08:茨城県	潮来市	潮来市立電子図書館	OverDrive	2015 年 09 月	実施中
26	08:茨城県	守谷市	守谷市電子図書館	TRC-DL	2016 年 06 月	実施中
27	08:茨城県	土浦市	土浦市電子図書館	LibrariE&TRC-DL	2017 年 11 月	実施中
28	08:茨城県	鹿嶋市	鹿嶋市電子図書館	LibrariE&TRC-DL	2018 年 01 月	実施中
29	08:茨城県	取手市	取手市電子図書館	LibrariE&TRC-DL	2020 年 10 月	実施中
30	08:茨城県	笠間市	笠間市電子図書館	LibrariE&TRC-DL	2021 年 01 月	実施中
31	08:茨城県	桜川市	さくらがわ電子図書館～SaGaCitE～	LibrariE&TRC-DL	2021 年 02 月	実施中
32	08:茨城県	日立市	日立市電子書籍貸出サービス	LibrariE&TRC-DL	2021 年 07 月	実施中
33	09:栃木県	大田原市	大田原市電子図書館	TRC-DL	2013 年 12 月	実施中
34	09:栃木県	さくら市	さくら市電子図書館	TRC-DL	2016 年 01 月	実施中
35	09:栃木県	日光市	日光市立電子図書館	LibrariE&TRC-DL	2017 年 04 月	実施中
36	09:栃木県	那須塩原市	那須塩原市電子図書館	LibrariE&TRC-DL	2020 年 07 月	実施中
37	09:栃木県	真岡市	真岡市電子図書館	LibrariE&TRC-DL	2021 年 01 月	実施中
38	09:栃木県	高根沢町	高根沢町電子図書館	TRC-DL	2013 年 05 月	実施中
39	09:栃木県	那珂川町	那珂川町電子図書館	LibrariE&TRC-DL	2020 年 10 月	実施中
40	09:栃木県	矢板市	矢板市電子図書館	LibrariE&TRC-DL	2021 年 08 月	実施中
41	10:群馬県	藤岡市	藤岡市電子図書館	LibrariE&TRC-DL	2020 年 12 月	実施中
42	10:群馬県	みどり市	みどり市立電子図書館	LibrariE&TRC-DL	2021 年 02 月	実施中
43	10:群馬県	明和町	明和町立図書館（終了）	凸版印刷電子図書館サービス	2013 年 06 月	終了
44	10:群馬県	富岡市	富岡市電子図書館	LibrariE&TRC-DL	2021 年 08 月	実施中
45	11:埼玉県	さいたま市	さいたま市電子書籍サービス	TRC-DL	2016 年 03 月	実施中
46	11:埼玉県	上尾市	上尾市電子図書館	OverDrive	2021 年 09 月	実施中
47	11:埼玉県	桶川市	桶川市電子図書館	TRC-DL	2015 年 10 月	実施中
48	11:埼玉県	熊谷市	熊谷市立図書館電子書籍	OverDrive	2017 年 04 月	実施中
49	11:埼玉県	春日部市	かすかべ電子図書館	LibrariE&TRC-DL	2017 年 12 月	実施中
50	11:埼玉県	三郷市	三郷市電子図書館	LibrariE&TRC-DL	2018 年 03 月	実施中
51	11:埼玉県	久喜市	久喜市電子図書館	LibrariE&TRC-DL	2020 年 02 月	実施中
52	11:埼玉県	草加市	草加市電子図書館	LibrariE&TRC-DL	2020 年 03 月	実施中
53	11:埼玉県	鶴ヶ島市	鶴ヶ島市電子図書館	LibrariE&TRC-DL	2020 年 10 月	実施中
54	11:埼玉県	坂戸市	坂戸市電子図書館	LibrariE&TRC-DL	2021 年 01 月	実施中
55	11:埼玉県	戸田市	戸田市電子図書館	LibrariE&TRC-DL	2021 年 01 月	実施中
56	11:埼玉県	川越市	川越市立図書館電子書籍サービス	LibrariE&TRC-DL	2021 年 02 月	実施中
57	11:埼玉県	入間市	いるまし電子図書館	LibrariE&TRC-DL	2021 年 06 月	実施中
58	11:埼玉県	宮代町	みやしろ電子図書館	TRC-DL	2016 年 04 月	実施中
59	11:埼玉県	神川町	神川町電子図書館	OverDrive	2020 年 08 月	実施中
60	11:埼玉県	寄居町	寄居町電子図書館	LibrariE&TRC-DL	2021 年 01 月	実施中

61	11:埼玉県	富士見市	富士見市電子図書館	LibrariE&TRC-DL	2021 年 07 月	実施中
62	11:埼玉県	新座市	にいざ電子図書館	LibrariE&TRC-DL	2021 年 07 月	実施中
63	12:千葉県	千葉市	千葉市電子書籍サービス	LibrariE&TRC-DL	2021 年 07 月	実施中
64	12:千葉県	成田市	成田市立図書館電子書籍サービス	OverDrive	2021 年 08 月	実施中
65	12:千葉県	流山市	流山市立図書館　電子図書	TRC-DL	2013 年 10 月	実施中
66	12:千葉県	八千代市	八千代市電子図書館	TRC-DL	2015 年 07 月	実施中
67	12:千葉県	木更津市	木更津市立図書館　電子図書	LibrariE&TRC-DL	2021 年 01 月	実施中
68	12:千葉県	船橋市	船橋市図書館電子書籍サービス	LibrariE&TRC-DL	2021 年 01 月	実施中
69	12:千葉県	四街道市	四街道市電子図書館	LibrariE&TRC-DL	2021 年 02 月	実施中
70	12:千葉県	館山市	館山市電子図書館	OverDrive	2021 年 02 月	実施中
71	12:千葉県	茂原市	茂原市電子図書館	LibrariE&TRC-DL	2021 年 03 月	実施中
72	12:千葉県	君津市	君津市電子書籍サービス	LibrariE&TRC-DL	2021 年 06 月	実施中
73	12:千葉県	八街市	八街市電子図書館	LibrariE&TRC-DL	2021 年 07 月	実施中
74	12:千葉県	印西市	印西市電子図書館	LibrariE&TRC-DL	2021 年 07 月	実施中
75	12:千葉県	酒々井町	酒々井町立図書館電子書籍サービス	LibrariE&TRC-DL	2021 年 09 月	実施中
76	12:千葉県	長柄町	長柄町電子図書館	LibrariE&TRC-DL	2021 年 01 月	実施中
77	13:東京都	東京都	東京都立図書館　電子書籍サービス、中央図書館・多摩図書館	TRC-DL EBSCO eBooks	2013 年 12 月	実施中
78	13:東京都	千代田区	千代田 Web 図書館	LibrariE&TRC-DL	2007 年 11 月	実施中
79	13:東京都	中野区	なかのいーぶっくすぽっと	ヴィアックス電子図書館サービス	2015 年 02 月	実施中
80	13:東京都	豊島区	TRC 豊島電子図書館	TRC-DL	2016 年 04 月	実施中
81	13:東京都	渋谷区	渋谷区電子図書館	LibrariE&TRC-DL	2018 年 02 月	実施中
82	13:東京都	世田谷区	世田谷区電子書籍サービス	LibrariE&TRC-DL	2020 年 11 月	実施中
83	13:東京都	文京区	文京区立図書館　電子図書館	LibrariE&TRC-DL エルシエロ・オーディオブック	2021 年 01 月	実施中
84	13:東京都	品川区	しながわ電子図書館	LibrariE&TRC-DL	2021 年 07 月	実施中
85	13:東京都	葛飾区	葛飾区立図書館電子書籍サービス	LibrariE&TRC-DL	2021 年 09 月	実施中
86	13:東京都	大田区	大田区電子図書館	LibrariE&TRC-DL	2021 年 10 月	実施中
87	13:東京都	八王子市	八王子市電子書籍サービス、八王子市図書館オーディオブックサービス	LibrariE&TRC-DL エルシエロ・オーディオブック	2018 年 04 月	実施中
88	13:東京都	狛江市	こまえ電子図書館	LibrariE&TRC-DL	2020 年 06 月	実施中
89	13:東京都	昭島市	昭島市民図書館電子書籍サービス	LibrariE&TRC-DL	2020 年 06 月	実施中
90	13:東京都	小金井市	こがねい電子図書館	LibrariE&TRC-DL	2020 年 12 月	実施中
91	13:東京都	立川市	たちかわ電子図書館	LibrariE&TRC-DL	2021 年 01 月	実施中
92	13:東京都	武蔵野市	武蔵野市電子書籍サービス	LibrariE&TRC-DL	2021 年 01 月	実施中
93	13:東京都	多摩市	多摩市電子図書館	LibrariE&TRC-DL	2021 年 01 月	実施中
94	13:東京都	国立市	くにたち電子図書館	LibrariE&TRC-DL	2021 年 02 月	実施中
95	13:東京都	三鷹市	みたか電子書籍サービス	LibrariE&TRC-DL KinoDen	2021 年 03 月	実施中
96	13:東京都	足立区	あだち電子図書館	LibrariE&TRC-DL	2021 年 07 月	実施中

97	13:東京都	目黒区	めぐろ電子図書館	LibrariE&TRC-DL	2021 年 07 月	実施中
98	14:神奈川県	横浜市	横浜市立図書館電子書籍サービス	LibrariE&TRC-DL	2021 年 03 月	実施中
99	14:神奈川県	大和市	大和市文化創造拠点電子図書館	LibrariE&TRC-DL	2016 年 11 月	実施中
100	14:神奈川県	綾瀬市	綾瀬市立電子図書館	OverDrive	2018 年 04 月	実施中
101	14:神奈川県	座間市	座間市立図書館　電子図書館サービス	LibrariE&TRC-DL	2020 年 09 月	実施中
102	14:神奈川県	山北町	山北町電子図書館	LibrariE&TRC-DL	2020 年 11 月	実施中
103	14:神奈川県	松田町	松田町電子図書館	LibrariE&TRC-DL	2020 年 11 月	実施中
104	14:神奈川県	平塚市	平塚市電子図書館	LibrariE&TRC-DL	2021 年 07 月	実施中
105	14:神奈川県	厚木市	厚木市電子図書館	LibrariE&TRC-DL	2021 年 10 月	実施中
106	14:神奈川県	伊勢原市	いせはら　電子図書館	LibrariE&TRC-DL	2021 年 10 月	実施中
107	15:新潟県	燕市	つばめ電子図書館	LibrariE&TRC-DL	2021 年 02 月	実施中
108	16:富山県	氷見市	氷見市立図書館　電子図書館	LibrariE&TRC-DL	2018 年 11 月	実施中
109	16:富山県	魚津市	うおづ電子図書館	LibrariE&TRC-DL	2021 年 03 月	実施中
110	16:富山県	入善町	にゅうぜん電子図書館	LibrariE&TRC-DL	2021 年 03 月	実施中
111	17:石川県	金沢市	金沢市電子図書館	LibrariE&TRC-DL	2021 年 10 月	実施中
112	17:石川県	輪島市	わじま電子図書館	LibrariE&TRC-DL	2021 年 08 月	実施中
113	17:石川県	野々市	ののいち電子図書館	LibrariE&TRC-DL	2017 年 11 月	実施中
114	17:石川県	白山市	はくさん電子図書館	LibrariE&TRC-DL	2021 年 10 月	実施中
115	19:山梨県	山梨県	山梨県立図書館　電子書籍	TRC-DL	2012 年 11 月	実施中
116	19:山梨県	韮崎市	韮崎市電子図書館	LibrariE&TRC-DL	2020 年 12 月	実施中
117	19:山梨県	山中湖村	山中湖情報創造館（終了）	LibrariE	2015 年 10 月	終了
118	20:長野県	高森町	高森ほんとも Web‐Library	OverDrive	2020 年 06 月	実施中
119	21:岐阜県	岐阜県	岐阜県図書館　電子書籍サービス	KinoDen	2019 年 07 月	実施中
120	21:岐阜県	岐阜市	岐阜市電子図書館	OverDrive	2021 年 03 月	実施中
121	21:岐阜県	関市	関市立電子図書館	OverDrive EBSCO eBooks	2011 年 11 月	実施中
122	21:岐阜県	大垣市	大垣市電子図書館	TRC-DL	2012 年 07 月	実施中
123	21:岐阜県	土岐市	ときし電子図書館	LibrariE&TRC-DL	2021 年 07 月	実施中
124	21:岐阜県	各務原市	かかみがはら電子図書館	LibrariE&TRC-DL	2020 年 10 月	実施中
125	22:静岡県	静岡県	静岡県立中央図書館　電子図書館（図書館 DX 実証実験）	KinoDen	2021 年 10 月	実施中
126	22:静岡県	浜松市	はままつ電子図書	LibrariE&TRC-DL	2018 年 02 月	実施中
127	22:静岡県	磐田市立	磐田市立図書館　電子書籍サービス	TRC-DL	2016 年 10 月	実施中
128	22:静岡県	熱海市	熱海市立図書館　電子図書館	LibrariE&TRC-DL	2018 年 12 月	実施中
129	22:静岡県	沼津市	ぬまづ電子図書館	LibrariE&TRC-DL	2021 年 01 月	実施中
130	23:愛知県	愛知県	愛知県図書館電子書籍サービス	KinoDen	2021 年 01 月	実施中
131	23:愛知県	名古屋市	名古屋市図書館電子書籍サービス	LibrariE&TRC-DL	2021 年 06 月	実施中
132	23:愛知県	大府市	おおぶ文化交流の杜　電子図書館	TRC-DL	2014 年 07 月	実施中
133	23:愛知県	豊川市	豊川市電子図書館	TRC-DL	2016 年 02 月	実施中

134	23:愛知県	一宮市立	一宮市電子図書館	LibrariE&TRC-DL	2017 年 01 月	実施中
135	23:愛知県	安城市	安城市電子図書館	LibrariE&TRC-DL	2017 年 06 月	実施中
136	23:愛知県	豊田市	豊田市中央図書館ふるさとアーカイブ	LibrariE&TRC-DL	2018 年 01 月	実施中
137	23:愛知県	日進市	日進市立図書館オーディオブックサービス	エルシエロ・オーディオブック	2020 年 12 月	実施中
138	23:愛知県	西尾市	にしお電子図書館	LibrariE&TRC-DL	2021 年 01 月	実施中
139	23:愛知県	瀬戸市	瀬戸市電子図書館	LibrariE&TRC-DL	2021 年 02 月	実施中
140	23:愛知県	半田市	はんだ電子図書館	LibrariE&TRC-DL	2021 年 03 月	実施中
141	23:愛知県	小牧市	こまき電子図書館	LibrariE&TRC-DL	2021 年 03 月	実施中
142	24:三重県	志摩市	志摩市立図書館　電子書籍	TRC-DL	2013 年 09 月	実施中
143	24:三重県	松阪市	松阪市電子図書館	LibrariE&TRC-DL	2018 年 04 月	実施中
144	25:滋賀県	大津市	大津市立図書館電子図書館・オーディオブック	LibrariE&TRC-DL エルシエロ・オーディオブック	2021 年 02 月	実施中
145	25:滋賀県	湖南市	湖南市電子図書館	LibrariE&TRC-DL	2018 年 11 月	実施中
146	26:京都府	宇治市	宇治市電子図書館	OverDrive	2021 年 03 月	実施中
147	27:大阪府	大阪市	大阪市立図書館-電子図書館	EBSCO eBooks	2012 年 01 月	実施中
148	27:大阪府	堺市立	堺市立図書館　電子図書館	TRC-DL	2011 年 01 月	実施中
149	27:大阪府	松原市	まつばら電子図書館	TRC-DL	2014 年 07 月	実施中
150	27:大阪府	高石市	高石市立図書館電子書籍貸出サービス	TRC-DL	2016 年 10 月	実施中
151	27:大阪府	八尾市	八尾市電子図書館	LibrariE&TRC-DL	2019 年 11 月	実施中
152	27:大阪府	茨木市	いばらき市電子図書館	LibrariE&TRC-DL	2020 年 07 月	実施中
153	27:大阪府	河内長野市	河内長野市立電子図書館	LibrariE&TRC-DL	2020 年 09 月	実施中
154	27:大阪府	大阪狭山市	おおさかさやま電子図書館	LibrariE&TRC-DL	2020 年 10 月	実施中
155	27:大阪府	大東市	だいとう電子図書館	LibrariE&TRC-DL	2020 年 11 月	実施中
156	27:大阪府	門真市	かどま電子図書館	LibrariE&TRC-DL	2020 年 12 月	実施中
157	27:大阪府	箕面市	箕面市立図書館　電子図書館・オーディオブック	LibrariE&TRC-DL エルシエロ・オーディオブック	2021 年 03 月	実施中
158	27:大阪府	寝屋川市	ねやがわ電子図書館	LibrariE&TRC-DL	2021 年 03 月	実施中
159	27:大阪府	東大阪市	ひがしおおさか電子図書館	LibrariE&TRC-DL	2021 年 04 月	実施中
160	27:大阪府	泉佐野市	いずみさの電子図書館	LibrariE&TRC-DL	2021 年 04 月	実施中
161	27:大阪府	和泉市	和泉市の電子図書館	LibrariE&TRC-DL	2021 年 04 月	実施中
162	27:大阪府	枚方市	ひらかた電子図書館	LibrariE&TRC-DL	2021 年 07 月	実施中
163	27:大阪府	吹田市	すいた電子図書館	LibrariE&TRC-DL	2021 年 07 月	実施中
164	28:兵庫県	神戸市	神戸市電子図書館	LibrariE&TRC-DL	2018 年 06 月	実施中
165	28:兵庫県	芦屋市	芦屋市電子図書館	LibrariE&TRC-DL	2021 年 08 月	実施中
166	28:兵庫県	赤穂市	赤穂市電子図書館	TRC-DL	2013 年 10 月	実施中
167	28:兵庫県	三田市	三田市電子図書館	TRC-DL	2014 年 08 月	実施中
168	28:兵庫県	小野市	小野市立図書館	TRC-DL	2014 年 10 月	実施中
169	28:兵庫県	明石市	明石市電子図書館	TRC-DL	2015 年 10 月	実施中

170	28:兵庫県	高砂市	高砂市立図書館～電子書籍サービス～	TRC-DL	2016 年 02 月	実施中
171	28:兵庫県	加古川市	加古川市電子図書館	TRC-DL	2016 年 07 月	実施中
172	28:兵庫県	川西市	川西市電子図書館	LibrariE&TRC-DL	2020 年 08 月	実施中
173	28:兵庫県	尼崎市	あまがさき電子図書館	LibrariE&TRC-DL	2021 年 07 月	実施中
174	28:兵庫県	たつの市	播磨科学公園都市圏域定住自立圏電子図書館 （広域電子図書館）	LibrariE&TRC-DL	2018 年 01 月	実施中
175	28:兵庫県	宍粟市	播磨科学公園都市圏域定住自立圏電子図書館 （広域電子図書館）	LibrariE&TRC-DL	2018 年 01 月	実施中
176	28:兵庫県	上郡町	播磨科学公園都市圏域定住自立圏電子図書館 （広域電子図書館）	LibrariE&TRC-DL	2018 年 01 月	実施中
177	28:兵庫県	佐用町	播磨科学公園都市圏域定住自立圏電子図書館 （広域電子図書館）	LibrariE&TRC-DL	2018 年 01 月	実施中
178	28:兵庫県	播磨町	播磨町電子図書館	TRC-DL	2016 年 04 月	実施中
179	29:奈良県	奈良市	奈良市電子図書館・オーディオブックサービス	エルシエロ・ オーディオブック LibrariE&TRC-DL	2020 年 05 月	実施中
180	29:奈良県	大和高田市	大和高田市立　電子図書館	LibrariE&TRC-DL	2018 年 07 月	実施中
181	29:奈良県	生駒市	生駒市電子図書館	LibrariE&TRC-DL	2020 年 10 月	実施中
182	29:奈良県	大和郡山市	大和郡山市電子図書館	LibrariE&TRC-DL	2020 年 10 月	実施中
183	29:奈良県	香芝市	かしば電子図書館	LibrariE&TRC-DL	2020 年 10 月	実施中
184	29:奈良県	葛城市	かつらぎし電子図書館	LibrariE&TRC-DL	2020 年 12 月	実施中
185	29:奈良県	天理市	天理市電子図書館	LibrariE&TRC-DL	2021 年 03 月	実施中
186	29:奈良県	宇陀市	うだし電子図書館	LibrariE&TRC-DL	2021 年 07 月	実施中
187	29:奈良県	広陵町	広陵町電子図書館	TRC-DL	2016 年 09 月	実施中
188	29:奈良県	斑鳩町	斑鳩町電子図書館	LibrariE&TRC-DL	2017 年 04 月	実施中
189	29:奈良県	三郷町	三郷町電子図書館	LibrariE&TRC-DL	2021 年 03 月	実施中
190	29:奈良県	王寺町	王寺町電子図書館	LibrariE&TRC-DL	2021 年 04 月	実施中
191	30:和歌山県	岩出市	いわで e-Library	LibrariE&TRC-DL	2020 年 12 月	実施中
192	30:和歌山県	紀の川市	紀の川市図書館オーディオブックサービス	エルシエロ・オー ディオブック	2021 年 04 月	実施中
193	30:和歌山県	有田川町	有田川　Web-Library	TRC-DL	2011 年 11 月	実施中
194	32:島根県	浜田市	浜田市電子図書館	TRC-DL	2013 年 08 月	実施中
195	34:広島県	広島県	With Books ひろしま（広島県立図書館）	LibrariE&TRC-DL	2020 年 07 月	実施中
196	34:広島県	府中市	府中市電子図書館（広島県）	TRC-DL	2014 年 07 月	実施中
197	34:広島県	東広島市	東広島市立電子図書館	LibrariE&TRC-DL	2016 年 11 月	実施中
198	34:広島県	福山市	福山市電子図書サービス	OverDrive	2020 年 07 月	実施中
199	34:広島県	三原市	三原市立電子図書館	LibrariE&TRC-DL	2020 年 07 月	実施中
200	34:広島県	竹原市	市立竹原書院図書館電子図書サービス	LibrariE&TRC-DL	2020 年 11 月	実施中
201	34:広島県	呉市	呉市電子図書館	LibrariE&TRC-DL	2021 年 01 月	実施中
202	34:広島県	尾道市	尾道市電子図書サービス	OverDrive	2021 年 03 月	実施中
203	35:山口県	山口県	山口県立山口図書館電子図書館サービス	KinoDen	2021 年 10 月	実施中
204	35:山口県	岩国市	岩国市電子図書館	LibrariE&TRC-DL	2021 年 10 月	実施中
205	35:山口県	下関市	下関市立図書館（終了）	NetLibrary	2010 年 03 月	終了
206	35:山口県	萩市立	萩市電子図書館	TRC-DL	2011 年 03 月	実施中

207	35:山口県	下松市	下松市電子図書館	LibrariE&TRC-DL	2020 年 10 月	実施中
208	35:山口県	宇部市	宇部市電子図書館	LibrariE&TRC-DL	2020 年 12 月	実施中
209	35:山口県	光市	光市電子図書館	LibrariE&TRC-DL	2021 年 01 月	実施中
210	36:徳島県	徳島県	とくしま電子図書館	KinoDen	2018 年 04 月	実施中
211	36:徳島県	徳島市	徳島市電子図書館	TRC-DL	2012 年 04 月	実施中
212	36:徳島県	阿南市	阿南市電子図書館	OverDrive	2018 年 04 月	実施中
213	37:香川県	善通寺市	善通寺市電子図書館	LibrariE&TRC-DL	2021 年 05 月	実施中
214	37:香川県	綾川町	綾川町電子図書館	TRC-DL	2012 年 04 月	実施中
215	37:香川県	まんのう町	まんのう町立図書館	OverDrive	2016 年 05 月	実施中
216	38:愛媛県	今治市	今治市電子図書館	TRC-DL	2013 年 08 月	実施中
217	38:愛媛県	新居浜市	新居浜市電子図書館	LibrariE&TRC-DL	2021 年 01 月	実施中
218	38:愛媛県	西条市	西条市電子図書館	LibrariE&TRC-DL	2021 年 06 月	実施中
219	38:愛媛県	伊方町	伊方町電子図書館	LibrariE&TRC-DL	2020 年 12 月	実施中
220	38:愛媛県	宇和島市	宇和島市電子図書館	LibrariE&TRC-DL	2021 年 07 月	実施中
221	39:高知県	高知県	高知県電子図書館	LibrariE&TRC-DL	2017 年 10 月	実施中
222	40:福岡県	福岡県	福岡県立図書館　電子図書館	KinoDen	2020 年 10 月	実施中
223	40:福岡県	福岡市	福岡市電子図書館	LibrariE&TRC-DL	2021 年 03 月	実施中
224	40:福岡県	北九州市	北九州市子ども電子図書館	LibrariE&TRC-DL	2021 年 04 月	実施中
225	40:福岡県	田川市	田川市電子図書館	TRC-DL	2016 年 03 月	実施中
226	40:福岡県	宗像市	宗像市電子図書館	LibrariE&TRC-DL	2019 年 10 月	実施中
227	40:福岡県	行橋市	行橋市電子図書館	LibrariE&TRC-DL	2020 年 04 月	実施中
228	40:福岡県	春日市	春日市電子図書館	LibrariE&TRC-DL	2020 年 06 月	実施中
229	40:福岡県	古賀市	古賀市電子図書館	LibrariE&TRC-DL	2021 年 03 月	実施中
230	40:福岡県	朝倉市	朝倉市電子図書館	LibrariE&TRC-DL	2021 年 03 月	実施中
231	40:福岡県	糸島市	糸島市図書館　電子書籍サービス	LibrariE&TRC-DL	2021 年 04 月	実施中
232	40:福岡県	苅田町	苅田町立図書館電子図書サービス	OverDrive	2021 年 08 月	実施中
233	40:福岡県	宇美町	UMITOWN 宇美町電子図書館	LibrariE&TRC-DL	2020 年 12 月	実施中
234	40:福岡県	岡垣町	岡垣サンリーアイ電子図書館	LibrariE&TRC-DL	2021 年 04 月	実施中
235	40:福岡県	桂川町	けいせん町電子図書館	LibrariE&TRC-DL	2021 年 06 月	実施中
236	41:佐賀県	武雄市	武雄市 MY 図書館（終了）		2011 年 04 月	終了
237	42:長崎県	長崎市	長崎市電子図書館	LibrariE&TRC-DL	2021 年 04 月	実施中
238	42:長崎県	佐世保市	佐世保市電子図書館	LibrariE&TRC-DL	2021 年 10 月	実施中
239	42:長崎県	長与町	ながよ電子図書館	LibrariE&TRC-DL	2020 年 12 月	実施中
240	43:熊本県	熊本市	熊本市電子図書館	LibrariE&TRC-DL	2019 年 11 月	実施中
241	43:熊本県	八代市立	八代市電子図書館	TRC-DL	2015 年 04 月	実施中
242	43:熊本県	菊池市	きくち圏域電子図書館（広域電子図書館）	LibrariE&TRC-DL	2018 年 12 月	実施中
243	43:熊本県	大津町	きくち圏域電子図書館（広域電子図書館）	LibrariE&TRC-DL	2020 年 12 月	実施中

244	43:熊本県	玉名市	たまな圏域電子図書館（広域電子図書館）	LibrariE&TRC-DL	2021 年 07 月	実施中
245	43:熊本県	玉東町	たまな圏域電子図書館（広域電子図書館）	LibrariE&TRC-DL	2021 年 07 月	実施中
246	43:熊本県	和水町	たまな圏域電子図書館（広域電子図書館）	LibrariE&TRC-DL	2021 年 07 月	実施中
247	43:熊本県	南関町	たまな圏域電子図書館（広域電子図書館）	LibrariE&TRC-DL	2021 年 07 月	実施中
248	43:熊本県	南阿蘇村	南阿蘇村電子図書館	LibrariE&TRC-DL	2021 年 05 月	実施中
249	44:大分県	大分県	大分県立図書館電子書籍サービス	KinoDen	2021 年 03 月	実施中
250	44:大分県	豊後高田市	豊後高田市立図書館	TRC-DL	2013 年 06 月	実施中
251	44:大分県	佐伯市	三浦造船佐伯電子図書館	LibrariE&TRC-DL	2020 年 07 月	実施中
252	44:大分県	宇佐市	宇佐市民図書館　電子分館	LibrariE&TRC-DL	2020 年 11 月	実施中
253	44:大分県	豊後大野市	豊後大野市電子図書館	LibrariE&TRC-DL	2021 年 03 月	実施中
254	44:大分県	津久見市	津久見市電子図書館	LibrariE&TRC-DL	2021 年 03 月	実施中
255	45:宮崎県	宮崎市	宮崎市図書館ふるさとアーカイブ	LibrariE&TRC-DL	2020 年 10 月	実施中
256	47:沖縄県	沖縄県	沖縄県立図書館　電子書籍サービス	KinoDen	2021 年 03 月	実施中
257	47:沖縄県	豊見城市	とみぐすく電子図書館	LibrariE&TRC-DL	2020 年 12 月	実施中
258	47:沖縄県	沖縄市	沖縄市電子図書館	LibrariE&TRC-DL	2021 年 02 月	実施中
259	47:沖縄県	うるま市	うるま市立電子図書館	LibrariE&TRC-DL	2021 年 02 月	実施中
260	47:沖縄県	南城市	南城市電子図書館	LibrariE&TRC-DL	2021 年 03 月	実施中
261	47:沖縄県	久米島町	久米島町電子図書館	LibrariE&TRC-DL	2018 年 11 月	実施中
262	47:沖縄県	南風原町	南風原町電子図書館	LibrariE&TRC-DL	2020 年 10 月	実施中
263	47:沖縄県	読谷村	読谷村電子図書館	LibrariE&TRC-DL	2021 年 03 月	実施中

［資料 E］　新型コロナウイルス感染症対応地方創生臨時交付金について

　2020 年度はコロナ禍により、多くの公共図書館において建物の閉館・入館の制限があり、図書館サービスの長期にわたる制限があった。

　その中で、特に注目されたのが、図書館非来館サービスとしての「電子図書館サービス」特に、電子書籍が読める「電子書籍貸出サービス」であった。それまでは、電子書籍貸出サービス導入するには、各自治体での予算措置が大きな課題であったため、導入するには首長の強い希望や、自治体図書館システムや指定管理制度導入などのきっかけでの導入が多かった。大学では、すでに、ほとんどの学校で導入済みの「電子書籍貸出サービス」であるが、よって新型コロナ感染症問題の発生初期の 2021 年 4 月においては、94 自治体での導入であった。

　しかし、2020 年のコロナ禍においては、非来館サービスとしての電子図書館が注目され、さらに新型コロナ対策の補正予算で、自治体に対してコロナ対策施策の広い助成金措置がとられた。

　特に、2020 年 5，6 月に出された「令和 2 年度新型コロナウイルス感染症対応、地方創生臨時交付金」（以下、令和 2 年地方創生臨時交付金）における実施計画事業例に「図書館パワーアップ事業」が例示され、多くの自治体では、この助成金の交付をうけて「電子書籍貸出サービス」を新規に導入されるとともに、すでに電子書籍貸出サービスを導入している図書館においては、電子書籍コンテンツの追加を行った。

　この、資料は、令和 2 年地方創生臨時交付金について交付された事業のポータルサイトである「内閣府地方創生図鑑」[1] より、図書館パワーアップ事業、電子図書館、電子書籍をキーワードとして収集した資料である。

　この資料は、2020 年度に自治体で電子書籍貸出サービス導入が急増した要因となったことから、今回の報告書に掲載することとした。

---

[1] 内閣府内閣府 地方創生推進室
　地方創生図鑑　https://www.chihousousei-zukan.go.jp/
　集計データは 2021 年 8 月 19 日に収集

内閣府内閣府 地方創生推進室地方創生図鑑（令和 2 年度「新型コロナウイルス感染症対応、地方創生臨時交付金」）自治体における「電子図書館」関連事業
2021 年 8 月 19 日電流協電子図書館・コンテンツ教育利用部会による収集・集計

	自治体名	事業名	事業実施期間	総事業費（千円）	自治体電子図書館サービス導入時期
1	01：北海道　網走市	電子図書館整備事業	令和 2 年 10 月～令和 3 年 3 月	9,000	2020 年 12 月
2	01：北海道　苫小牧市	電子図書館整備事業	令和 2 年 6 月～令和 3 年 3 月	5,000	2014 年 10 月
3	01：北海道　登別市	電子図書館整備事業	令和 2 年 4 月～令和 3 年 3 月	6,387	2021 年 3 月
4	01：北海道　余市町	図書館パワーアップ事業	令和 2 年 9 月～令和 3 年 3 月	5,424	2017 年 4 月
5	01：北海道　天塩町	電子図書館パワーアップ事業	令和 2 年 8 月～令和 3 年 3 月	4,700	2020 年 4 月
6	02：青森県　おいらせ町	図書館パワーアップ事業	令和 2 年 9 月～令和 3 年 3 月	8,000	2021 年 7 月
7	07：福島県　伊達市	図書館パワーアップ事業	令和 2 年 9 月～令和 3 年 3 月	16,854	2021 年 3 月
8	07：福島県　郡山市	電子書籍サービス促進事業	令和 2 年 9 月～令和 3 年 3 月	3,845	2019 年 10 月
9	08：茨城県　龍ケ崎市	電子図書館拡充事業	令和 2 年 9 月～令和 3 年 3 月	29,700	2015 年 7 月
10	08：茨城県　取手市	電子図書館事業	令和 2 年 8 月～令和 3 年 3 月	5,170	2020 年 10 月
11	08：茨城県　桜川市	電子図書館整備事業	令和 2 年 9 月～令和 3 年 3 月	26,305	2021 年 2 月
12	08：茨城県　鹿嶋市	図書館パワーアップ事業	令和 2 年 5 月～令和 3 年 3 月	2,000	2018 年 1 月
13	09：栃木県　真岡市	電子図書館システム導入事業	令和 2 年 9 月～令和 3 年 3 月	21,615	2021 年 1 月
14	09：栃木県　さくら市	図書館パワーアップ事業（サロン図書館整備事業）	令和 2 年 11 月～令和 3 年 3 月	2,874	2016 年 1 月
15	09：栃木県　那珂川町	図書館パワーアップ事業	令和 2 年 8 月～令和 2 年 12 月	11,600	2020 年 10 月
16	10：群馬県　藤岡市	図書館パワーアップ事業	令和 2 年 9 月～令和 3 年 3 月	9,460	2020 年 12 月
17	11：埼玉県　川越市	電子図書館の導入	令和 2 年 8 月～令和 3 年 3 月	8,635	2021 年 2 月
18	11：埼玉県　神川町	電子図書館整備事業	令和 2 年 7 月～令和 2 年 8 月	1,980	2020 年 8 月
19	11：埼玉県　三郷市	図書館書籍の充実	令和 2 年 7 月～令和 3 年 3 月	10,000	2018 年 3 月
20	11：埼玉県　坂戸市	電子図書導入事業	令和 3 年 1 月～令和 3 年 3 月	14,036	2021 年 1 月
21	11：埼玉県　草加市	図書館 安全・安心 確保事業	令和 2 年 6 月～令和 2 年 8 月	8,448	2020 年 3 月
22	11：埼玉県　春日部市	図書館運営事業	令和 2 年 6 月～令和 3 年 3 月	29,999	2017 年 12 月
23	11：埼玉県　宮代町	図書館管理運営事業	令和 2 年 6 月～令和 2 年 9 月	2,000	2016 年 4 月
24	11：埼玉県　寄居町	図書館パワーアップ事業	令和 2 年 9 月～令和 3 年 3 月	13,134	2021 年 1 月
25	12：千葉県　館山市	図書館パワーアップ事業	令和 2 年 6 月～令和 3 年 3 月	2,500	2021 年 2 月
26	12：千葉県　四街道市	電子図書館サービス導入事業	令和 2 年 9 月～令和 3 年 3 月	9,758	2021 年 2 月
27	12：千葉県　長柄町	図書館パワーアップ事業	令和 2 年 9 月～令和 3 年 3 月	4,600	2021 年 1 月
28	12：千葉県　船橋市	貸し出し用電子書籍の購入	令和 2 年 10 月～令和 3 年 3 月	9,966	2021 年 1 月
29	12：千葉県　千葉市	図書館のＩＣＴ化	令和 2 年 10 月～令和 3 年 3 月	4,844	2021 年 8 月
30	12：千葉県　木更津市	図書購入費	令和 2 年 9 月～令和 3 年 3 月	6,000	2021 年 1 月

31	12：千葉県　流山市	新型コロナウィルス感染症対策事業（図書館）	令和2年11月～令和3年3月	1,870	2013 年 10 月
32	12：千葉県　八千代市	図書館パワーアップ事業	令和2年5月～令和2年5月	154	2015 年 7 月
33	13：東京都　立川市	図書館事業管理運営	令和2年9月～令和3年3月	10,890	2021 年 1 月
34	13：東京都　国立市	電子図書館開設事業	令和2年10月～令和3年3月	4,430	2021 年 2 月
35	13：東京都　狛江市	電子図書館	令和2年5月～令和3年3月	10,681	2020 年 6 月
36	13：東京都　多摩市	電子図書館導入事業	令和2年9月～令和2年12月	21,574	2021 年 1 月
37	13：東京都　昭島市	電子書籍貸出事業	令和2年5月～令和3年3月	10,000	2020 年 6 月
38	13：東京都　小金井市	図書館読書環境充実事業	令和2年12月～令和3年3月	9,961	2020 年 12 月
39	13：東京都　八王子市	中央図書館管理運営	令和2年6月～令和2年12月	13,091	2018 年 4 月
40	14：神奈川県　座間市	電子図書館構築事業	令和2年9月～令和3年3月	5,605	2020 年 9 月
41	14：神奈川県　松田町	電子図書館導入事業	令和2年8月～令和3年3月	1,045	2020 年 11 月
42	14：神奈川県　山北町	図書室運営事業（5月分）	令和2年5月～令和3年3月	371	2020 年 11 月
43	15：新潟県　燕市	電子図書館導入事業	令和2年9月～令和3年3月	5,237	2021 年 2 月
44	16：富山県　魚津市	図書館電子書籍導入事業	令和2年9月～令和3年3月	13,332	2021 年 3 月
45	16：富山県　氷見市	図書館情報システム整備事業費	令和2年8月～令和3年3月	3,080	2018 年 11 月
46	19：山梨県　韮崎市	市立図書館管理運営費	令和2年6月～令和2年12月	847	2020 年 12 月
47	19：山梨県　山梨県	県立図書館機能強化事業費	令和2年10月～令和3年3月	30,743	2012 年 11 月
48	21：岐阜県　岐阜市	電子図書館サービス	令和2年10月～令和3年3月	5,905	2019 年 7 月
49	21：岐阜県　各務原市	電子図書館導入事業	令和2年7月～令和3年3月	6,100	2020 年 10 月
50	22：静岡県　沼津市	図書館電子化等推進事業	令和2年10月～令和3年3月	24,800	2021 年 1 月
51	22：静岡県　浜松市	電子図書整備事業	令和2年6月～令和2年9月	3,300	2018 年 2 月
52	23：愛知県　西尾市	電子図書館システム導入事業	令和2年10月～令和3年3月	10,267	2021 年 1 月
53	23：愛知県　日進市	図書館運営事業	令和2年9月～令和3年3月	3,162	2020 年 12 月
54	23：愛知県　愛知県	電子書籍貸出サービス事業費	令和3年1月～令和3年3月	44,000	2021 年 6 月
55	23：愛知県　半田市	電子書籍貸出事業	令和2年10月～令和3年3月	15,821	2021 年 3 月
56	24：三重県　松坂市	図書館管理運営事業	令和2年4月～令和3年3月	6,622	2018 年 4 月
57	25：滋賀県　大津市	非来館型図書館サービス整備事業	令和2年10月～令和3年3月	29,673	2021 年 2 月
58	26：京都府　宇治市	電子図書館サービス事業費	令和2年10月～令和3年3月	12,000	2021 年 3 月
59	27：大阪府　大東市	電子図書館導入事業	令和2年7月～令和3年3月	13,929	2020 年 11 月
60	27：大阪府　寝屋川市	図書館パワーアップ事業	令和2年8月～令和3年3月	269,517	2021 年 3 月
61	27：大阪府　河内長野市	図書館利便性向上事業	令和2年5月～令和3年3月	7,866	2020 年 9 月
62	27：大阪府　門真市	電子書籍サービス導入事業	令和2年9月～令和3年3月	8,044	2020 年 12 月
63	27：大阪府　松原市	図書館パワーアップ事業	令和2年4月～令和2年6月	502	2014 年 7 月
64	28：兵庫県　川西市	電子図書館導入事業	令和2年10月～令和3年3月	3,938	2020 年 8 月

65	29：奈良県　生駒市	電子図書館システム事業	令和 2 年 7 月～令和 3 年 3 月	2,265	2020 年 10 月
66	29：奈良県　香芝市	電子図書館サービス導入事業	令和 2 年 6 月～令和 3 年 3 月	5,100	2020 年 10 月
67	29：奈良県　奈良市	図書館電子書籍導入事業	令和 2 年 9 月～令和 3 年 3 月	28,243	2020 年 5 月
68	29：奈良県　大和郡山市	図書館パワーアップ事業	令和 2 年 7 月～令和 3 年 3 月	32,020	2020 年 10 月
69	29：奈良県　斑鳩町	図書館蔵書充実事業	令和 2 年 9 月～令和 3 年 3 月	1,300	2017 年 4 月
70	29：奈良県　葛城市	図書館パワーアップ事業 （電子図書）	令和 2 年 8 月～令和 3 年 3 月	1,630	2020 年 12 月
71	29：奈良県　宇陀市	図書館蔵書充実事業	令和 2 年 8 月～令和 3 年 3 月	1,000	2021 年 7 月
72	30：和歌山県　岩出市	電子図書館サービス事業	令和 2 年 8 月～令和 3 年 3 月	9,277	2020 年 12 月
73	34：広島県　竹原市	電子図書館整備事業	令和 2 年 7 月～令和 3 年 3 月	8,206	2020 年 11 月
74	34：広島県　府中市	電子図書館グレードアップ事業	令和 2 年 10 月～令和 3 年 4 月以降	50,000	2014 年 7 月
75	34：広島県　広島県	県立図書館ステイホーム・リードブックス事業	令和 2 年 5 月～令和 3 年 3 月	15,754	2020 年 7 月
76	34：広島県　東広島市	コロナ禍における図書館の利用環境整備	令和 2 年 6 月～令和 3 年 3 月	13,415	2016 年 11 月
77	35：山口県　宇部市	電子図書館整備事業	令和 2 年 11 月～令和 3 年 3 月	10,010	2020 年 12 月
78	35：山口県　下松市	電子図書館構築事業	令和 2 年 8 月～令和 3 年 3 月	10,000	2020 年 10 月
79	35：山口県　光市	電子図書館サービス導入事業	令和 2 年 8 月～令和 3 年 3 月	15,059	2021 年 1 月
80	36：徳島県　徳島県	電子図書館を使いやすくする事業	令和 2 年 10 月～令和 3 年 3 月	4,500	2018 年 4 月
81	36：徳島県　阿南市	図書館パワーアップ事業	令和 2 年 9 月～令和 3 年 3 月	1,000	2018 年 4 月
82	38：愛媛県　伊方市	電子図書館・図書消毒器導入事業	令和 2 年 8 月～令和 3 年 3 月	4,642	2020 年 12 月
83	38：愛媛県　新居浜市	図書館パワーアップ事業	令和 2 年 9 月～令和 3 年 3 月	11,065	2021 年 1 月
84	39：高知県　高知県	図書館管理運営費	令和 2 年 10 月～令和 3 年 3 月	15,050	2017 年 10 月
85	40：福岡県　福岡県	電子図書館の開館	令和 3 年 2 月～令和 3 年 3 月	11,240	2020 年 10 月
86	40：福岡県　古賀市	電子図書館サービス事業	令和 3 年 1 月～令和 3 年 3 月	7,700	2021 年 3 月
87	40：福岡県　岡垣町	岡垣サンリーアイ図書館パワーアップ事業	令和 2 年 9 月～令和 3 年 3 月	32,835	2021 年 4 月
88	40：福岡県　福岡市	電子図書館の開館	令和 3 年 2 月～令和 3 年 3 月	11,240	2021 年 3 月
89	40：福岡県　宇美市	電子書籍導入事業	令和 2 年 9 月～令和 3 年 3 月	38,500	2020 年 12 月
90	42：長崎県　長与町	図書館パワーアップ事業	令和 2 年 9 月～令和 3 年 3 月	5,806	2020 年 12 月
91	43：熊本県　熊本市	電子図書館拡充経費	令和 2 年 4 月～令和 3 年 3 月	32,000	2019 年 11 月
92	43：熊本県　菊池市	図書館パワーアップ事業【デジタルコンテンツ、電子書籍】	令和 2 年 11 月～令和 3 年 3 月	11,185	2018 年 12 月
93	43：熊本県　玉名市	電子図書導入事業	令和 3 年 1 月～令和 3 年 3 月	15,730	2021 年 7 月
94	43：熊本県　玉東町	玉東町中央公民館図書室環境整備事業	令和 2 年 9 月～令和 3 年 3 月	150	2021 年 7 月
95	43：熊本県　大津町	図書館パワーアップ事業	令和 2 年 10 月～令和 3 年 3 月	1,595	2020 年 12 月
96	44：大分県　津久見市	図書館パワーアップ事業	令和 2 年 10 月～令和 3 年 3 月	8,406	2021 年 3 月
97	44：大分県　宇佐市	電子図書館サービスシステム導入事業	令和 2 年 7 月～令和 3 年 3 月	17,710	2020 年 11 月
98	44：大分県　豊後大野市	図書館運営事業	令和 2 年 7 月～令和 3 年 3 月	1,122	2021 年 3 月

99	44：大分県　豊後高田市	図書館電子コンテンツ整備事業	令和2年9月～令和3年3月	1,000	2013 年 6 月
100	47：沖縄県　豊見城市	電子図書館整備事業	令和2年9月～令和3年3月	12,980	2020 年 12 月
101	47：沖縄県　沖縄県	知の拠点パワーアップ事業	令和2年11月～令和3年3月	7,090	2021 年 3 月
102	47：沖縄県　沖縄市	図書館事業充実事業	令和2年10月～令和3年3月	16,374	2021 年 2 月
103	47：沖縄県　うるま市	ステイホーム読書支援・感染症拡大防止対策事業	令和2年7月～令和3年3月	19,642	2021 年 2 月
104	47：沖縄県　南風原町	図書館パワーアップ事業	令和2年7月～令和3年3月	11,946	2020 年 10 月
105	47：沖縄県　久米島町	複合施設パワーアップ事業	令和2年9月～令和3年3月	2,238	2018 年 11 月

編著者プロフィール

植村八潮（うえむらやしお）

1956 年生まれ、専修大学文学部教授、博士（コミュニケーション学）

東京電機大学工学部卒業後、同大出版局に入局。出版局長を経て、2012 年 4 月より専修大学教授。同時に（株）出版デジタル機構代表取締役に就任。同年取締役会長に就任し、2014 年退任。

著書に『ポストデジタル時代の公共図書館』（編著、勉誠出版、2017 年）、『電子書籍制作・流通の基礎テキスト：出版社・制作会社スタッフが知っておきたいこと』（編著、ポット出版、2014 年）、『電子出版の構図-実態のない書物の行方』（印刷学会出版部、2010 年）など。

野口武悟（のぐちたけのり）

1978 年生まれ、専修大学文学部教授・放送大学客員教授、博士（図書館情報学）

主に、図書館（特に公共図書館と学校図書館）サービスのあり方、情報のアクセシビリティなどを研究している。

著書に『変化する社会とともに歩む学校図書館』（単著、勉誠出版、2021 年）、『図書館のアクセシビリティ：「合理的配慮」の提供へ向けて』（共編著、樹村房、2016 年）、『多様性と出会う学校図書館：一人ひとりの自立を支える合理的配慮アプローチ』（共編著、読書工房、2015 年）など。

長谷川智信（はせがわとものぶ）

1963 年生まれ、駒澤大学経営学部卒業、慶応義塾大学経済学部卒業

1986 年（株）電波新聞社入社。1989 年凸版印刷（株）入社。2010 年一般社団法人電子出版制作・流通協議会（出向）、電子図書館部会（現、電子図書館・コンテンツ教育利用部会）担当。著書・編集「電子書籍に関する公共図書館での検討実施状況のアンケート（2013 年）」「電子図書館・電子書籍貸出サービス調査報告（2014 年〜2020 年）」、日本出版学会会員。

電子出版制作・流通協議会

名称　　　　一般社団法人　電子出版制作・流通協議会

幹事会社　　凸版印刷株式会社、大日本印刷株式会社

発足　　　　2010 年 7 月　一般社団登録 2010 年 9 月 3 日

設立目的　　　　日本の電子出版産業の成長と健全な発展のための環境の
　　　　　　実現を目指し、電子出版産業の発展のため課題の整理と検
　　　　　　証、配信インフラ基盤にかかわる問題解決、市場形成にお
　　　　　　ける検証や電子出版振興にかかわる提言等、出版社や出版
　　　　　　関連団体、権利者及び行政との密接な連携により、電子出
　　　　　　版の発展に貢献できる活動の遂行。

協会の活動　1.　電子出版制作・流通ビジネスに関係する情報共有
　　　　　　2.　制作・規格・仕様・流通に関する協議
　　　　　　3.　電子出版産業の発展と普及にかかわる活動
　　　　　　4.　電子出版制作・流通ビジネス日本モデルの検討及び協議
　　　　　　5.　商業・公共・教育・図書館等電子出版関連分野に関する情
　　　　　　　　報共有

URL　　　　https://aebs.or.jp

●電子図書館・コンテンツ教育利用部会
　　部会長　山崎榮三郎
　　委員・部会参加組織（順不同）
　　凸版印刷株式会社、大日本印刷株式会社、丸善 CHI ホールディングス株式
　　会社、株式会社図書館流通センター、丸善雄松堂株式会社、NEC ネクサソ
　　リューションズ株式会社、株式会社メディアドゥ、富士通株式会社、日本
　　ユニシス株式会社、アライドブレインズ株式会社、京セラコミュニケーシ
　　ョンシステム株式会社、株式会社絵ディポック、株式会社コンテンツジャ
　　パン、株式会社日本電子図書館サービス、株式会社紀伊國屋書店
　　［協力］　国立国会図書館

電子図書館・電子書籍貸出サービス調査報告 2021

2021 年 12 月 10 日　第 1 版 1 刷発行

編著者　　植村八潮・野口武悟・長谷川智信
　　　　　電子出版制作・流通協議会

　　　　　発行　　一般社団法人電子出版制作・流通協議会
　　　　　　　　　101-0082　東京都千代田区一番町 25
　　　　　　　　　JCII ビル 6 階
　　　　　　　　　TEL 03-6380-8207　FAX 03-6380-8217
　　　　　　　　　https://aebs.or.jp/

　　　　　発売　　株式会社　樹村房
　　　　　　　　　112-0002　東京都文京区小石川 5-11-7
　　　　　　　　　TEL 03-3868-7321　FAX 03-6801-5202
　　　　　　　　　https://www.jusonbo.co.jp/

　　　印刷・製本　　デジタル・オンデマンド出版センター

本文組（Microsoft Word）、装丁　TAKEDASO. Design
